期货市场操纵
法律规制论

Regulation of Futures Market Manipulation

钟维 著

北京大学出版社
PEKING UNIVERSITY PRESS

图书在版编目(CIP)数据

期货市场操纵法律规制论/钟维著. —北京:北京大学出版社,2024.3
ISBN 978-7-301-34759-1

Ⅰ.①期… Ⅱ.①钟… Ⅲ.①期货市场—市场监管—证券法—研究—中国 Ⅳ.①D922.287.4

中国国家版本馆 CIP 数据核字(2024)第 019627 号

书　　　　名	期货市场操纵法律规制论
	QIHUO SHICHANG CAOZONG FALÜ GUIZHILUN
著作责任者	钟　维　著
责 任 编 辑	王　晶　张新茹
标 准 书 号	ISBN 978-7-301-34759-1
出 版 发 行	北京大学出版社
地　　　　址	北京市海淀区成府路 205 号　100871
网　　　　址	http://www.pup.cn
新 浪 微 博	@北京大学出版社　@北大出版社法律图书
电 子 邮 箱	编辑部 law@pup.cn　总编室 zpup@pup.cn
电　　　　话	邮购部 010-62752015　发行部 010-62750672
	编辑部 010-62752027
印 　刷 　者	大厂回族自治县彩虹印刷有限公司
经 　销 　者	新华书店
	965 毫米×1300 毫米　16 开本　17.5 印张　278 千字
	2024 年 3 月第 1 版　2024 年 3 月第 1 次印刷
定　　　　价	69.00 元

本书系国家社会科学基金青年项目"期货市场操纵的规制与监管研究"(17CFX075)成果。

序 言 一

  钟维博士任教于中国人民大学法学院,他独自撰写、付梓出版的《期货市场操纵法律规制论》一书,是国内关于该问题的第一本学术专著。期货市场是非常专业的领域,其法律制度遵循着独特的运行规律,但同时也与证券市场法律制度互相影响。操纵是期货市场面临的最大威胁,但在期货市场操纵的法律规制问题上,至今未见到国内学者做出全面深入的研究。可以说,这本专著填补了国内学术研究的空白,代表了国内研究的领先水平,夯实了期货市场操纵规制的法理基础。

  相识多年,我能够深切感受到钟维博士对学术研究的执着、热情和追求。他早在攻读法学博士期间就开始关注期货市场法制建设,并在《清华法学》上独立发表了题为《期货交易双层标的法律结构论》的学术论文。该论文还被杂志社选为当期的封面推荐文章,这对于博士生作者而言是罕见的,也说明《清华法学》编辑部对该文的高度认可。后来,这篇论文又荣获中国法学会第五届"董必武青年法学成果奖",钟维博士也成为了当年获得该项奖励最年轻的学者。

  从2013年"期货法"(二审稿时更名为《期货和衍生品法》)被列入立法规划之初,钟维博士便开始参与相关立法研究工作。在一审稿和二审稿征求意见阶段均受邀提供专家意见。法律三审正式通过后,他作为学界的唯一代表出席了新法施行座谈会。钟维博士的专业水平同样得到业界认可,被中国期货业协会聘任为法律专业委员会委员,为行业自律管理规则、行政规章和司法解释的制定提供了许多专业意见。在这本书之前,他还与我共同编写了两本期货法方面的著作,在学界和业界也产生了较大影响。

作为"十年磨一剑"的作品,本书在内容上跨越了《期货交易管理条例》与《期货和衍生品法》两个时代的法律变迁,既有对期货市场操纵规制理论和实践案例的反思,又有对比较法详尽深入的考察,还有对我国《期货和衍生品法》反操纵规则的解读和评析。钟维博士在扎实的理论分析基础上,提出并论证的价格操纵与欺诈操纵并存的二元规制体系,是对我国期货市场反操纵理论的重要贡献。

衷心祝贺钟维博士的新书出版,也希望他能继续努力,在学术道路上走得更好、更远。

叶　林

中国人民大学法学院教授

序 言 二

  市场操纵是各国金融市场重点规制的违法行为。我国新修订的《证券法》和颁行不久的《期货和衍生品法》也对市场操纵行为的法律规制予以了明确和强化。然而,长期以来,学界对市场操纵行为的研究多是从具体个案以及微观技术层面展开,鲜有成果能从理论框架、内在机理与具体规则的构成机制上作清晰的分析阐释,尤其是关涉期货市场操纵行为的基础性、体系性的研究成果更是缺乏,以致难以为相关案件的认定和查处提供足够的学术支持。在我国期货市场及衍生品市场迅猛发展的大背景下,如何对期货市场操纵行为进行科学认定并实施有效监管,已经成为理论界和实务界共同面对的一个紧迫性问题。钟维博士的《期货市场操纵法律规制论》正是专注于研究这一问题的力作。

  本书从规制理论、法律适用和监管体制三个维度对期货市场操纵的法律规制进行了较为系统深入的研究,全书呈现以下几个突出特点:

  一是理论层面的创新性。本书在对期货市场操纵行为的样态类型以及构成要件进行提炼解析的基础上,提出了价格操纵与欺诈操纵并存的二元规制理论,体现了作者对市场操纵法条、案例背后的规制理论基础和制度体系构建的探求。尽管这些理论上的探索仍有待在未来实践中得以检验和发展,但本书就期货市场操纵行为的类型化以及规则分析框架所做的积极理论回应,彰显了作者基于金融和法理双重逻辑对期货市场反操纵规范体系建构的心得与成果。

  二是研究视野的前沿性。由于证券等基础资产受不同市场资产配置关系的影响,期货市场操纵通常具有"跨市场"的特性。我国 2015 年股市危机中暴露出的证券、期货及衍生品之间关联性引发的监管问题表明,跨市场操纵对监管机构、司法机关和学术界而言都是一个严峻的新挑战。本书设专章对跨市场操纵问题进行体系性研究,还综合运用经济分析等方法,从监管权配置、监管介入方式和具体监管措施等方面对如何完善我国跨市场监管体制问题进行了探讨,无疑具有相当的前沿性。

三是问题意识的实践性。毋庸置疑,期货市场操纵是一个与执法、司法实践紧密联系的范畴。为此,本书立足国内外市场监管实践,除全面收集中国证监会的行政处罚案例和中国法院的刑事判决案例外,还大量采用了美国期货市场操纵案例作为研究素材,并加入了作者的批判性分析和思考。本书注重运用中国的问题意识,去检验域外经验的适用性,以实现对我国期货市场操纵行为认定方法的优化与完善。这种问题意识的实践性在建构期货市场操纵行为法律规制的中国方案,以及有效提升打击期货市场操纵行为的制度效益等方面具有重要价值。

本书作为钟维博士在期货市场反操纵领域为学术界贡献的最新作品,与其说是他主持国家社会科学基金项目的结项成果,不如说是他在证券期货法律领域勤勉深耕、厚积薄发的阶段性成果。作为钟维博士在博士后研究阶段的合作导师,我欣赏他的努力,羡慕他的才华。常言道,学术之路逶迤曲折,唯有热爱可抵岁月漫长。然而,热爱恰如命运之馈赠,没有道路抵达热爱,只有热爱本身,才是道路。祝愿钟维博士怀揣热爱,在通往学术自由之路上,且歌且行且从容。

陈　洁

中国社会科学院法学研究所研究员

目 录

CONTENTS

导　　论

一、问题与背景

操纵不仅是期货市场所面临的最大问题,而且还使得期货交易备受批评,甚至受到了一些不公平的指责。一位美国学者对历史上一次针对期货交易的典型抗议事件这样描述道:"1984 年 9 月,一群农民聚集在芝加哥期货交易所(CBOT)前抗议农产品价格太低,要求确定期货交易为刑事犯罪,他们声称期货投机是'操纵性的和不当的'……历史上,针对期货市场最常见的指控之一就是市场操纵。似乎每当公众感觉价格过高或过低,就有人指责是操纵的结果。正如三代前他们的曾祖父一样,在芝加哥期货交易所前的抗议者也提出这项指控。"[①]

这一描述并不夸张,操纵几乎伴随着期货市场的产生而产生。芝加哥期货交易所是美国历史上第一个有组织的期货交易所,自 1868 年实现合约标准化以来,早期几乎每一个月的交易都是在逼仓的情况下结束的。[②] 期货市场的投机行为导致农产品价格剧烈波动,使农民受到了巨大损失。19 世纪 90 年代以农庄运动为代表的农民认为,交易所应该对商品价格的波动负责,正是这些价格波动,经常使农民无法获得合理的农产品价格。[③] 当时,就连美国国会也认为,美国农民的谷物销售价格完全

---

① See Wendy Collins Perdue, *Manipulation of Futures Markets : Redefining the Offense*, 56 Fordham Law Review 345, 345-346 (1987).

② 参见〔美〕杰瑞·W. 马卡姆:《商品期货交易及其监管历史》,大连商品交易所本书翻译组译,中国财政经济出版社 2009 年版,第 10、12 页。

③ 参见同上书,第 18 页。

由"芝加哥期货交易所赌博性的价格操纵所主导和控制"。[①] 虽然现代经济学研究已经压倒性地认同期货交易具有稳定价格的作用,[②]然而在其早期发展阶段,操纵以及由此产生的剧烈价格波动却直接威胁到了期货市场的生存。从 1887 年到 1910 年,在美国国会上无数要求禁止期货交易的法案被提出,[③]如果这些法案中有一项被通过,可能就不会有如今蓬勃发展的美国期货市场。由于其危害之大,以至于有人将操纵称为"期货市场中最大的毒瘤"。[④]

我国期货市场从其建立之初至今也一直受到市场操纵的威胁。早期令人印象深刻的是各种较为严重的风险事件,典型的例如"327"国债期货事件、红小豆 602 事件(苏州红小豆事件)、天然橡胶 R708 事件等。[⑤] 这些风险事件虽然没有被作为市场操纵案件查证并最终定性,但是每个事件背后无不笼罩着市场操纵的阴影。操纵对期货市场的威胁在前述"327"国债期货事件中得到充分体现,该风险事件直接导致了当时我国国债期货交易的暂停,使我国刚刚发展起来的金融期货市场受到沉重打击。这些操纵性风险事件不仅严重损害了期货市场的形象,影响了市场参与者的信心,而且对期货市场的稳步发展产生了极大的阻碍作用,并导致我国期货市场多年的萧条和沉寂,直到 1998 年市场整顿后,情况才有所好转。[⑥] 我国期货市场自 20 世纪 90 年代初起步,直到 2012 年才查处了第一起期货市场操纵案件,迄今为止查处的操纵案件数量也不算多,这与数量众多的未被认定的操纵性风险事件形成了鲜明对比。这其中固然有期货市场参与者专业性较强,操纵手法高明、迅速且隐蔽,反监管能力强等原因。但更重要的原因是我国监管机构对期货市场操纵的监管经验较

---

① 参见〔美〕杰瑞·W.马卡姆:《商品期货交易及其监管历史》,大连商品交易所本书翻译组译,中国财政经济出版社 2009 年版,第 37 页。

② See Wendy Collins Perdue, *Manipulation of Futures Markets: Redefining the Offense*, 56 Fordham Law Review 345, 351 (1987).

③ 参见〔美〕杰瑞·W.马卡姆:《商品期货交易及其监管历史》,大连商品交易所本书翻译组译,中国财政经济出版社 2009 年版,第 19 页。

④ 参见董华春:《期货市场中最大的毒瘤——对操纵期货市场价格行为的认定和处罚》,载北京大学金融法研究中心编:《金融法苑》(2001 年第 6 辑),法律出版社 2001 年版,第 117—122 页。

⑤ 参见刘英华编著:《期货投资经典案例》,上海远东出版社 2010 年版,第 85—114 页。

⑥ 参见袁开洪:《商品期货市场操纵的监管:美国 CFTC 的经验和借鉴》,载《金融与经济》2007 年第 12 期,第 67 页。

少，我国有关期货市场操纵的理论和立法较粗，导致市场操纵行为难以证明和认定。

其实，即使在美国，期货市场监管机构也面临着同样的困扰。美国期货市场监管史就是一部反操纵的历史，自期货市场产生以来的一百五十多年，几乎每年都发生市场操纵事件。[①] 自 1974 年成立以来，美国商品期货交易委员会（CFTC）发出了不少禁止令，但诉至法院的市场操纵案件中仅有一起获判胜诉。[②] 有美国学者甚至认为，期货市场从其建立以来就一直被广泛的操纵行为所困扰，所有阻止这些操纵行为的尝试都失败了，以至于期货市场操纵成为一种实质上"无法起诉的罪行"（unprosecutable crime）。[③] 应该说，期货市场反操纵立法的缺陷是监管

---

　　① 参见上海期货交易所《"期货法"立法研究》课题组编著：《"期货法"立法研究》，中国金融出版社 2013 年版，第 647 页。

　　② 即 DiPlacido 案。In re DiPlacido, 2008 WL 4831204 (CFTC 2008), aff'd in pertinent part, DiPlacido v. Commodity Futures Trading Comm'n, 364 Fed. Appx. 657, 2009 WL 3326624 (2d Cir. 2009), Comm. Fut. L. Rep. ¶ 31, 434, cert. denied, 130 S. Ct. 1883 (2010). 相关评论，See Bart Chilton, *Remarks of Commissioner Bart Chilton to Metals Market Investors*, Washington, D. C. (2010), https://www. cftc. gov/PressRoom/SpeechesTestimony/opachilton-30，最后访问时间：2022 年 9 月 1 日；Shaun D. Ledgerwood & Dan Harris, *A Comparison of Anti-Manipulation Rules in U. S. and EU Electricity and Natural Gas Markets：A Proposal for a Common Standard*, 33 Energy Law Journal 1, 4, 21 (2012); Shaun D. Ledgerwood & Paul R. Carpenter, *A Framework for the Analysis of Market Manipulation*, 8 Review of Law and Economics 253, 254 (2012); Rosa M. Abrantes-Metz, Gabriel Rauterberg & Andrew Verstein, *Revolution in Manipulation Law：The New CFTC Rules and the Urgent Need for Economic and Empirical Analyses*, 15 University of Pennsylvania Journal of Business Law 357, 359 (2013); Ronald H. Filler & Jerry W. Markham, *Regulation of Derivative Financial Instruments (Swaps, Options and Futures)：Cases and Materials*, West Academic Press, 2014, p.520; Gina-Gail S. Fletcher, *Legitimate Yet Manipulative：The Conundrum of Open-Market Manipulation*, 68 Duke Law Journal 479, 501, 504 (2018); Shaun D. Ledgerwood, James A. Keyte, Jeremy A. Verlinda & Guy Ben-Ishai, *The Intersection of Market Manipulation Law and Monopolization under the Sherman Act：Does It Make Economic Sense*, 40 Energy Law Journal 47, 55 (2019); 李明良、李虹：《〈多德—弗兰克法〉期货市场反操纵条款研究》，载张育军、徐明主编：《证券法苑》（第 5 卷），法律出版社 2011 年版，第 1200 页；大连商品交易所法律与合规监督部：《美国期货市场操纵相关立法沿革及实施效果研究》，载蒋锋、卢文道主编：《证券法苑》（第 24 卷），法律出版社 2018 年版，第 332 页；程红星、王超：《美国期货市场操纵行为认定研究》，载曹越主编：《期货及衍生品法律评论》（第 1 卷），法律出版社 2018 年版，第 88 页。

　　③ See Jerry W. Markham, *Manipulation of Commodity Futures Prices—The Unprosecutable Crime*, 8 Yale Journal on Regulation 281, 283, 356 (1991).

无能的主要原因。[①] 因此,美国后来通过对期货市场法律的修改,拓展了商品期货交易委员会反操纵监管的范围,并降低了认定操纵的难度,从而大大增强了反操纵立法的规制力度和监管机构的行动能力。

期货市场作为金融市场的重要组成部分,发挥着风险管理和价格发现的功能,[②]对我国金融市场立体化发展以及争夺国际大宗商品定价权等都具有非常重要的意义。我国已经制定了《期货和衍生品法》,可以想见,未来期货市场在我国金融市场乃至整个国民经济中将发挥越来越重要的作用。然而,理论界对期货市场操纵问题的研究仍然很有限。除了实践中作为研究素材的案例较少以外,对期货市场专业知识的缺乏也成为一个非常大的障碍。期货市场的专业性之强,以至于曾经担任过美国商品期货交易委员会主席的威廉·巴格利(William Bagley)先生曾坦言:"每当我走到国会面前,五分之四的时间都在解释期货市场。"[③]还有一个例证是,美国的证券市场同时受到联邦和州的监管,而商品期货市场只受联邦监管,因为州政府无法企及商品期货交易委员会在衍生工具方面的专业知识。[④] 然而,必须坦率地讲,一位研究者如果没有真正了解期货交易和期货市场,就难以对其做出真正深入的研究。

由于上述原因,在期货市场操纵这一主题上,国内目前尚未产生一部从法律规制视角进行专门研究的作品。因此,不管在期货市场健康发展层面,执法监管与立法需求层面,还是在理论创新与研究空白填补层面,都需要就这一主题进行深入研究,而这也正是本书的选题动机与研究意义所在。

二、主题、方法与逻辑结构

本书的研究主题是期货市场操纵的法律规制。首先,最核心是反操

---

① 参见李明良、李虹:《〈多德—弗兰克法〉期货市场反操纵条款研究》,载张育军、徐明主编:《证券法苑》(第5卷),法律出版社2011年版,第1199—1211页。

② 参见叶林、钟维:《核心规制与延伸监管:我国〈期货法〉调整范围之界定》,载《法学杂志》2015年第5期,第52页。

③ See Wendy Collins Perdue, *Manipulation of Futures Markets: Redefining the Offense*, 56 Fordham Law Review 345, 352 (1987).

④ 参见刘奥南编译:《石油、食品价格为何暴涨?——商品期货市场的操纵与监管难题》,载《中国证券期货》2008年第8期,第28页。

纵条款本身的理论基础和法律解释,主要解决不同操纵形态的界定和构成问题。其次,法律的执行机制也很重要,解决的是如何通过此种机制将反操纵要求落实在自律或监管行动中的问题。

本书综合运用了规范分析方法、案例分析与归纳方法、经济分析方法和比较法方法。其中特别强调对案例分析与归纳方法、比较法方法的运用。期货市场操纵在很大程度上是一个与执法和司法实践紧密联系的领域,就这个问题而言,理论研究不可能只凭想象来进行。然而,由于我们国家期货市场起步较晚,期货市场法制尚在发展之中,迄今为止尚未有诉至法院的市场操纵民事案件,中国证监会完成的行政处罚案件不多,理论界对此问题的研究也比较有限。与之相对的,美国期货市场已经走过了一百多年的历史,市场发展相对成熟,美国法院判决和商品期货交易委员会行政裁决的操纵案例均不少,理论界对这些案例也已经进行了相对深入的评论,是研究期货市场操纵不可多得的素材。因此,在本书的研究中,除中国证监会的行政处罚案例和中国法院的刑事判决案例外,还大量采用了美国期货市场操纵案例作为研究素材。此外,还对各个国家、地区、国际组织的期货市场法律规范、监管文件进行比较研究。

本书主要内容有五章,从逻辑结构上来说分为三个部分。

第一部分由第一、二章组成,主要探讨理论路径。本书不仅涉及了跨越《期货交易管理条例》和《期货和衍生品法》两个时代的反操纵法律变迁,还对期货市场操纵规制的理论基础进行了深入剖析。在对价格操纵进行重构的基础上,又引入了欺诈操纵,从而建立起了价格操纵与欺诈操纵并存的二元规制理论体系。不仅为我国期货市场操纵规制理论的进一步深化奠定了基础,也为我国期货市场反操纵立法的未来发展提供了一个有意义的方向。

第二部分由第三、四章组成,主要探讨法律适用。本书发现了我国期货市场反操纵法律在适用中存在的问题。在我国立法语言表述简略,既往执法案例也未能明确的情况下,归纳出我国《期货和衍生品法》反操纵条款中两种操纵形态的差异化构成要件,并通过对中外大量案例的研究,总结出了针对每个要件规律性的认定方法。同时,针对跨市场操纵在行为模式和法律规制方面的特殊性,本书对此问题进行了专门讨论。

第三部分即第五章,主要探讨监管体制。监管体制的建立和完善是将期货市场操纵的法律规制落到实处的一个重要方面。虽然操纵有害，但是反操纵也有成本，而且这种成本不应超过操纵带来的社会成本。因此，本书在成本与收益的经济分析基础之上，对如何妥善地建立高效和完善的监管体制问题进行了探讨。相关研究涉及监管权配置、监管介入方式和具体监管措施等问题。

　　本书全文采用论证式的写作风格，避免教科书式的平铺直叙。在期货市场操纵法律规制的主题之下，笔者将相关讨论分解为五大问题，即本书的五章内容。考虑到读者会有不同的阅读需求，有的愿意阅读全文，有的则只需要阅读特定章节，本书每一章都可以独立阅读，并采用层层推进的论证方式。为保持每章内容的完整性，该论题之下所涉及的内容都会包含在其中，即使是前文已经讨论过的问题，也会做必要的交待。

三、期货市场操纵的基本类型

　　对期货市场操纵行为的第一级分类，是从操纵实现的机制出发，可以将其划分为欺诈型操纵和市场力量型操纵等两种基本类型。[①] 传统上，根据行为人在操纵中所采用的手段，又可以对欺诈型操纵做进一步的划分，从而将期货市场操纵区分为交易型操纵、信息型操纵和市场力量型操纵等三种基本类型。[②] 其中，根据操纵是基于真实的还是虚假的交易活

[①]　See Comment, *Manipulation of Commodity Futures Prices——The Great Western Case*, 21 University of Chicago Law Review 94, 96-97 (1953); Craig Pirrong, *Energy Market Manipulation: Definition, Diagnosis, and Deterrence*, 31 Energy Law Journal 1, 3-6 (2010); 李明良、李虹:《〈多德—弗兰克法〉期货市场反操纵条款研究》，载张育军、徐明主编:《证券法苑》(第5卷)，法律出版社2011年版，第1199—1211页。

[②]　See Philip McBride Johnson, *Commodity Market Manipulation*, 38 Washington and Lee Law Review 725, 730-732, 776-777 (1981); Jerry W. Markham, *Manipulation of Commodity Futures Prices——The Unprosecutable Crime*, 8 Yale Journal on Regulation 281, 283 (1991); Rosa M. Abrantes-Metz, Gabriel Rauterberg & Andrew Verstein, *Revolution in Manipulation Law: The New CFTC Rules and the Urgent Need for Economic and Empirical Analyses*, 15 University of Pennsylvania Journal of Business Law 357, 366-368 (2013); Ronald H. Filler and Jerry W. Markham, *Regulation of Derivative Financial Instruments (Swaps, Options and Futures): Cases and Materials*, West Academic Press, 2014, pp. 505-506; 上海期货交易所《"期货法"立法研究》课题组编著:《"期货法"立法研究》，中国金融出版社2013年版，第644,655—657页;汤欣、杨青虹:《期货跨市场操纵的界定与立法完善》，载曹越主编:《期货及衍生品法律评论》(第1卷)，法律出版社2018年版，第107页。

动,又可以将交易型操纵区分为真实交易型操纵和虚假交易型操纵。[①]
而随着操纵活动涉及的市场范围不断扩大,跨市场操纵也被纳入操纵行
为的具体类型当中。[②] 因此,笔者将我国《期货和衍生品法》第12条第2
款中明确列举的九种具体操纵行为类型,分别纳入真实交易型操纵、虚假
交易型操纵、信息型操纵、市场力量型操纵和跨市场操纵这五种基本类
型,来进行具体讨论。需要特别说明的是,在期货市场反操纵立法中对操
纵行为的类型进行归纳,是为了方便理解和认定,而不是为了格式化现实
中存在的操纵行为。事实上,包括域外法制在内,所有对市场操纵行为的
类型化都是对现实中出现的操纵行为模式进行归纳而形成的,并非严谨
的逻辑推演的结果。因此,对操纵行为类型的归纳并不是一种严格的非
此即彼的分类,互相之间可能会存在交集。在实践中,行为人在进行市场
操纵活动时往往也会综合运用多种手段来实现操纵市场的目的。而那些
无法纳入明确列举的操纵行为类型的操纵手段,则属于兜底性条款所规
制的"操纵期货市场的其他手段",是为法律规定的第十种类型。

由于真实交易型操纵、虚假交易型操纵、信息型操纵和价格关联型跨
市场操纵是证券市场与期货市场共通的操纵行为类型,因此本书的分析
结论事实上也可以适用于证券市场操纵。

(一)真实交易型操纵

真实交易型操纵,是指行为人通过真实的交易活动本身来操纵市场。
其典型是连续交易操纵,规定在《期货和衍生品法》第12条第2款第1
项,即行为人通过单独或者合谋,集中资金优势、持仓优势或者利用信息
优势联合或者连续买卖合约的手段进行操纵。

---

① 参见杜惟毅、张永开:《期货市场操纵行为的类型及认定标准研究》,载黄红元、徐明主
编:《证券法苑》(第9卷),法律出版社2013年版,第739—741页;程红星、王超:《美国期货市场
操纵行为认定研究》,载曹越主编:《期货及衍生品法律评论》(第1卷),法律出版社2018年版,第
82—85页;程红星、王超:《期货市场操纵民事赔偿机制研究》,载陈洁主编:《商法界论集》(第2
卷),法律出版社2018年版,第49页;姜德华:《期货市场反操纵监管问题研究》,载《价格理论与
实践》2020年第5期,第33—34页。
② 参见杜惟毅、张永开:《期货市场操纵行为的类型及认定标准研究》,载黄红元、徐明主
编:《证券法苑》(第9卷),法律出版社2013年版,第739—741页;赵振华、江海亮:《论期货市场
操纵行为的民事责任》,载《中国矿业大学学报(社会科学版)》2013年第1期,第42页;叶林主
编:《期货期权市场法律制度研究》,法律出版社2017年版,第168—173页;姜德华:《期货市场反
操纵监管问题研究》,载《价格理论与实践》2020年第5期,第33—34页。

"合谋"是指行为人之间存在意思联络,对操纵行为存在共谋的事实。"优势"是相对而言的,对于所操纵的合约品种的交易者具有优势即可,不要求行为人具有绝对优势。[①] 联合买卖,是指两个以上行为人,约定在某一时段内一起买入或卖出某种合约。行为人之间形成决议或决定或协议的,应认定行为人具有联合买卖的意图。行为人之间虽没有决议或决定或协议,但行为人之间在资金、股权、身份等方面具有关联关系的,一般可以认定行为人具有联合买卖的意图。符合下列情形之一的,一般可认定为联合买卖:(1)两个以上行为人按照事先的约定,在某一时段内一起买入或者相继买入某种合约的;(2)两个以上行为人按照事先的约定,在某一时段内一起卖出或者相继卖出某种合约的;(3)两个以上行为人按照事先的约定,在某一时段内其中一个或数个行为人一起买入或相继买入而其他行为人一起卖出或相继卖出某种合约的。连续买卖,是指行为人在某一时段内连续买卖某种合约。在一个交易日内交易某一合约两次以上,或在两个交易日内交易某一合约三次以上,即构成连续买卖。联合买卖和连续买卖,包括未成交的买卖申报,不限于实际成交的买入或卖出交易。[②]

期货市场的交易型操纵以短线操纵为主。[③] 连续交易操纵的目的是制造行为人所希望的虚假市场行情,误导其他期货投资者的投资决策,从中渔利。例如,当具备资金优势或者其他优势的行为人在很短的时间内(如一个交易日内)连续多次买进某种期货合约,那么其他期货投资者可能会误认为该期货合约的交易处于"牛市",因而也跟随买进,结果价格上涨,行为人再趁机卖出,获取厚利,待其他期货投资者觉醒时,价格已经下跌,损失惨重;反之,当具备资金优势或者其他优势的行为人在很短的时间内连续多次卖出某种期货合约,那么其他期货投资者就可能会误认为该期货合约的交易处于"熊市",因而也跟随卖出,结果价格下跌,行为人再趁机买进,获取厚利,待其他期货投资者觉醒时,价格已经上涨,同样损

---

① 参见王瑞贺、方星海主编:《中华人民共和国期货和衍生品法释义》,法律出版社 2022 年版,第 24 页。

② 参考《中国证券监督管理委员会证券市场操纵行为认定指引(试行)》第 20、21 条。

③ 参见侯幼萍、程红星:《期货法立法基础制度研究——金融期货的视角》,立信会计出版社 2014 年版,第 210—211 页。

失惨重。① 连续交易除了具有给其他市场参与者制造误导性印象,从而引诱其参与交易的作用以外,对于操纵者而言还具有累积头寸从而具备影响价格能力的功能。甚至操纵者还有可能通过连续交易的方式直接影响价格,迫使保证金不足的其他交易者平仓,从而进一步强化价格走势。② 因此,对于连续交易中的"连续"一词,不应刻板地理解为必须是时间间隔非常短的一系列交易。只要操纵者所从事的一系列交易活动在交易目的上具有连贯性,且交易时间上相近即可。

比较法上对真实交易型操纵的规定,例如我国台湾地区"期货交易法"第 106 条:"对于期货交易,不得意图影响期货交易价格而为下列行为之一:一、自行或与他人共谋,连续提高、维持或压低期货或其相关现货交易价格者。……"韩国《资本市场法》第 176 条第 3 款规定,无论何人,不得为了固定或者稳定上市证券或者场内衍生商品的市场价格,而从事连续买卖或者委托、受托从事该行为。但有下列情形之一的除外:(1) 投资买卖业者按照总统令规定的方法,在该证券公开发行或者公售的承销期间结束前三十日内,为了稳定自总统令规定之日起至该证券的承销期限届满止的这段期间的证券价格,促进证券的公开发行或者公售,而从事买卖交易(本款以下简称稳定操作)的;(2) 投资买卖业者按照总统令规定的方法,从该证券上市之日起六个月内,且在总统令规定的期间内,营造公开发行或者公售证券的需要、供给买卖交易(以下简称营造市场)的;(3) 公开发行或者公售证券的发行人的高管等总统令规定之人,委托投资买卖业者实施稳定操作的;(4) 投资买卖业者依据本款第三项的规定,受托从事稳定操作的;(5) 公开发行或者公售的证券的承销人向投资买卖业者委托营造市场的;(6) 投资买卖业者依据本款第五项的规定受托营造市场的。③

(二) 虚假交易型操纵

虚假交易型操纵,是指行为人通过虚假的交易行为来操纵市场。其典型包括约定交易操纵、洗售操纵和虚假申报操纵,分别规定在《期货和

---

① 参见姜洋主编:《期货市场新法规解释与适用》,法律出版社 2007 年版,第 276—277 页。
② 参见刘凤元:《现货市场与衍生品市场跨市监管研究》,载《证券市场导报》2007 年第 9 期,第 39 页。
③ 《韩国资本市场法》,董新义译,知识产权出版社 2011 年版,第 152 页。

衍生品法》第 12 条第 2 款第 2、3、5 项。

1. 约定交易操纵

约定交易操纵,又称为对敲或对倒,是指行为人通过与他人串通,以事先约定的时间、价格和方式相互进行期货交易的手段进行操纵。

与他人串通,是指两个以上行为人为了操纵期货市场,达成共同的意思联络。以事先约定的时间、价格和方式相互进行期货交易,是指两个以上行为人共同实施的、由一方作出交易委托,而另一方依据事先的约定作出时间相近、价格相近、数量相近、买卖方向相反的委托,双方相互之间进行的期货交易。约定的时间,是指两个以上行为人约定的进行交易的时间。买入申报和卖出申报在时间上相近,就可以构成约定交易的时间要件的充分条件。约定的价格,是指两个以上行为人约定的进行交易的申报价格。买入申报和卖出申报在价格上相近,就可以构成约定交易的价格要件的充分条件。约定的方式,是指两个以上行为人约定的进行交易的申报数量和买卖申报方向。买入申报和卖出申报在数量上相近,就可以构成约定交易的申报数量要件和买卖申报方向要件的充分条件。[1]

约定交易操纵的目的是让交易价格和交易量被记录在市场的公开揭示系统中,制造交易活跃的假象,误导并引诱其他交易者参与交易,操纵者就可以趁机牟利。[2] 例如,几个行为人为了制造虚假的市场行情,控制和影响期货交易价格或者市场持仓量,事先串通好交易的时间、成交的价格和交易的方式,于是在既定的时间内,当其中的一个行为人以既定的高于市场交易价的价格卖出或者以既定的低于市场交易价的价格买进时,另一个行为人按照约定立即买进或者卖出,通过期货交易所计算机撮合成交后,使当日的成交价格出现上涨或者下跌的显示(其中的损失暂时先由后一个行为人承担),其他期货交易者不明真相,误认为期货交易价格可能真的要上涨或者下跌了,于是都跟着买卖,行为人趁机反向操作,不但可以弥补开始的亏损,而且能够获取非法暴利。[3] 需要注意的是,行为人根据交易所的业务规则约定达成的期货转现货交易,虽然外观上与对

---

[1]　参考《中国证券监督管理委员会证券市场操纵行为认定指引(试行)》第 24、25 条。

[2]　参见刘凤元:《现货市场与衍生品市场跨市监管研究》,载《证券市场导报》2007 年第 9 期,第 39 页。

[3]　参见姜洋主编:《期货市场新法规解释与适用》,法律出版社 2007 年版,第 277 页。

倒相似，但符合交易所的业务规则，实际上不构成违法行为，不适用该规定。[①]

　　比较法上对约定交易操纵的规定，例如日本《金融商品交易法》第159条第1款规定，任何人不得为使他人误解该等交易的状况，使他人误解在有价证券买卖、市场金融衍生品交易或场外金融衍生品交易中的某一交易正在繁荣地进行等，实施下列行为：……（4）事先与他人串通，在自己卖出的相同时期以相同的价格，由他人买入该金融商品而进行该卖出。（5）事先与他人串通，在自己买入的相同时期以相同的价格，由他人卖出该金融商品而进行该买入。（6）事先与他人串通，以他人为该交易对方，在进行市场金融衍生品交易或场外金融衍生品交易要约的相同时期，以该交易的约定数值相同的约定数值，进行该交易的要约。（7）事先与他人串通，以他人为该交易对方，在进行市场金融衍生品交易或场外金融衍生品交易要约的相同时期，以该交易的对价金额相同的对价金额，进行该交易的要约。（8）事先与他人串通，以他人为该交易对方，在进行市场金融衍生品交易或场外金融衍生品交易要约的相同时期，以该交易条件相同的条件，进行该交易的要约。（9）实施前各项所列行为的委托等或受托等。[②]　日本《商品期货交易法》第116条第3项将其定义为："关于商品市场交易，事先与他人串通，进行下述交易的要约邀请：在自己进行交易要约邀请的同时，以与该交易同样的对价或约定价格，由他人进行要约以使该交易成立。"[③]韩国《资本市场法》第176条第1款规定，无论何人，不得以使他人误认为上市证券或者场内衍生商品的买卖处于兴旺，或者以使他人作出错误判断为目的，而行使下列行为：（1）在与自己卖出该证券或者场内衍生商品的相同时期，事先与他人约定，以相同的价格或者约定的价格让对方买入之后，再向其卖出的行为；（2）在与自己买入该证券或者场内衍生商品的相同时期，事先与他人约定，以相同的价格或者约

　　①　参见王瑞贺、方星海主编：《中华人民共和国期货和衍生品法释义》，法律出版社2022年版，第25页。
　　②　中国证券监督管理委员会组织编译：《日本金融商品交易法及金融商品销售等相关法律》，法律出版社2015年版，第759—761页。
　　③　中国证券监督管理委员会组织编译：《日本商品期货交易法》，法律出版社2019年版，第125页。

定的价格让对方卖出之后,再向其买入的行为;(3)不以转移权利为目的,进行虚假买卖证券或者场内衍生商品的行为;(4)委托或者受托本款第一项至第三项规定的行为。①《欧盟委员会第 2016/522 号授权条例》称之为"不当的对敲指令",即由相同的一方或串谋的多方以非常相似的数量和价格几乎同时下达买卖的交易指令进行交易。②

监管文件方面,根据欧洲证券监管者组织《市场滥用指令实施指引》,不当的对敲指令是指不同的交易者互相串通,以相同的价格和数量发出的,买和卖的指令同时或几乎同时进入交易系统的交易。③ 根据英国《市场行为守则》,同一个交易者,或不同的交易者互相串通,以相同的价格和数量发出的,买和卖的指令同时或几乎同时进入交易系统的交易,属于操纵。④

约定交易操纵在我国通常也被称为对敲。我国有学者在对期货交易中的欺诈行为进行研究时也使用了"对敲"这一概念,⑤但需要注意的是,在其研究中所谓的"对敲"实际上指的是场外冲销行为。在美国《商品交易法》中,场外冲销被规定于第 4b 条(a)(2)(D):"针对订立任何远期交割商品出售合约或互换(该等合约或互换系指并非在指定合约市场上、也并非按其规则为任何其他人、代表任何其他人或者与任何其他人达成的或将达成的合约或互换)的指令或针对该等合约的订立,任何人作出下列子款所述行为或者就相关事宜作出该等行为的,当属违法:(D)(i)在某指令被该人宣称为将在某一指定合约市场执行或按其规则执行,或按规定应在某一指定合约市场执行或按其规则执行的情形下,对该指令进行场外冲销;或(ii)在某指令被该人宣称为将在某一指定合约市场执行或按其规则执行,或按规定应在某一指定合约市场执行或按其规则执行的情形下,通过对冲任何其他人的 1 个或 1 个以上指令来完成某指令,或者

① 《韩国资本市场法》,董新义译,知识产权出版社 2011 年版,第 151 页。

② 刘春彦、林义涌、张景琨编译:《欧盟市场滥用行为监管法律法规汇编》,中国金融出版社 2020 年版,第 70—71 页。

③ The Committee of European Securities Regulators, Market Abuse Directive Level 3——First Set of CESR Guidance and Information on the Common Operation of the Directive, CESR/04-505b, 4.11(c).

④ The Code of Market Conduct, 1.6.4(2).

⑤ 参见张国炎:《期货交易中"对敲"的定性与规制》,载《社会科学》2015 年第 1 期,第 111 页以下。

未获得该其他人事先同意时,在知情的情况下故意地成为该其他人卖出指令的买方或成为该其他人买入指令的卖方,除非该指令根据该指定合约市场的规则执行。"类似规定也存在于新加坡《证券期货法》第 207 条、新加坡《商品交易法》第 44 条和我国台湾地区"期货交易法"第 108 条。禁止场外冲销的理由在于,期货交易应通过竞争产生市场价格,而非通过几个大交易商的对敲方式形成价格,因为这种价格并非真实的价格。[①]在场外冲销的情形下,客户的交易指令实际上未被下达到交易所并通过集中交易系统撮合成交,而是由交易商将不同客户的指令进行私下匹配。而约定交易操纵是由不同交易者串通在交易所进行的交易。因此,必须要将此种实为场外冲销的"对敲"与约定交易操纵进行明确区分。

2. 洗售操纵

洗售操纵,又称为自买自卖、冲洗交易、自我交易,是指行为人通过在自己实际控制的账户之间进行期货交易的手段进行操纵。我国证监会查处的期货市场操纵案件中,90%包含有洗售的情节。[②]

自己实际控制的账户,是指行为人具有管理、使用或处分权益的账户,主要包括下列账户:(1) 行为人以自己名义开设的实名账户;(2) 行为人以他人名义开设的账户;(3) 行为人虽然不是账户的名义持有人,但通过投资关系、协议或者其他安排,能够实际管理、使用或处分的他人账户。[③] 洗售的主要特征是行为人单独行动,不需要他人配合;采取的主要手段是以自己为交易对象,从事不真正转手的自买自卖活动,以影响期货交易价格或交易量。例如,期货公司的客户将相同品种、相同数量、相同交割日期、相同价格的合同,分别委托两个或者两个以上期货公司,自己买进,自己卖出,通过电脑自动撮合成交,但实际上买主与卖主是同一个人,期货合约并没有真正地转手,目的也是人为地抬高或者压低期货交易价格,制造虚假的市场行情,骗取其他期货投资者上当。又例如,同一个行为人以相同的价格、相同的数量买卖相同的期货合约,以达到诱骗其他

---

① 参见〔美〕杰瑞·W.马卡姆:《商品期货交易及其监管历史》,大连商品交易所本书翻译组译,中国财政经济出版社 2009 年版,第 51 页。

② 不包含洗售情节的案件,参见纤维板 1910 合约操纵案,中国证监会行政处罚决定书(黄鑫、蒋君、徐卫)〔2021〕100 号。

③ 参考《中国证券监督管理委员会证券市场操纵行为认定指引(试行)》第 28 条。

期货交易者买进或者卖出相同的期货合约的目的。[①]

　　比较法上对洗售操纵的规定,例如日本《商品期货交易法》第 116 条第 1 项将其定义为:"关于商品市场交易,进行不以上市商品所有权(电力的情况下,指接受电力供给的权利)转移为目的的买卖交易。"[②]《欧盟委员会第 2016/522 号授权条例》将其定义为:"达成关于金融工具、相关现货商品合约或基于排放配额的拍卖产品的交易获益或市场风险不变或在一致行动、串谋的当事方之间转移的安排。"[③]

　　监管文件方面,根据欧洲证券监管者组织《市场滥用指令实施指引》,洗售是指通过买卖金融工具时的某种安排,使得交易不发生实际利益或市场风险上的变化,或者实际利益或市场风险只在一致行动或串通的交易方之间移转。[④] 根据英国《市场行为守则》,洗售是指不发生实际利益或市场风险上的变化,或者实际利益或市场风险只在一致行动或串通的交易方之间移转的,对合格投资的买卖行为。[⑤]

　　3. 虚假申报操纵

　　虚假申报操纵,是指行为人通过不以成交为目的,频繁或者大量申报并撤销申报的手段进行操纵。

　　行为人在申报时不以成交为目的,可结合申报、撤单情况及其他行为特征综合判断。在满足行为特征的情况下,行为人存在少量成交或者部分成交的,不影响对"不以成交为目的"的认定。在行为模式上,行为人不以成交为目的地频繁申报、撤单或者大量申报、撤单,制造虚假的市场深度表象,或者意图制造人为的价格涨跌方向,并通常会进行与原申报方向相反的交易或者谋取相关利益。[⑥] 在程序化交易时代,特别是高频交易

　　① 参见姜洋主编:《期货市场新法规解释与适用》,法律出版社 2007 年版,第 277—278 页。
　　② 中国证券监督管理委员会组织编译:《日本商品期货交易法》,法律出版社 2019 年版,第 125 页。
　　③ 刘春彦、林义涌、张景琨编译:《欧盟市场滥用行为监管法律法规汇编》,中国金融出版社 2020 年版,第 70 页。
　　④ The Committee of European Securities Regulators, Market Abuse Directive Level 3——First Set of CESR Guidance and Information on the Common Operation of the Directive, CESR/04-505b, 4.11(a).
　　⑤ The Code of Market Conduct, 1.6.2(2).
　　⑥ 参见《关于期货交易管理条例第七十条第五项"其他操纵期货交易价格行为"的规定》起草说明,载中国证券监督管理委员会网站,http://www.csrc.gov.cn/csrc/c101902/c1039207/content.shtml,最后访问时间:2022 年 9 月 1 日。

兴起后,此种操纵手段对市场的威胁更为突出。①

比较法上对虚假申报操纵的规定,例如美国《商品交易法》第 4c 条
(a)(5)(C)作出禁止性规定,称之为"幌骗"。《欧盟委员会第 2016/522 号
授权条例》将其称之为"分层和幌骗",是指为了在订单簿的另一侧进行交
易,在订单簿的买方(或卖方)一侧经常提交多个或大量远离合理价格的
指令。一旦交易发生,将撤销无意执行的指令。②

监管文件方面,根据国际证监会组织《对市场操纵的调查与起诉的增
补》中新增的操纵行为手段即包括"幌骗订单簿以发送虚假的市场信
号"。③ 根据欧洲证券监管者组织《市场滥用指令实施指引》,不以履行为
目的下单,是指进入交易系统尤其是电子交易系统的,比先前的买价/卖
价更高/更低的指令。其目的不是为了执行该指令,而是为了给市场造成
在那个价格对该金融工具存在需求或供应的误导性的印象。④ 英国《市
场行为守则》将其定义为,进入电子交易系统的,比先前的买价更高或比
先前的卖价更低的指令,并且在其被执行前就将其撤回。其目的是给市
场造成对该合格投资在那个价格存在需求或供应的误导性的印象。⑤

(三)信息型操纵

信息型操纵,是指行为人通过向市场注入信息,从而引诱他人据此作
出交易决定的方式来操纵市场。其典型包括蛊惑操纵和抢帽子操纵,分
别规定在《期货和衍生品法》第 12 条第 2 款第 4、6 项。

1. 蛊惑操纵

蛊惑操纵,是指行为人通过利用虚假或者不确定的重大信息,诱导交
易者进行期货交易的手段进行操纵。

---

① 参见王瑞贺、方星海主编:《中华人民共和国期货和衍生品法释义》,法律出版社 2022 年
版,第 27 页;程红星主编:《中华人民共和国期货和衍生品法释义》,中国金融出版社 2022 年版,
第 36 页。
② 刘春彦、林义涌、张景琨编译:《欧盟市场滥用行为监管法律法规汇编》,中国金融出版社
2020 年版,第 72 页。
③ Technical Committee of the International Organization of Securities Commissions,
Addendum to Investigating and Prosecuting Market Manipulation 2 (2013), https://www.
iosco. org/library/pubdocs/pdf/IOSCOPD411. pdf,最后访问时间:2022 年 9 月 1 日。
④ The Committee of European Securities Regulators, Market Abuse Directive Level 3—
First Set of CESR Guidance and Information on the Common Operation of the Directive, CESR/
04-505b, 4.11(d).
⑤ The Code of Market Conduct, 1.6.2(4).

虚假信息,是指与真实情况不一致,或者与真实情况不完全一致,或者拼接、隐瞒、歪曲了重要事实,误导他人的信息。不确定的信息,是指有关特定事件发生与否及其程度尚处于不确定状态的信息。重大,是指虚假信息或者不确定的信息能够对期货交易价格或者交易量产生影响。诱导,是指行为人的利用虚假或者不确定的重大信息的行为影响了交易者的决策,使交易者进行了期货交易,即两者之间存在因果关系。进行期货交易,不仅包括建仓达成期货交易的行为,还包括平仓行为。[①] 一般认为,"利用"主要指传播行为,包括编造并传播行为,也包括未编造但传播行为。[②]

蛊惑操纵的典型做法,是行为人进行期货交易时,利用虚假或者不确定的重大信息,诱导交易者在不了解事实真相的情况下作出交易决定,影响期货交易价格或交易量,以便通过期待的市场波动,取得经济上的利益。行为人通常在编造、传播或者散布虚假或者不确定的重大信息之前买入或卖出相关期货;而在编造、传播、散布虚假或者不确定的重大信息及价格发生波动之后卖出或买入相关期货。行为人可以是虚假或者不确定的重大信息的编造者,也可以是其传播者或者散布者。[③]

由于《期货交易管理条例》中没有关于蛊惑操纵的规定,因此在中国证监会制定的《关于〈期货交易管理条例〉第七十条第五项"其他操纵期货交易价格行为"的规定》第一次明确规定蛊惑操纵之前,在相关案件中监管机构是以编造、传播虚假信息的名义处罚的。例如,在曾改雄编造、传播虚假信息案中,当事人以虚构的"蛋品流通协会"名义编造、传播虚假信息,使投资者产生全国性鸡蛋行业协会实名举报,交易所等监管部门会调查 JD1609 合约做多资金的认识。导致当日 JD1609 合约成交 28.98 万手,成交量为近 5 个月新高。收盘结束合约价格下跌 152 点,跌幅3.87%,盘中最大下跌 160 点,跌幅 4.1%。不仅如此,当事人在编造并传播虚假信息前,还使用其个人期货交易账户分两次卖开 1 手、2 手

---

① 参见王瑞贺、方星海主编:《中华人民共和国期货和衍生品法释义》,法律出版社 2022 年版,第 26 页。

② 参见程红星主编:《中华人民共和国期货和衍生品法释义》,中国金融出版社 2022 年版,第 36 页。

③ 参考《中国证券监督管理委员会证券市场操纵行为认定指引(试行)》第 31、32、33 条。

JD1609 合约空单,6 月 15 日虚假信息发布后,于当日买入 3 手 JD1609 合约平仓,获利 1260 元,扣除交易手续费 36.18 元,违法所得 1223.82 元。[①]可见,该案当事人的行为实际上构成了蛊惑操纵。中国证监会大连监管局之所以能够如此处理,是因为蛊惑操纵包含了编造、传播虚假或误导性信息的情节,因此在有关前者的规定尚未明确的时候,可以以后者的名义进行处罚。

比较法上对蛊惑操纵的规定,例如新加坡《证券期货法》第 209 条第 1 款规定:"任何人不能通过以下方式,引诱或企图引诱他人进行期货合约交易或杠杆式外汇交易——(a)制作或公布其知道或应当有理由知道为虚假、引人误解或欺骗性的声明、承诺或预测;(b)不诚实地隐瞒重大事实;(c)不计后果地制作或公布虚假、引人误解或欺骗性的声明、承诺或预测;或(d)使用任何机械、电子或其他设施,记录或存储其知道在重大事项上为虚假或引人误解的信息。"[②]新加坡《商品交易法》第 48 条规定:"任何人不得为诱使或企图诱使他人从事某一商品合约、商品期货合约或某一商品合约种类、商品期货合约种类的交易,直接或间接——(a)在明知或应当明知的情形下,对任何事实作出虚假的或在其陈述时间和陈述情形下具有误导性或欺诈性的陈述;(b)在明知或应当明知的情形下,由于信息的遗漏作出虚假性、误导性或欺诈性的陈述。"[③]日本《金融商品交易法》第 159 条第 2 款规定,任何人不得为了诱导有价证券买卖、市场金融衍生品交易或场外金融衍生品交易中的某一交易而实施下列行为:……(2)散布因自己或他人的操纵,交易所金融商品市场中的上市金融商品等或场外交易有价证券市场中的场外交易有价证券的市场行情会发生变动之内容的流言。(3)进行有价证券买卖等时,故意对重要事项进行虚假或使他人误解的表述。[④] 韩国《资本市场法》第 176 条第 2 款规定,无论何人,均不得以引诱他人买卖上市证券或者场内衍生商品为目的,而行使下列行为:……(2)散布有关该证券或者场内衍生商品的

---

①　中国证监会大连监管局行政处罚决定书(曾改雄)〔2018〕1 号。

②　上海期货交易所"境外期货法制研究"课题组编著:《新加坡期货市场法律规范研究》,中国金融出版社 2007 年版,第 235 页。

③　同上书,第 491—492 页。

④　中国证券监督管理委员会组织编译:《日本金融商品交易法及金融商品销售等相关法律》,法律出版社 2015 年版,第 761 页。

市场价格,因自己或者他人的市场操纵而变动的谣言的行为;(3)买卖该证券或者场内衍生商品的,对重要事实进行虚假标注,或者作出引人误解的标注的行为。[①]《欧洲议会与欧盟理事会第 2003/6/EC 号指令》第 1 条第 2 款第(c)目规定,在明知或应知信息具有虚假或误导性的情形下,通过媒体(包括互联网)或以任何其他方式传播信息(包括散布谣言和虚假或误导性消息),且该信息发出了或可能发出关于金融工具的虚假或误导性信号属于市场操纵。[②]更新的《欧洲议会与欧盟理事会第 596/2014 号条例》第 12 条第 1 款第(c)目将其定义为,在明知或应知信息是虚假或误导性时,通过包括互联网在内的媒介或以任何其他方式散布信息(包括散布谣言)的行为,发出或可能发出关于金融工具、相关现货商品合约或基于排放配额的拍卖产品的供给、需求或价格的虚假或误导性信号,或使或可能使一种或多种金融工具、相关现货商品合约或基于排放配额的拍卖产品的价格处于异常或人为的水平。[③]

监管文件方面,欧洲证券监管者组织《市场滥用指令实施指引》将其定义为,通过互联网或其它媒体散布虚假或误导性的市场信息,这样做的目的在于使证券、衍生品合约或基础资产的价格向有利于散布该信息的人的持仓或交易计划的方向变动。[④]根据英国《市场行为守则》,利用临时或常规性使用传统或电子媒体的机会,发表关于某种合格投资的观点(或间接关于其发行人,如有的话),而自己先前已经就该合格投资持仓或提交买单,随后从所发表的观点对该工具的价格影响中获益,且未曾同时就利益冲突以恰当且有效的方式向公众披露,属于操纵。[⑤]

2. 抢帽子操纵

抢帽子操纵,是指行为人通过对相关期货交易或者合约标的物的交易作出公开评价、预测或者投资建议,并进行反向操作或者相关操作的手

---

① 《韩国资本市场法》,董新义译,知识产权出版社 2011 年版,第 151—152 页。

② 中国证券监督管理委员会组织编译:《欧盟证券监管法规汇编》,法律出版社 2013 年版,第 113 页。

③ 刘春彦、林义涌、张景琨编译:《欧盟市场滥用行为监管法律法规汇编》,中国金融出版社 2020 年版,第 30 页。

④ The Committee of European Securities Regulators, Market Abuse Directive Level 3—First Set of CESR Guidance and Information on the Common Operation of the Directive, CESR/04-505b, 4.13(b).

⑤ The Code of Market Conduct, 1.7.2(1).

段进行操纵。

在行为主体上,此种行为不限于具有特定身份的人才能实施。这是因为,随着互联网等信息传播技术的不断发展,能够通过公开评价、预测或者投资建议,从而影响期货市场的主体不再限于那些具有特定身份的机构和个人。现实中诸如"财经大 V""金融网红"等,都是普通人通过互联网社交媒体等建立较大社会和市场影响力的典型例子。在行为模式上,行为人通常会在期货市场建仓后,对相关期货交易或者合约标的物的交易作出公开评价、预测或者投资建议,影响期货交易价格或者期货交易量,并进行与其评价、预测或者投资建议方向相反的期货交易了结持仓以获利。与蛊惑操纵不同的是,抢帽子操纵行为所作出的公开评价、预测或者投资建议并非事件或事实信息,因此无法用是否虚假或不确定来进行评价。但是,行为人通过发布此类信息,是能够影响市场并配合其市场操作实现操纵目的的。行为人作出公开评价、预测或者投资建议的方式包括但不限于通过报刊、电台、电视台等传统媒体,网站、公众号等电子网络媒体,或利用传真、短信、电子信箱、电话、软件等工具。但行为人依据有关法律、行政法规、规章或有关业务规则的规定,已经公开作出相关预告的,不视为抢帽子操纵。[①]

比较法上对抢帽子操纵的规定,例如《欧洲议会与欧盟理事会第596/2014 号条例》第 12 条第 2 款第(d)目将其定义为,事先持有某一金融工具、相关的现货商品合约或基于排放配额的拍卖产品头寸,并在未以合理且有效的方式向公众披露利益冲突的情况下,利用偶然或定期接触传统或电子媒介的机会,发表关于该金融工具、相关现货商品合约或基于排放配额的拍卖产品(或间接关于其发行人)的意见且随后从该意见对金融工具、相关现货商品合约或基于排放配额的拍卖产品的价格产生的影响中获益的行为。[②]

(四)市场力量型操纵

市场力量型操纵,是指行为人利用其垄断性的市场力量与期货合约的交割条款来操纵市场。其典型包括囤积操纵和逼仓操纵,分别规定在

[①]　参考《中国证券监督管理委员会证券市场操纵行为认定指引(试行)》第 35、36 条。

[②]　刘春彦、林义涌、张景琨编译:《欧盟市场滥用行为监管法律法规汇编》,中国金融出版社 2020 年版,第 31 页。

《期货和衍生品法》第 12 条第 2 款第 7、8 项。

从本质上来讲,期货市场的功能并不在于提供一个现货商品的供应来源。因此在期货市场,只有不到 1% 的合约最终进行实物交割,而 99% 的合约都在交割前通过对冲平仓的方式了结。[1] 几乎所有的期货交易者(包括套期保值交易者和投机交易者)都对交割没有兴趣,其参与期货交易仅仅是希望通过期货价格的变动来管理风险或取得投机利益。市场力量型操纵正是利用了交易者的此种心理和他们(持有未平仓合约时)被迫在有限的时间和特定地点进行交割的可能性。[2] 例如,行为人在期货交易的最后阶段不对冲平仓,并利用其他普通交易者对交割的无防备,就能获得对未平仓期货合约的实质控制。随后,由于准备交割时间过晚带来的不便,会促使其他交易者愿意在最后一刻提高出价对冲平仓,以避免交割,这就给之前坚持不对冲平仓的行为人带来了可观的利润。如果行为人同时也在现货市场买入了大量现货商品,从而使可交割现货供应枯竭,那么这种做法就被称为囤积。如果行为人只是控制了期货市场,那么这种做法就被称为逼仓。[3] 当然,期货市场上也可能存在"自然的"(natural)囤积和逼仓,即由供应自然短缺造成的市场失调。自然的囤积和逼仓通常与期货市场的特性有关,而与供求状况无关。[4]

1. 囤积操纵

囤积操纵,是指行为人为影响期货市场行情通过囤积现货的手段进行操纵。具体又分为多头囤积和空头囤积两种类型。

在多头囤积的情形,行为人利用期货交易的匿名性建立大量期货多头头寸,与此同时,还会控制当地大部分可交割的现货供应。在特定交割月,当那些负有交割义务的空头没有多少准备时间的时候,行为人要求进行交割。此时空头只有两个选择,要么高价买入现货以进行交割,要么溢

---

[1] See Joseph J. Bianco, *The Mechanics of Futures Trading: Speculation and Manipulation*, 6 Hofstra Law Review 27, 29 (1977).

[2] See Comment, *Manipulation of Commodity Futures Prices—The Great Western Case*, 21 University of Chicago Law Review 94, 95 (1953).

[3] See Note, *The Delivery Requirement: An Illusory Bar to Regulation of Manipulation in Commodity Exchanges*, 73 Yale Law Journal 171, 175-176 (1963).

[4] See Jerry W. Markham, *Manipulation of Commodity Futures Prices—The Unprosecutable Crime*, 8 Yale Journal on Regulation 281, 294 (1991).

价向多头买回期货合约以对冲平仓。[①] 行为人不需要控制全国的所有现货供应,只需要控制市场当地的可交割现货供应。由于空头可以立即获取的可交割现货相对于未平仓期货合约要少,作为多头的行为人就能够通过在一系列更高的价格上提供对冲平仓的机会而获利。当然,行为人虽然会把价格推高,但不会把价格推高到促使空头宁愿从交易所以外的地方高价引入现货进行交割的程度。迫使空头以高价对冲平仓是更为成功的操纵手法,否则一旦空头从外地引入现货进行交割,操纵活动结束后行为人还必须要想办法处理这些存货。[②]

在空头囤积的情形,行为人需要先囤积大量现货,通常在交割月的第一天进行大量交割,迫使不愿意在接受交割后处理商品的多头仓促地卖出合约以平仓,从而使期货合约的价格下跌。行为人可以在此低价买入合约平仓获利,也可以在此更有利的价格上将现货商品买回。[③] 与多头囤积相比,空头囤积相对少见。因为做空比做多更困难,需要控制更多的现货库存,导致成本也更高。[④]

比较法上对囤积操纵的规定,例如新加坡《证券期货法》第 208 条第(b)项规定,任何人不得直接或间接地囤积或试图囤积任何期货合约的基础商品。[⑤] 新加坡《商品交易法》第 46 条第(b)项亦规定,任何人不得直接或间接囤积或试图囤积任何商品合约或商品期货合约下的商品。[⑥]

监管文件方面,根据国际证监会组织《市场操纵的调查与起诉》,囤积是指通过获取对衍生品合约及其基础资产的出价或需求面的控制,以达

[①]　See Rosa M. Abrantes-Metz, Gabriel Rauterberg & Andrew Verstein, *Revolution in Manipulation Law: The New CFTC Rules and the Urgent Need for Economic and Empirical Analyses*, 15 University of Pennsylvania Journal of Business Law 357, 367 (2013).

[②]　See Comment, *Manipulation of Commodity Futures Prices—The Great Western Case*, 21 University of Chicago Law Review 94, 100 (1953).

[③]　See Comment, *Manipulation of Commodity Futures Prices—The Great Western Case*, 21 University of Chicago Law Review 94, 102 (1953); Ralph T. Byrd, *No Squeezing, No Cornering: Some Rules for Commodity Exchanges*, 7 Hofstra Law Review 923, 931 (1979).

[④]　See Linda N. Edwards & Franklin R. Edwards, *A Legal and Economic Analysis of Manipulation in Futures Markets*, 4 Journal of Futures Markets 333, 343 (1984).

[⑤]　上海期货交易所"境外期货法制研究"课题组编著:《新加坡期货市场法律规范研究》,中国金融出版社 2007 年版,第 234—235 页。

[⑥]　上海期货交易所"境外期货法制研究"课题组编著:《新加坡期货市场法律规范研究》,中国金融出版社 2007 年版,第 491 页。

到支配性的头寸,此种支配性头寸可以被利用来操纵衍生品和/或基础资产的价格。就衍生品而言,在囤积的情况下,市场参与者或参与者集团在现货、衍生品或其它市场的资产上累积起控制性的头寸。然后,市场参与者或参与者集团要求空头持仓者或通过交割,或从操纵者处买入资产,或以被操纵者扭曲了的价格在衍生品市场与操纵者对冲其持仓的方式,了结他们合约项下的义务。①

2. 逼仓操纵

逼仓操纵,是指行为人通过在临近交割月或者交割月,利用不正当手段规避持仓限额,以形成持仓优势的手段进行操纵。

逼仓的具体做法是,行为人买入大量与短缺的可交割现货商品相关的多头合约,然后在合约到期后仍持有合约,就像他会持有这些合约等待交割一样。空头合约的持有者在现货市场上无法找到足够的可交割现货供应,因此他们被迫以高价向多头买入合约以平仓。② 逼仓与囤积的区别在于,在囤积的情形下,行为人需要控制他所持有的期货合约所对应商品的几乎所有现货供应;而在逼仓情况下,行为人只需要在期货合约所对应的现货商品面临短缺时,获得大量的期货头寸。逼仓只发生在期货市场,而囤积还涉及现货市场,因此逼仓操纵者可以不持有任何现货头寸。③ 从行为人获益的角度来看,逼仓通常比囤积更容易成功。因为囤积的行为人最终必须在不大幅压低价格的情况下处理掉囤积的现货商品,否则其通过囤积获得的收益会随着现货商品价格的下跌而降低。④

逼仓之所以会发生,是因为对现货商品有需求的人通常不会通过期货市场来获得现货交割,期货交易机制也主要不是设计用来满足现货商

---

① Technical Committee of the International Organization of Securities Commissions, *Investigating and Prosecuting Market Manipulation* 6 (2000), https://www.iosco.org/library/pubdocs/pdf/IOSCOPD103.pdf,最后访问时间:2022 年 9 月 1 日。

② See George A. Davidson, *Squeezes and Corners: A Structural Approach*, 40 Business Lawyer 1283, 1284 (1985).

③ See Rosa M. Abrantes-Metz, Gabriel Rauterberg & Andrew Verstein, *Revolution in Manipulation Law: The New CFTC Rules and the Urgent Need for Economic and Empirical Analyses*, 15 University of Pennsylvania Journal of Business Law 357, 367-368 (2013).

④ See Jerry W. Markham, *Manipulation of Commodity Futures Prices—The Unprosecutable Crime*, 8 Yale Journal on Regulation 281, 293 (1991).

品需求的。期货市场参与者主要包括以风险管理为目的的套期保值者和以从价格波动中获利为目的的投机者。由于期货市场的特殊功能,交割对于普通的交易者双方而言,既不在其预期中,也不是其所希望的。[1]　逼仓本身并不一定意味着操纵。这个术语本来是被用于描述期货合约到期时的一种情况,即期货空头(套期保值者或投机者)因为一直等到合约末期才准备平仓,但他们发现此时已无法买入新的多头期货合约,可交割的现货库存很少,而从其他地方购买现货商品并通过交割进行结算也已经太晚了,导致其无法了结持仓,而被迫以高价对冲平仓。在这种情况下,尽管市场并没有出现一般意义上的囤积,但一直坚持持有期货多头头寸的交易者就可以获得其满意的平仓价格。因此,当交易者在期货市场占据支配性地位,但对现货商品没有控制权时,就有可能出现逼仓。逼仓可能是也可能不是由交易者的操纵意图所导致的。[2]　因为类似逼仓的效果也可能由非故意的行为引起,例如普通的大型多头交易者正常要求交割,但空头害怕交割而抬高市场价格以对冲平仓。[3]

比较法上对逼仓操纵的规定,例如根据《欧盟委员会第 2016/522 号授权条例》,滥用逼仓是指利用在金融工具、相关现货商品合约或基于排放配额的拍卖产品的供给、需求或交付机制上占据支配地位的巨大影响,实质上扭曲或者可能扭曲其他对手方为了履行义务必须交割、提货或者迟延交割的价格。[4]

监管文件方面,根据国际证监会组织《市场操纵的调查与起诉》,逼仓是指利用某种资产的短缺来控制其需求面,并且利用短缺期间的市场拥挤状况来制造人为价格。[5]　根据欧洲证券监管者组织《市场滥用指令实

---

[1]　See Note, *The Delivery Requirement: An Illusory Bar to Regulation of Manipulation in Commodity Exchanges*, 73 Yale Law Journal 171, 172-173 (1963).

[2]　See Comment, *Commodities: Futures Control: Manipulation under the Commodity Exchange Act*, 57 Minnesota Law Review 1243, 1248-1249 (1973).

[3]　See Note, *The Delivery Requirement: An Illusory Bar to Regulation of Manipulation in Commodity Exchanges*, 73 Yale Law Journal 171, 176 (1963).

[4]　刘春彦、林义涌、张景琨编译:《欧盟市场滥用行为监管法律法规汇编》,中国金融出版社 2020 年版,第 70—73 页。

[5]　Technical Committee of the International Organization of Securities Commissions, *Investigating and Prosecuting Market Manipulation* 6 (2000), https://www.iosco.org/library/pubdocs/pdf/IOSCOPD103.pdf,最后访问时间:2022 年 9 月 1 日。

施指引》,滥用逼仓是指对某种金融工具和/或某种衍生品合约基础产品的供应、需求或交割机制有重大影响力的一个或多个交易者,利用其支配性的头寸来实质性地扭曲市场价格,使其他交易者不得不在此价格上交割、接受交割或延期交割此种金融工具/产品,以履行他们的合约义务。[①]根据英国《市场行为守则》,滥用逼仓是指交易者满足以下条件的情况:(1)对某种合格投资或相关投资或某种衍生品合约基础产品的供应、需求或交割机制具有重大影响力;(2)在某项投资中直接或间接地持有头寸,该投资项下所涉及的大量合格投资、相关投资或产品是可交割的;并且(3)其行为的目的是将价格固定在一个扭曲的水平,使其他交易者不得不在此价格上交割、接受交割或延期交割,以履行他们关于某种合格投资的义务。[②]

(五)跨市场操纵

本来意义上的跨市场操纵,是指操纵的行为和结果涉及两个或两个以上具有直接价格影响关系的市场的操纵形式。市场之间的"直接价格影响关系",这是指市场之间须具备通过合约设计、交易机制、价格决定关系等形式建立的联系。现实中跨市场操纵行为的典型形态可以归纳为两种,一种是市场力量型跨市场操纵,另一种是价格关联型跨市场操纵。《期货和衍生品法》第 12 条第 2 款第 7、8 项规定的囤积和逼仓属于市场力量型跨市场操纵。这两种操纵手段均利用了期现货市场间的连接点——交割条款,因而本身包含跨市场因素。而第 9 项规定的"利用在相关市场的活动操纵期货市场",是以期货市场为目标市场的价格关联型跨市场操纵。

价格关联型跨市场操纵,是指行为人以某种手段造成一个市场的价格变动,从而影响另一个关联市场的价格的操纵形态。例如,当行为人持有的衍生品合约的结算价格与另一个市场的资产价格绑定时,他就可以通过在结算日操纵相关市场的资产价格,从而影响衍生品合约的结算价格。在价格关联型操纵中,其中一个市场有可能只是手段市场,而另一个

---

① The Committee of European Securities Regulators, Market Abuse Directive Level 3— First Set of CESR Guidance and Information on the Common Operation of the Directive, CESR/ 04-505b, 4.12(c).

② The Code of Market Conduct, 1.6.4(4).

市场则是目标市场。行为人通常会先行在目标市场持有相当规模的头寸,之后通过连续交易、约定交易、洗售、虚假申报、散布虚假信息等方式操纵手段市场的价格,通过两个市场间的价格关联性传导至目标市场,使目标市场的价格向有利于其所持有头寸的方向运动。在价格关联型操纵中,具体的操纵行为可能同时发生在两个市场,也可以只发生在手段市场,甚至可能导致手段市场中的亏损,而盈利则主要来自目标市场。只要盈利大于亏损,行为人实施的跨市场操纵就是有利可图的。当然,也有在两个市场中都盈利的情况。

　　比较法上对价格关联型跨市场操纵的规定,例如韩国《资本市场法》第176条第4款规定:无论何人,从事上市证券或者场内衍生商品的买卖,不得行使下列行为:(1)在场内衍生商品的买卖中,以获取不当利益或者使第三人获取不当利益为目的,实施变动或者固定该场内衍生商品的基础资产的市场价格的行为;(2)在场内衍生商品基础资产的买卖中,以获取不当利益或者使第三人获取不当利益为目的,实施变动或者固定该场内衍生商品市场价格的行为;(3)在证券买卖中,以获取不当利益或者使第三人获取不当利益为目的,实施总统令规定的变动或者固定与该证券相关的证券市场价格的行为。[①]《欧盟委员会第2016/522号授权条例》将价格关联型跨市场操纵区分为跨交易场所操纵和跨交易产品操纵。其中,跨交易场所操纵,是指在某一交易场所内或场外进行交易或下达交易指令(包括下达有投资兴趣的征兆),以便不正当影响另一交易场所内或场外的同一金融工具、相关的现货商品合约或基于排放配额的拍卖产品的价格(即在某一交易场所内或场外交易以便不正当凝固在另一个交易场所内或场外的金融工具的价格)。跨交易产品操纵,是指在某一交易场所内或场外进行交易或下达交易指令(包括下达有投资兴趣的征兆),以便不正当影响另一个或同一个交易场所内或场外的相关金融工具、相关现货商品合约或基于排放配额的相关拍卖产品的价格(即交易金融工具以便不正当凝固另一个或同一个交易场所内或场外的相关金融工具的价格)。[②]

---

　　① 《韩国资本市场法》,董新义译,知识产权出版社2011年版,第152—153页。

　　② 刘春彦、林义涌、张景琨编译:《欧盟市场滥用行为监管法律法规汇编》,中国金融出版社2020年版,第70页。

监管文件方面,例如根据欧洲证券监管者组织《市场滥用指令实施指引》,在一个市场上进行交易从而不当地固定关联市场上金融工具的价格,是指在一个市场上从事交易,其目的在于不当地影响另一个市场上相同或相关金融工具的价格。例如通过从事某只股票的交易来将另一个市场上的衍生品的价格固定在扭曲的水平,或者通过交易某种商品衍生品的基础产品来扭曲衍生品合约的价格。^① 英国《市场行为守则》也将其界定为:"在一个市场或交易平台上从事交易,其目的在于不当地影响另一个指定市场上交易的相同或相关金融工具的价格。"^②

（六）其他手段操纵

行为人操纵期货市场的手段不限于《期货和衍生品法》中明确界定的九种,任何能够实现其影响期货交易价格或者期货交易量目的的均属于第 12 条第 2 款第 10 项规定的"操纵期货市场的其他手段"。

① The Committee of European Securities Regulators, Market Abuse Directive Level 3—First Set of CESR Guidance and Information on the Common Operation of the Directive, CESR/04-505b, 4.12(f).

② The Code of Market Conduct, 1.6.4(7).

第一章　期货市场价格操纵规制理论的反思与重构

第一节　期货市场反操纵理论与实践的困境

观察市场操纵的首要视角,是操纵行为对价格本身的影响。市场价格的变动,是操纵行为给市场参与者带来的最直观的印象。而行为人通过操纵活动使价格朝有利于自己持仓的方向运动,也是其凭借操纵活动获利的基本模式。因此,价格操纵是对操纵行为进行规制的经典路径,而我国期货市场现行反操纵规则的规制基础正是价格影响。在监管实践中,我国证监会主要是通过参照系比较方法来对操纵行为的价格影响进行证明,这同时也构成了操纵认定的核心要件。但是,就连我国证监会执法部门自己都承认,此种方法非常容易引起争议和当事人的抗辩。[①] 对于这种认定方法的理论由来,以及实践中产生争议背后的原因,甚少有人探究。其实,这是此种方法内在和固有的,也与其产生逻辑有关。而由于价格影响在整个操纵认定框架中的核心地位,这也对价格操纵的规制逻辑和框架造成了体系性影响,导致在实践中对期货市场操纵案件的执法困难。由此,对期货市场反操纵理论正本清源式的研究,对于反操纵规则的建构及执行,均具有重要意义。

一、经典价格操纵理论对操纵的定义方式

在价格操纵的经典规制路径之下,操纵通常被定义为故意制造人为价格(artificial price)的行为。例如,在美国代表性的司法判例和执法案

---

① 参见中国证券监督管理委员会行政处罚委员会编:《证券期货行政处罚案例解析》(第 1 辑),法律出版社 2017 年版,第 155 页。

例中,操纵分别被定义为"通过一人或多人有计划的行动制造人为价格"①或"故意实施的造成人为价格的行为"②。我国代表性文献则将期货市场操纵界定为"行为人违反国家期货管理法律法规,采取不正当手段,扭曲期货合约交易价格,扰乱期货市场秩序的行为"。③ 在中外学术文献中,"价格扭曲"一般都被作为"人为价格"概念的解释用语,两者在各种语境中也经常作为同义词而被混用。因此,在定义操纵时所采用的此类表述,实际上就是对"人为价格"的另一种表达方式。此外,我国也有学者直接采用了与美国通说非常接近的表述,认为"操纵行为本质上就是市场主体为制造人为价格的有计划之行动""其行为的主要着力点在人为价格"。④ 从一般人的直觉来看,操纵即故意制造人为价格的定义方式也许非常简洁且直接,但深究之下,将此种定义直接适用于实践的效用是值得怀疑的。⑤ 因为其中包含了一个特别令人难以捉摸的概念,即产生的价格是否是"人为"的。除非人们能清晰地区分人为价格和非人为价格,否则无法区分合法与非法行为,而这个问题比它看起来要困难得多。⑥ 以"人为"或"扭曲"等概念来定义"操纵",可能并没有什么实际意义。正如有学者所指出的,司法判例和行政执法案例将操纵等同于故意制造价格扭曲的行为,其实是一个循环定义,因为"扭曲"就是"操纵"的同义词。⑦ 以"人为"或"扭曲"来定义"操纵",可能只是用一个没有明确内涵的概念,来界定另一个没有明确内涵的概念。当然,操纵即故意制造人为价格的表述并没有只是被作为循环定义对待。由于人们始终难以提出可以完满

---

① General Foods Corp. v. Brannan,170 F. 2d 220 (7th Cir. 1948).

② In re Hohenberg Bros.,[1975-1977 Transfer Binder] Comm. Fut. L. Rep. (CCH) ¶ 20,271 (CFTC Feb. 18,1977).

③ 杜惟毅、张永开:《期货市场操纵行为的类型及认定标准研究》,载黄红元、徐明主编:《证券法苑》(第 9 卷),法律出版社 2013 年版,第 738 页。

④ 赵振华、江海亮:《论期货市场操纵行为的民事责任》,载《中国矿业大学学报(社会科学版)》2013 年第 1 期,第 42 页。

⑤ 参见叶林主编:《期货期权市场法律制度研究》,法律出版社 2017 年版,第 167 页。

⑥ See Daniel R. Fischel & David J. Ross, *Should the Law Prohibit "Manipulation" in Financial Markets?*, 105 Harvard Law Review 503, 508 (1991).

⑦ See M. Van Smith, *Preventing the Manipulation of Commodity Futures Markets: To Deliver or Not to Deliver*, 32 Hastings Law Journal 1569, 1580 (1981). 还有学者指出,操纵难以被定义,很可能因为这本身就是一个循环性的问题。See Joseph Zabel, *Rethinking Open- and Cross-Market Manipulation Enforcement*, 15 Virginia Law & Business Review 417, 428 (2021).

取代该理论的定义方式,因此该理论在行政执法、司法和学术研究中一直处于主流观点的地位。判例和评论者们普遍将人为价格当作是具有某些可确定内容的概念来对待,并发展出判断人为价格的方法,使这一概念具有了实际内涵。

我国先前的《期货交易管理条例》虽然并未直接对操纵概念进行界定,但是在其有关操纵行为的禁止性规定的表述中,非常明确地将操纵行为对交易价格的影响作为必备要件。例如该条例第 70 条开头就有"任何单位或者个人有下列行为之一,操纵期货交易价格的……"的表述,且列举的第五种兜底性的行为类型被表述为"国务院期货监督管理机构规定的其他操纵期货交易价格的行为",进一步表明了我国期货市场反操纵规则对操纵的定义要素的认识。依该项的授权,中国证监会还制定了《关于〈期货交易管理条例〉第七十条第五项"其他操纵期货交易价格行为"的规定》。与《期货交易管理条例》未定义操纵概念的做法不同,在中国证监会较早的《关于对操纵期货市场行为认定和处罚的规定》中,有关于这一概念的明确定义。其中的第 1 条规定,"操纵期货市场行为是指交易所会员或客户为了获取不正当利益,故意违反国家有关期货交易规定,违背期货市场公开、公平、公正的原则和大户报告制度,单独或者合谋使用不正当手段,严重扭曲期货市场价格,扰乱市场秩序的……各种行为"。虽然该文件对操纵的定义存在其他一些问题,[①]而且目前已经被废止,[②]但作为迄今为止我国规范性文件中对期货市场操纵概念唯一的一个定义,此种界定思路至少代表了监管机构对这一问题的基本态度。[③] 我国 2022 年制定的《期货和衍生品法》同样未直接对操纵概念进行界定,第 12 条将操

---

① 例如将操纵行为的主体限定于交易所会员或客户,再如将违反大户报告制度作为操纵行为的必备手段。此外,该规定对操纵行为类型的具体列举也存在一些问题。

② 根据 2000 年 4 月 10 日中国证监会《关于废止部分证券期货规章的决定(第二批)》(证监法律字〔2000〕1 号),该规定已经被废止。

③ 《关于对操纵期货市场行为认定和处罚的规定》对理论研究无疑也产生了很大影响,前述学者在对期货市场操纵进行界定时就采用了此种方式:"期货市场操纵行为是指行为人违反国家期货管理法律法规,采取不正当手段,扭曲期货合约交易价格,扰乱期货市场秩序的行为。"参见杜惟毅、张永开:《期货市场操纵行为的类型及认定标准研究》,载黄红元、徐明主编:《证券法苑》(第 9 卷),法律出版社 2013 年版,第 738 页。这一定义在表达上基本就是对该规定内容的重述,只是去掉了"交易所会员或客户为了获取不正当利益"和"违背期货市场公开、公平、公正的原则和大户报告制度"等不恰当的表述。

纵的结果性要件直接表述为"影响期货交易价格",其规制基础和解释方法与《期货交易管理条例》应当是相同的,因为这只是对"操纵期货交易价格"的一种更为准确的表述方式。

　　要证明行为人构成市场操纵,必须证明其操纵了期货交易价格,此即操纵的人为价格要件。但究竟什么样的价格才属于被操纵了的价格,法律和监管规则中并没有明确规定。虽然我国证监会执法部门在对既有执法案例经验的分析中,使用了供求力量与价格之间的关系来界定操纵,认为操纵是"有目的地促使价格偏离正常供求力量作用下的价格水平的操作或交易",[①]但是在人为价格这一关键要件的判断上,却很少进行供求力量分析,而是在几乎所有行政处罚案件中都使用了参照系比较方法,即将怀疑被操纵的期货价格与被选取的价格参照系进行比较。一是以临近月份合约的价格作为参照系。例如,在"甲醇 1501 合约操纵案"中,中国证监会将怀疑受操纵的甲醇 1501 合约与甲醇 1506 合约的价格进行了比较。其中,2014 年 12 月 3 日甲醇 1501 合约的价格较 11 月 14 日上涨8.9%,而同期甲醇 1506 合约的价格则下跌了 6.16%。[②]二是以和该合约价格走势相近的其他品种合约的价格作为参照系。例如,在"普麦1601 合约操纵案"中,中国证监会将怀疑受操纵的普麦 1601 合约价格与强麦 1601 合约价格进行了比较。在 2015 年 11 月 25 至 12 月 23 日的操纵期间内,普麦 1601 合约结算价从 2361 元/吨上涨至 2659 元/吨,涨幅12.62%,而与之类似的强麦 1601 合约仅上涨 4.98%。[③]三是以该合约所对应现货的价格作为参照系。例如,在"胶合板 1502 合约操纵案"中,中国证监会将怀疑受操纵的胶合板 1502 合约与胶合板现货价格进行了

　　①　中国证券监督管理委员会行政处罚委员会编:《证券期货行政处罚案例解析》(第 1 辑),法律出版社 2017 年版,第 152 页。
　　②　甲醇 1501 合约操纵案,中国证监会行政处罚决定书(姜为)〔2015〕31 号。类似案例参见,天然橡胶 1010 合约操纵案,中国证监会行政处罚决定书(海南大印集团有限公司、海南龙盘园农业投资有限公司、海南万嘉实业有限公司等 6 名责任人)〔2013〕67 号;胶合板 1502 合约操纵案,中国证监会行政处罚决定书(陶旸、傅湘南)〔2016〕5 号;玉米淀粉 1601 合约操纵案,中国证监会行政处罚决定书(邹鑫鑫、刘哲)〔2020〕30 号;纤维板 1910 合约操纵案,中国证监会行政处罚决定书(黄鑫、蒋君、徐卫)〔2021〕100 号;白糖 1801 合约操纵案,中国证监会行政处罚决定书(阮浩、嘉和投资、钟山)〔2021〕117 号。
　　③　普麦 1601 合约操纵案,中国证监会行政处罚决定书(廖山焱)〔2017〕58 号。类似案例参见,甲醇 1501 合约操纵案,中国证监会行政处罚决定书(姜为)〔2015〕31 号。

比较。显示胶合板 1502 合约收盘后结算价格从 2014 年 12 月 19 日的 114.15 元/张上升到 12 月 31 日的 129.4 元/张,上涨幅度为 13.35%,与胶合板现货同期价格的偏离度达 7.3%。[①]

二、经典价格操纵理论与实践所面临的困境

虽然我国证监会在市场操纵执法案件中一直在使用参照系比较方法,但其也发现,此种判断方法非常容易引起当事人的抗辩。例如,在处罚实践中,就有案件当事人认为应以现货价格作为唯一的比较参照,理由是不同期货合约理论上的定价基础应为该商品的现货价格。[②] 期货是一种衍生品,其价格决定于基础资产(现货)的价格,因此这样的主张从期货合约作为衍生品的特性来说并不是没有道理的。[③] 而当事人会如此主张,是因为当监管机构采用不同月份、不同品种等期货合约的价格作为参照系时能够证明存在人为价格,而如果换用现货价格作为参照系时就无法证明,从而能够为自己脱罪。但其实如果双方的主张反过来,或者监管机构主张采用某个期货价格作为参照系,而当事人主张采用另一个期货价格作为参照系的情况亦然。因为监管机构之前在别的案件中明明使用过这个参照系作为判断标准,但在当前案件中,当事人主张采用该参照系时却又不被监管机构认可,这样的执法行动能够说是无懈可击么? 这是执法困难的现象之一,当事人的抗辩基础正是此种方法在科学性和正当性上存在的问题,而现象背后深层次的规制逻辑才是问题的根本。而且,这其实只是经典价格操纵规制方法所存在的问题的冰山一角,因为在我国证券期货市场的执法体制下,很多执法失败的案件及其原因并不会被公开披露出来。

从 20 世纪 90 年代初到现在,我国期货市场已经走过了近 30 年的历

---

①　胶合板 1502 合约操纵案,中国证监会行政处罚决定书(陶旸、傅湘南)〔2016〕5 号。类似案例参见,聚氯乙烯 1501 合约操纵案,中国证监会行政处罚决定书(刘增铖)〔2016〕119 号;普麦 1601 合约操纵案,中国证监会行政处罚决定书(廖山焱)〔2017〕58 号;纤维板 1910 合约操纵案,中国证监会行政处罚决定书(黄鑫、蒋君、徐卫)〔2021〕100 号;白糖 1801 合约操纵案,中国证监会行政处罚决定书(阮浩、嘉和投资、钟山)〔2021〕117 号。

②　参见中国证券监督管理委员会行政处罚委员会编:《证券期货行政处罚案例解析》(第 1辑),法律出版社 2017 年版,第 155 页。

③　参见钟维:《期货交易双层标的法律结构论》,载《清华法学》2015 年第 4 期,第 128—130页。

程。但与之形成鲜明对比的是,我国证监会迄今为止只处罚了为数不多的期货市场操纵案件,还有许多操纵性风险事件则未能被查处。我国所使用的参照系比较方法实际上借鉴自美国经典价格操纵理论中对人为价格的判断方法。由于美国的反操纵执法往往需要面对严格的司法审查,在其期货市场百年的发展历程和反操纵实践中,这种对价格操纵的定义和判断方法的缺陷屡屡因为证明难度过高,以及容易受到当事人合乎逻辑的抗辩而导致指控无法成立,而被充分地暴露了出来,并引起学术界的批评和监管机构的反思。从那些采用了参照系比较方法的案例来看,"价格的'人为性'这一概念在解释复杂的价格现象上总是试图提供一种过于简单的方法"[1],导致"在此问题上提供的证据所带来的问题和答案一样多"[2]。观点激进的学者甚至认为:"虽然人们一直在尝试定义并应用人为价格概念,但没有一个经过验证是能够令人满意的。所有的定义都存在严重缺陷,使得人为价格概念要么不适于要么无助于确定究竟什么行为会构成操纵。将操纵定义为人为价格的制造,只是用一个无用的术语替代了另一个。"[3]因此,要解决这一问题,必须进行深入的理论、历史和比较法考察,在此基础上才能提出合理的改进方案。

第二节　对经典价格操纵理论的反思

一般认为,以人为价格概念为核心的经典价格操纵理论对期货市场操纵的解释在我国最接近于通常的理解,且认可度最高。[4] 不仅我国学

---

[1]　Benjamin E. Kozinn, *The Great Copper Caper: Is Market Manipulation Really a Problem in the Wake of the Sumitomo Debacle?*, 69 Fordham Law Review 243, 262 (2000).

[2]　Philip McBride Johnson, *Commodity Market Manipulation*, 38 Washington and Lee Law Review 725, 752 (1981).

[3]　Wendy Collins Perdue, *Manipulation of Futures Markets: Redefining the Offense*, 56 Fordham Law Review 345, 348 (1987).

[4]　参见杜惟毅、张永开:《期货市场操纵行为的类型及认定标准研究》,载黄红元、徐明主编:《证券法苑》(第9卷),法律出版社2013年版,第737页;程红星、王超:《美国期货市场操纵行为认定研究》,载曹越主编:《期货及衍生品法律评论》(第1卷),法律出版社2018年版,第80页;程红星、王超:《期货市场操纵民事赔偿机制研究》,载陈洁主编:《商法界论集》(第2卷),法律出版社2018年版,第48页。

术界的主流观点对该理论表示认可,[①]监管机构也倾向于采用此种理论和相应判断方法来处理操纵问题。我国证监会执法部门通过对反操纵理论和行政执法实践经验的总结,将期货市场操纵的构成要件归纳为三项,分别是主观故意、影响市场价格的能力和人为价格。[②] 而根据美国判例,构成操纵需要具备四个构成要件,分别是影响价格的能力、人为价格、特定意图和因果关系。[③] 两者之间的主要差别在于,我国证监会归纳的构成要件中没有因果关系要件。但是在美国,因果关系要件在实际证明过程中很大程度上也是被包含在影响价格的能力要件中的。[④] 事实上,美国也有学者将操纵行为的证明要求归纳为特定意图、影响价格的能力和人为价格这三项。[⑤] 因此,我国证监会归纳的构成要件与美国经典价格操纵理论下对操纵的证明要求实质上是一致的。这反映了我们作为一个新兴交易市场对美国这一成熟发达市场经典理论的学习和借鉴。

　　然而在实践中,这些要件的证明难度极大,问题主要存在于人为价格和特定意图这两个核心要件上。进一步深究之下,由于特定意图要件要求证明行为人具备"制造人为价格的特殊故意"[⑥],所以这两个要件的问

---

① 参见温观音:《如何认定期货操纵》,载《人民司法》2008 年第 11 期,第 71—74 页;温观音:《美国期货法上的反操纵制度研究》,载《河北法学》2009 年第 7 期,第 162—163 页;赵振华、江海亮:《论期货市场操纵行为的民事责任》,载《中国矿业大学学报(社会科学版)》2013 年第 1 期,第 42 页;杜惟毅、张永开:《期货市场操纵行为的类型及认定标准研究》,载黄红元、徐明主编:《证券法苑》(第 9 卷),法律出版社 2013 年版,第 737 页;上海期货交易所"期货法"立法研究》课题组编著:《"期货法"立法研究》,中国金融出版社 2013 年版,第 643—644、648—655 页;程红星、王超:《美国期货市场操纵行为认定研究》,载曹越主编:《期货及衍生品法律评论》(第 1 卷),法律出版社 2018 年版,第 80、99—100 页;程红星、王超:《期货市场操纵民事赔偿机制研究》,载陈洁主编:《商法界论集》(第 2 卷),法律出版社 2018 年版,第 48 页;姜德华:《期货市场反操纵监管问题研究》,载《价格理论与实践》2020 年第 5 期,第 33 页。

② 参见中国证券监督管理委员会行政处罚委员会编:《证券期货行政处罚案例解析》(第 1 辑),法律出版社 2017 年版,第 152—154 页。

③ In re Cox, [1986-1987 Transfer Binder] Comm. Fut. L. Rep. (CCH) ¶ 23, 786 (CFTC Jul. 15, 1987); Frey v. CFTC, 931 F. 2d 1171 (7th Cir. 1991).

④ See Benjamin E. Kozinn, *The Great Copper Caper: Is Market Manipulation Really a Problem in the Wake of the Sumitomo Debacle?*, 69 Fordham Law Review 243, 260 (2000).

⑤ See William D. Harrington, *The Manipulation of Commodity Futures Prices*, 55 St. John's Law Review 240, 252 (1981); Linda N. Edwards & Franklin R. Edwards, *A Legal and Economic Analysis of Manipulation in Futures Markets*, 4 Journal of Futures Markets 333, 338, 343 (1984).

⑥ In re Indiana Farm Bureau Coop. Ass'n Inc., [1982-1984 Transfer Binder] Comm. Fut. L. Rep. (CCH) ¶ 21, 796 (CFTC Dec. 17, 1982).

题都根源于对价格"人为性"的认定。

一、以参照系比较方法判断人为价格的逻辑

对人为价格的经典定义方式,是将其界定为不能反映正常或基本的市场供求力量的价格。也就是说,"当价格被故意扭曲到在'正常'的供求力量下不可能达到的水平时,操纵就发生了"。[①] 在美国期货市场的不少司法判例和执法案例中,法院、监管机构都采用了此种界定方式。例如,在 Cargill, Inc. v. Hardin 案中,法院将操纵定义为"故意实施的导致价格不能反映基本供求力量的行为"。[②] 在 Hohenberg Bros. 案中,商品期货交易委员会将操纵定义为"故意实施的导致人为价格的行为,而该价格不能反映基本的供求力量",而"对违反法律的操纵行为的判定,需要判定当事人实施了以影响某种(由供求力量决定的)商品的市场价格为目的的行为,且此种行为或做法造成了人为价格的结果"。[③] 我国证监会也将人为价格定义为"人为因素造成的背离供求关系的价格,包括人为高价、低价或者使价格静止不变"。[④]

在以供求力量与价格的关系来定义人为价格的前提下,我国证监会在执法实践中直接就使用了参照系比较方法来对其进行证明,仿佛此种定义方式与参照系比较方法之间的关系是不言自明的。但两者在逻辑上究竟是怎样被联系在一起的,并未有人探究过。而这正是理解经典价格操纵理论下参照系比较方法所面临困境的关键。

以供求力量作为判断人为价格的标准,这一理论的渊源是时任纽约棉花交易所总裁的亚瑟·马什(Arthur Marsh)于 1928 年在美国参议院关于棉花价格下跌的听证会上的证词。他在证词中提出:"操纵,是指在

---

① See Thomas A. Hieronymus, *Manipulation in Commodity Futures Trading: Toward a Definition*, 6 Hofstra Law Review 41, 45 (1977); Robert C. Lower, *Disruptions of the Futures Market: A Comment on Dealing with Market Manipulation*, 8 Yale Journal on Regulation 391, 393 (1991).

② Cargill, Inc. v. Hardin, 452 F. 2d 1154 (8th Cir. 1971), cert. denied, 406 U. S. 932 (1972).

③ In re Hohenberg Bros., [1975-1977 Transfer Binder] Comm. Fut. L. Rep. (CCH) ¶ 20, 271 (CFTC Feb. 18, 1977).

④ 中国证券监督管理委员会行政处罚委员会编:《证券期货行政处罚案例解析》(第 1 辑),法律出版社 2017 年版,第 152 页。

任何和每个操作、交易或实践中,其目的主要不是促进商品以自由反映供求力量的价格来流动,而是在任意市场中或其关联市场中故意制造任何形式的价格扭曲。如果一个企业使用某种手段从事操纵活动,就会使某一市场在某些月份的合约价格比只有供求力量发生作用时应该达到的水平要高,或者会使特定市场在某个月份或一些月份的合约价格比它们自由反映供求力量应该达到的水平要低。用来在期货市场产生此类异常价格关系的任何和每个操作、交易和手段,就是操纵。"①这段证词中提出的定义包含了操纵意图和人为价格等要素,后来的定义方式和表述几乎就是对这段话的概括。除此之外,更重要的是这段证词给出了一种判断人为价格的方法和标准,其中就隐含了先要找出一个"正常"价格作为标准,然后将怀疑被操纵的价格与之进行比较的要求。即通过对市场供求力量的分析,以确定"只有供求力量发生作用时应该达到的"或"自由反映供求力量应该达到的"的市场价格水平,再将被审查的期货合约的实际价格与之进行对比,从而判断实际价格是否反映了真正的供求力量。这一操纵定义对后来的执法、司法和学术研究都产生了深远的影响,在美国监管机构裁决、法院判决和学术评论中被多次引用。②

监管机构试图运用供求力量分析方法来证明存在人为价格的著名案例是 Great Western Food Distributors v. Brannan 案。在该案中,监管机构主张,在被怀疑的操纵行为发生的 1947 年 12 月,冷冻鸡蛋的供应要高于 1947 年 10 月、11 月和 1946 年 12 月,但是与囤积行为所造成的技术性需求相比,该月份的真实需求比这些月份要低。在适用供需法则的情形下,1947 年 12 月冷冻鸡蛋的现货及期货价格应当低于 1947 年 10 月、

① *Cotton Prices*: *Hearings Before a Subcommittee of the Committee on Agriculture and Forestry*, *Pursuant to S. Re.* 142, 70th Cong., 1st Sess., 1928, pp. 201-202.

② 监管机构裁决,参见 In re David G. Henner, 30 Agric. Dec. 1151 (1971); In re Indiana Farm Bureau Coop. Ass'n Inc., [1982-1984 Transfer Binder] Comm. Fut. L. Rep. (CCH) ¶ 21, 796 (CFTC Dec. 17, 1982)。法院判决,参见 Volkart Bros., Inc. v. Freeman, 311 F. 2d 52 (5th Cir. 1962)。学术评论,参见 Note, *The Delivery Requirement*: *An Illusory Bar to Regulation of Manipulation in Commodity Exchanges*, 73 Yale Law Journal 171, 176-177 (1963); Thomas A. Hieronymus, *Manipulation in Commodity Futures Trading*: *Toward a Definition*, 6 Hofstra Law Review 41, 44 (1977); Rosa M. Abrantes-Metz, Gabriel Rauterberg & Andrew Verstein, *Revolution in Manipulation Law*: *The New CFTC Rules and the Urgent Need for Economic and Empirical Analyses*, 15 University of Pennsylvania Journal of Business Law 357, 364 (2013)。

11月和1946年12月的价格。但跟预期的相反,1947年12月冷冻鸡蛋的现货和期货价格实际上比那几个月份更高;或者即使不是更高,也并没有降低到恰当的水平,也就是说处于非正常的水平。[①]

　　根据前述亚瑟·马什的论述,判断行为人是否制造了人为价格的标准是"使某一市场在某些月份的合约价格比只有供求力量发生作用时应该达到的水平要高",或者"使特定市场在某个月份或一些月份的合约价格比它们自由反映供求力量应该达到的水平要低"。因此,从逻辑上来说,当监管机构指控某个价格不能反映正常的市场供求力量时,其应当能够指出什么样的价格才是反映了正常的市场供求力量。然而,即使在这样的典型案例中,监管机构也没有能够通过对市场上各种供求力量的分析,判断出1947年12月冷冻鸡蛋在正常供求力量之下本身的市场价格水平。而是借用了1947年10月、11月和1946年12月的价格,来与被审查的1947年12月的价格进行比较。这背后的逻辑是,被选取作为比较标准的价格代表了正常供求力量下应有的价格水平,如此,背离该水平的价格才能被判定为人为价格。

　　但是,此种逻辑是不严谨的,美国第七巡回法院驳回监管机构主张的理由也展示出了这一点。例如,法院认为,尽管记录显示1946年12月与1947年12月的价格相比确实是相对要低,但是在两个年份完全不同的背景下,这样的证据是不充分的,然而监管机构未能提供有关这两个年份市场状况可比性的证据。法院就此明确指出:"单纯基于供求关系进行价格比较是不够的。例如,如果1947年的通货膨胀率高于1946年,那么即使1947年的需求下降、供应提升,当年的价格当然地仍会更高。因此,仅仅从供求状况角度提出的证据无法支撑冷冻鸡蛋现货和期货价格异常高的主张。"[②]

　　事实上,正常的供求力量通常难以测定。而且,在操纵行为已经发生的情况下,要计算出不包含操纵行为影响的市场正常价格水平也是几乎不可能的。因此,在将人为价格定义为不反映正常供求力量的价格的案

---

　　① Great Western Food Distributors v. Brannan, 201 F. 2d 476 (7th Cir.), cert denied, 345 U. S. 997 (1953).

　　② 同上。此外,监管机构没能提供1947年10月、11月的价格证据来支持其主张,因此不能认定12月的价格与之相比异常高,也是其败诉的原因之一。

件里,通过选用一些替代价格标准来代表正常供求力量之下的价格水平,从而判断是否存在"不反映正常供求力量"的人为价格,正是操纵证明过程中普遍运用的方法。与直接从以供求力量为要素的定义入手的判断方法相比,这才是实践中真正被监管机构广泛使用的人为价格判断方法。在历史上,与我国证监会用来作为价格标准的参照系相比,美国使用过的参照系要更多一些,包括被审查期货合约历史上相同月份合约的价格[①]、被审查期货合约历史上不同月份之间的合约的价差[②]、被审查期货合约前后临近月份合约的价格[③]、与被审查期货合约价格走势相近的其他品种合约的价格[④]、其他市场交易的与被审查期货合约同种或走势相近的合约价格[⑤]、被审查期货合约对应的现货价格[⑥]等。

基于实践中这种以替代价格标准来判断人为价格的方法,有学者对人为价格概念的另一种定义方式进行了归纳:"价格的人为性是指,价格与其他相关价格走势显著不一致,且无法得到通行的经济事实的解释",作为比较标准的其他相关价格包括"其他交割月份的相似期货合约,其他地方交易的同种期货合约,该商品的现货市场,或者与历史价格模式之间的关系"。[⑦] 由此,如果价格在一系列预期的价格关系中偏离了它与其他价格的关系,即为人为价格。在此意义上,人为价格就是历史上不寻常的价格(historically unusual price),要么是绝对值不寻常,要么是与其他价

---

① 典型案例参见,Cargill, Inc. v. Hardin, 452 F. 2d 1154 (8th Cir. 1971), cert. denied, 406 U. S. 932 (1972); In re Indiana Farm Bureau Coop. Ass'n Inc. , [1982-1984 Transfer Binder] Comm. Fut. L. Rep. (CCH) ¶ 21, 796 (CFTC Dec. 17, 1982).

② 典型案例参见,Great Western Food Distributors v. Brannan, 201 F. 2d 476 (7th Cir.), cert denied, 345 U. S. 997 (1953). Cargill, Inc. v. Hardin, 452 F. 2d 1154 (8th Cir. 1971), cert. denied, 406 U. S. 932 (1972); In re Indiana Farm Bureau Coop. Ass'n Inc. , [1982-1984 Transfer Binder] Comm. Fut. L. Rep. (CCH) ¶ 21, 796 (CFTC Dec. 17, 1982).

③ 典型案例参见,In re David G. Henner, 30 Agric. Dec. 1151 (1971).

④ 典型案例参见,Great Western Food Distributors v. Brannan, 201 F. 2d 476 (7th Cir.), cert denied, 345 U. S. 997 (1953).

⑤ 典型案例参见,Cargill, Inc. v. Hardin, 452 F. 2d 1154 (8th Cir. 1971), cert. denied, 406 U. S. 932 (1972).

⑥ 同上; In re Indiana Farm Bureau Coop. Ass'n Inc. , [1982-1984 Transfer Binder] Comm. Fut. L. Rep. (CCH) ¶ 21, 796 (CFTC Dec. 17, 1982).

⑦ Philip McBride Johnson & Thomas Lee Hazen, *Derivatives Regulation*, Wolters Kluwer Law & Business, 2004, p. 406.

格的对比关系不寻常。① 这里所谓的"历史上",是相对于对市场操纵案件进行调查的时间点而言的,而不是相对于可能的市场操纵行为发生的时间点而言的。因此判断所谓"不寻常"的标准,不仅包括操纵行为发生以前的某些价格,还包括操纵行为发生时的其他价格,以及操纵行为发生之后的其他价格;不仅包括本地价格,还包括异地不同交易所的价格;不仅包括当时的期货价格,还包括当时的现货价格。而通过此种方法来判断人为价格,又被称为历史价格比较方法。在美国,历史价格比较方法实际上就等同于参照系比较方法。而我国证监会执法部门通常从狭义角度对历史价格比较方法进行理解,即认为历史价格比较方法仅限于历史上相同月份、相同品种期货价格的比较,并且与同种期货产品的跨期比较、期现货价格比较、同种期货产品的跨市场比较、上下游产品期货价格比较等同属于参照系比较方法。② 国内也有研究者将历史价格比较方法限于历史期货价格比较,并将历史期货价格比较、现货价格比较、供需关系比较作为并列的三种参照系比较方法。③ 这些都仅是术语界定的不同,但方法的逻辑和实质是一样的。

我国一些学者通过使用"偏离"等字眼,也采用了类似参照系比较方法的定义方式。例如有学者指出,期货市场操纵的关键在于"操纵者在经济利益的驱动下,利用影响期货市场价格的众多因素,有目的、有意识地创造出偏离合理的竞争性市场价格的人为价格"。④ 有学者认为:"期货市场操纵是指操纵者利用资金、信息等方面的优势影响交易品种的价格,使其朝着某种有利的方向偏离并从中牟利的行为。"⑤ 还有学者认为,期货市场操纵的本质"是行为人通过各种手段使……价格偏离其在正常价

---

① See Wendy Collins Perdue, *Manipulation of Futures Markets: Redefining the Offense*, 56 Fordham Law Review 345, 367 (1987).

② 参见中国证券监督管理委员会行政处罚委员会编:《证券期货行政处罚案例解析》(第 1 辑),法律出版社 2017 年版,第 154—155 页。

③ 参见杜惟毅、张永开:《期货市场操纵行为的类型及认定标准研究》,载黄红元、徐明主编:《证券法苑》(第 9 卷),法律出版社 2013 年版,第 746 页。

④ 甘大力:《期货市场创新与市场操纵防范对策》,载《生产力研究》2006 年第 8 期,第 59 页。

⑤ 黄运成、李海英、诸晓敏:《借鉴美国经验加强对我国期货市场操纵的监管》,载《金融理论与实践》2006 年第 4 期,第 77 页。

格形成机制下形成的价格，即出现人为价格"。[1]

二、确定正常市场价格的困难之处

在参照系比较方法中，需要采用替代价格标准的原因就在于确定正常市场价格的困难之处，具体而言，主要体现在以下方面。

第一，"正常"供求力量的判断非常困难。经典价格操纵理论将人为价格定义为不能反映正常市场供求力量的价格，这导致几乎在所有案件中都产生了关于什么是"正常"或"合理"供求力量的判断问题。[2] 作为操纵定义内容要素的供应和需求，与人为价格概念本身一样，被认为是难以被确定的概念。测定供应和需求不是一个简单的机械过程，因为随着时间变化的供应和需求在市场中并没有有形的表现形式，而且还必须在更广的范围内考虑所有难以量化的因素。[3] 而"正常"这个词则意味着一些力量是正常的，而一些力量则是操纵性的。[4] 但这种想法无疑是非常理想化的。事实上，不同主体对供求力量这一概念的理解和判断并不一样。有学者就此问题举了这样的例子来解释：如果一些人买小麦只是想要欣赏它的外观，而不是用来磨成面粉，从旁人看来他们可能是怪异的，但他们的需求是真实的；一些人买入小麦仓单，可能是为了满足烤面包的原料需求，但也有可能是需要将其用来作为货币的等价物（就像他们对国库券的需求一样）。[5] 在这样的例子中，一些人的做法在别人眼中就会是"与众不同"的，而且也对市场价格造成了影响，甚至破坏了他人预期中的价格趋势。那么，那些人能否说这些人的需求是异常的，是对市场正常供求关系的干扰呢？

第二，"正常"市场价格的判断也非常困难。期货市场上的价格一直

---

　①　马太广、杨娇：《论股指期货市场操纵及其中的投资者权益保护》，载顾功耘主编：《场外交易市场法律制度构建》，北京大学出版社 2011 年版，第 210 页。

　②　See Benjamin E. Kozinn, *The Great Copper Caper : Is Market Manipulation Really a Problem in the Wake of the Sumitomo Debacle?*, 69 Fordham Law Review 243, 261 (2000).

　③　See Wendy Collins Perdue, *Manipulation of Futures Markets : Redefining the Offense*, 56 Fordham Law Review 345, 370-371 (1987).

　④　See Thomas A. Hieronymus, *Manipulation in Commodity Futures Trading : Toward a Definition*, 6 Hofstra Law Review 41, 45 (1977).

　⑤　See Frank H. Easterbrook, *Monopoly, Manipulation, and the Regulation of Futures Markets*, 59 Journal of Business S103, S117 (1986).

在波动,而期货合约也正是被设计用来为那些价格不稳定的商品进行风险管理的。因此,没有什么价格水平可以说是基准、非人为或真实的价格。相反,市场条件每天甚至每分钟都在变化,而这决定了此种商品的真实经济价值。正因为如此,在 Indiana Farm Bureau Coop. Ass'n Inc. 案中,商品期货交易委员会的斯通(Stone)委员对委员会的多数意见[①]提出了尖锐的批评,他指出:"作为对作用于市场上的各种力量的回应,所有市场价格都必定是均衡的。"[②]此处的"均衡"并非指价格一定不包含操纵的因素,而是指事实上很难确定什么需求是"人为"的,更难以在市场中剔除掉这些"人为"的需求并计算出在此种情况下市场的"正常"价格水平。此外,从理论上而言,作为关注价格结果的方法,人为价格理论必须假设,不仅通过大量专家的事后分析从而发现合适价格是可能的,而且积极参与交易中的交易者也可以发现该价格并按此操作,否则他们就有可能涉嫌制造人为价格。然而,由于期货交易节奏如此之快,这样的假设可能并不合适。[③] 而且,所谓"正常"或"合理"的价格即使存在,反映的也是当时市场上应然的平均价格水平,大部分个体交易者的出价与之相比必定有高有低,按此价格进行交易未必符合个体交易者的最佳利益。正如有学者所言,"一个大型交易者没有义务以特定的'合理'价格卖给一个下了巨大的、具有潜在风险的买单的买家"[④],这种要求实际上是给交易者施加了一个不符合其自身最佳利益的义务。

第三,供求力量与市场价格之间的关系具有不确定性。在现实中,在供求力量与价格之间有时并不存在严格的对应关系。识别操纵造成的潜在市场扭曲的困难之处就在于,调查者需要对每种商品的价格行为具备

---

① 在该案中,商品期货交易委员会的多数意见将人为价格定义为:"没有反映作用于被审查的特定合约之上的市场或经济供求力量的价格。用经济学的语言来说,就是一种非均衡价格。"

② In re Indiana Farm Bureau Coop. Ass'n Inc., [1982-1984 Transfer Binder] Comm. Fut. L. Rep. (CCH) ¶ 21, 796 (CFTC Dec. 17, 1982).

③ See Wendy Collins Perdue, *Manipulation of Futures Markets: Redefining the Offense*, 56 Fordham Law Review 345, 372 (1987).

④ See Albert S. Kyle & S. Viswanathan, *How to Define Illegal Price Manipulation*, 98 The American Economic Review 274, 277 (2008).

深刻的理解。① 要从价格角度调查操纵,就需要调查导致发生可疑的价格变动的原因,这要求对造成价格如此运行的,包括整个市场及所有相关人员行动在内的所有市场力量进行彻底审查。但调查价格变动的原因和进行责任评判非常困难,因为期货价格是基于市场竞争性力量形成的,影响价格的因素繁多且复杂。② 期货市场是各种市场力量聚集的中心,它只是冰山露在水面上的尖端。要想理解某个特定品种期货的价格,必须要对该种商品的整个商业基础进行研究。作为价格基础的经济力量通过市场参与者的行动来发生作用,期货价格则是所有期货交易者持仓及交易活动的结果。所有这些,都是在一个具有不确定性的环境中发生的。③ 所以,如果要以这种方法判断人为价格,必须采用能够考虑上述所有情况的非常复杂的经济分析,这无疑是非常困难的。然而,在很多案件中,监管机构会将怀疑存在操纵时期的市场价格,与历史上其他时期的价格进行比较,若出现偏差,则证明存在人为价格。这种做法背后的逻辑,其实就是认为不同时期的供求状况是相同的,因而市场价格也应该是接近的。然而,在 Great Western Food Distributors v. Brannan 案中,法院就拒绝假设不同月份的同种期货合约必然是受到相同的经济影响,即使在这些时期的供求状况是相同的。④ 事实上,在供求状况之外,还有很多因素会影响期货合约的价格,而监管机构在运用该方法时往往并不能证明不同时期除供求状况以外的其他市场因素也是相同的。退一步来说,即使不考虑供求状况之外的其他因素,历史价格本身只能反映那个特定时期的

---

① See Robert C. Lower, *Disruptions of the Futures Market: A Comment on Dealing with Market Manipulation*, 8 Yale Journal on Regulation 391, 396 (1991).

② 就此问题,有学者认为:"从竞争的角度看,交易者无非是运用自身所拥有的力量参与市场竞争,而操纵在一定意义上仅仅是当事人所拥有的力量较其他交易者要大而已。如果将期货市场视为一个自由竞争的市场,操纵则无非是市场参与者竞争的一种手段。立法者、法院和监管机构要试图通过由竞争形成的价格中发现非正常的人为因素,从而将竞争者所使用的竞争手段区分出合法的竞争与非法的竞争,就好比大海捞针一样困难。"参见温观音:《如何认定期货操纵》,载《人民司法》2008 年第 11 期,第 74 页;温观音:《美国期货法上的反操纵制度研究》,载《河北法学》2009 年第 7 期,第 162—163 页。

③ See Thomas A. Hieronymus, *Manipulation in Commodity Futures Trading: Toward a Definition*, 6 Hofstra Law Review 41, 50-51 (1977).

④ Great Western Food Distributors v. Brannan, 201 F. 2d 476 (7th Cir.), cert denied, 345 U. S. 997 (1953).

供求状况,并不当然能够代表被怀疑存在人为价格时的市场情形。[①] 因此,这种做法似乎也是不合适的。

三、对参照系比较方法的批评

通过参照系比较方法来判断人为价格虽然比较直观,也易于理解,但其本身存在的固有缺陷导致证明困难,且在行政处罚听证会或法庭辩论中非常容易受到攻击而无法成立,因而历来受到了来自学术界甚至监管机构内部的诸多批评。

第一,以其他期货价格作为比较参照系时,判断方法的正当性存疑。事实上,对于任何有意义的比较,作为参照的价格必须具有可比较性,而且其自身并非人为的或者被操纵的。然而,这种关于可比较性的假设及其前提条件常常都是无法保证的。人们难以确定和证明,那些被作为比较标准的价格就是自然形成的。[②] 通过采用取自多年多个市场具有较大基数的价格的平均数,似乎可以解决什么是"正常"的价格或价格关系问题。然而这否认了每一个被合并和平均的数据的独特性,实际上是用"平均"掩盖了差异,并在所谓平均水平上产生了"正常"的错觉。[③] 基于价格比较来进行的操纵判断在实际运用中的作用也是非常有限而且是不确定的。在 Indiana Farm Bureau Coop. Ass'n Inc. 案中,监管机构的多数意见就认为这种参照系价格比较的证明价值是很有限的,因为不同的市场状况都会导致价格的变化和差异。[④] 将其他价格作为被审查期货合约价格的参照系,这种方法的正当性始终难以得到论证。一个非常直观的问题就是,为什么是推定别的年份、别的月份、别的品种、别的市场的价格是正常的,而非推定特定时间、特定市场交易的特定品种商品合约的价格是由当时特殊的市场条件所形成的? 面对纷繁复杂的市场状况,"刻舟求

---

① 参见杜惟毅、张永开:《期货市场操纵行为的类型及认定标准研究》,载黄红元、徐明主编:《证券法苑》(第9卷),法律出版社2013年版,第746—747页。

② See Wendy Collins Perdue, *Manipulation of Futures Markets: Redefining the Offense*, 56 Fordham Law Review 345, 368 (1987).

③ See Philip McBride Johnson, *Commodity Market Manipulation*, 38 Washington and Lee Law Review 725, 752 (1981).

④ In re Indiana Farm Bureau Coop. Ass'n Inc., [1982-1984 Transfer Binder] Comm. Fut. L. Rep. (CCH) ¶ 21, 796 (CFTC Dec. 17, 1982).

剑"式的证明方法显然相当容易因为受到合乎逻辑的攻击而无法成立。

第二,以相应现货价格作为比较参照系的可靠性也是存疑的。虽然期货合约与作为基础资产的现货商品是相对应的,似乎可以将期货价格与现货价格进行比较以证明存在价格扭曲,而这实际上是将现货价格视为一个真正的价格标准,但此种证明方法所存在的困难和问题同样也在于现货价格的可比较性。[①] 期货与现货市场之间的关系是非常复杂和微妙的,在两者之间只有一种间接的价格联系。现货价格所反映的是特定时间和空间的供求关系,而期货价格所反映的是对超越了特定时间和空间的供求关系的预期。尽管在临近合约到期日时,期货价格在理论上应当接近于现货价格,但期货合约最终的结算价格也经常会与相应的现货价格有较大的差别。[②] 这种对现货价格可比较性的疑问在现实案例当中也体现出来。在 Indiana Farm Bureau Coop. Ass'n Inc. 案中,监管机构的多数意见即否定了期货和现货价格比较的证明效力。[③] 此外,在现货市场上的交易是分散的,现货商家之间的交易可能涉及非价格因素的考虑,如双方之间已经存在的商业关系,或与对方建立新的业务关系的期望。现货价格也可能会反映独特的条件,例如特定买家对某种商品突然产生的需求,而这一般并不适用于整个市场。而如果交易者希望保持交易的私密性,则许多现货交易的真实细节并不会向公众公开。[④] 甚至由于某种商品公开的现货交易稀少,也会导致现货价格不可得或不可靠。在 Cargill, Inc. v. Hardin 案中,上诉法院就认识到了运用现货价格比较方法的困难之处:"将理论用于实际的困难之处在于确定小麦的现货价格,因为芝加哥现货市场上的真实的现货交易相对较少,并且个别交易的价格很大程度上取决于当事人的处境,涉及的交易量,以及交易的时

---

① See M. Van Smith, *Preventing the Manipulation of Commodity Futures Markets: To Deliver or Not to Deliver?*, 32 Hastings Law Journal 1569, 1585 (1981).

② See Joseph J. Bianco, *The Mechanics of Futures Trading: Speculation and Manipulation*, 6 Hofstra Law Review 27, 28-29 (1977).

③ In re Indiana Farm Bureau Coop. Ass'n Inc., [1982-1984 Transfer Binder] Comm. Fut. L. Rep. (CCH) ¶ 21, 796 (CFTC Dec. 17, 1982).

④ See Philip McBride Johnson, *Commodity Market Manipulation*, 38 Washington and Lee Law Review 725, 747 (1981).

间。"①就现货价格的可靠性问题,美国商品期货交易委员会前主席菲利普·约翰逊做了一个非常好的总结:"在操纵案例中常常提供的模糊且不完整的现货市场价格数据,在法庭确定什么是'正常'什么是'人为'的审理中可能不会比不完美的期货价格更加可靠。"②事实上,诸多因素都会影响期货与现货价格比较结论的可靠性,而在操纵证明过程中往往很难排除对将现货价格作为比较标准的可靠性的合理质疑。

第三,可能会导致对"价格稳定"的错误追求。有这样一种认识,即期货市场反操纵的目的在于防止价格波动,因为急剧的价格波动会影响期货市场功能的发挥。③ 然而,这种认识是不准确的。即使将反操纵作为稳定期货价格的方法,其作用也极其有限。如果想要防止期货价格出现显著的变化,那么直接限制市场价格最大变动幅度似乎是更简单和有效的方法。④ 事实上,期货市场反操纵的真正目的应当是保护期货市场在风险管理和价格发现方面的功能,而期货市场功能的发挥则依赖于市场价格机制。如果市场条件发生急剧变化,那么此种变化必然要反映在市场价格上,这是期货市场发挥其功能的必然要求。只要价格波动不是价格机制被干扰或破坏的结果,那么就不是问题,不能将反操纵制度建立在防止价格波动的目的之上。正如 Cox 案中监管机构所指出的:"'正常'市场的预期行为并不一定限制于市场的历史经验。"⑤如果在市场的反常时期也必须呈现出"正常"价格,那么市场参与者就无法据此作出反映实际情况的资源配置决定。尽管价格稳定可以被视为期货市场监管可能的副产品,但这并不是期货市场反操纵的真正目的。当市场上存在异常的条件时,就可能存在异常的价格。过于注重历史对比的风险就在于,可能会将任何异常的价格判断为人为价格,即使它可能是由异常的条件所导

① Cargill, Inc. v. Hardin, 452 F. 2d 1154 (8th Cir. 1971), cert. denied, 406 U. S. 932 (1972).

② Philip McBride Johnson, *Commodity Market Manipulation*, 38 Washington and Lee Law Review 725, 752 (1981).

③ See Comment, *Commodities: Futures Control: Manipulation under the Commodity Exchange Act*, 57 Minnesota Law Review 1243, 1246-1248 (1973).

④ See Wendy Collins Perdue, *Manipulation of Futures Markets: Redefining the Offense*, 56 Fordham Law Review 345, 389 (1987).

⑤ In re Cox, [1986-1987 Transfer Binder] Comm. Fut. L. Rep. (CCH) ¶ 23, 786 (CFTC Jul. 15, 1987).

致的。[1]

第四,可能会不恰当地为操纵者提供辩护空间。参照系比较方法选择了一些标准来判断价格是否人为,而把这些标准视为价格的"正常"水平。假如使价格偏离"正常"水平是非法的,由此似乎可以得出的推论是故意使价格朝"正常"水平靠拢是合法的。在 David G. Henner 案中,被指控的操纵者即试图以此种理由来进行辩护。该案中,被告人在交易即将结束时对鸡蛋合约进行出价。他辩称当时鸡蛋价格被低估,因此,他只是想要让市场注意到此低价并且恰当地评估和对鸡蛋进行定价。[2] 实际上,该案被告人的辩护理由就是市场价格是人为的低价,他只是试图使市场价格提升到非人为的水平。在我国证监会查处的普麦 1601 合约操纵案中,当事人也辩称,购买普麦 1601 合约的原因是普麦价格相对强麦价格严重偏低,对敲是为了恢复正常价格,没有给价格造成不良影响。[3] 在白糖 1801 合约操纵案中,当事人辩称,涉案期间白糖期现货间存在价差关系,白糖 1801 合约价格在涉案期间从严重背离现货价格到逐步靠近现货价格,其合约期间涨幅高于现货是符合市场规律的。[4] General Foods Corp. v. Brannan 案则是被告人成功运用此种辩护方法的典型案例。在该案中,一组交易者被指控通过大量购买即将被投放到市场上的廉价黑麦来进行操纵。这些交易者担心这批黑麦投入市场后将导致价格大幅度下降,希望通过他们的买入行为将价格维持在当时的通常水平。美国第七巡回法院认为该行为并不构成操纵,并强调被告人行为的整体目的是稳定价格,也就是将市场价格稳定在引入廉价黑麦前已有的水平。[5] 尽管监管机构此后坚持认为价格固定或稳定也构成操纵,就像旨在拉抬或压制价格的操纵行为一样。[6] 然而,该案中的被告之所以能够成功进行

---

① See Wendy Collins Perdue, *Manipulation of Futures Markets: Redefining the Offense*, 56 Fordham Law Review 345, 368-369 (1987); Richard D. Friedman, *Stalking the Squeeze: Understanding Commodities Manipulation*, 89 Michigan Law Review 30, 55 (1990).

② In re David G. Henner, 30 Agric. Dec. 1151 (1971).

③ 普麦 1601 合约操纵案,中国证监会行政处罚决定书(廖山焱)〔2017〕58 号。

④ 白糖 1801 合约操纵案,中国证监会行政处罚决定书(阮浩、嘉和投资、钟山)〔2021〕117 号。

⑤ General Foods Corp. v. Brannan, 170 F. 2d 220 (7th Cir. 1948).

⑥ See Jerry W. Markham, *Manipulation of Commodity Futures Prices—The Unprosecutable Crime*, 8 Yale Journal on Regulation 281, 315 (1991).

辩护,就是因为其立场合乎逻辑地来自对人为价格传统的强调。既然价格的"正常"水平是可以确定的,而偏离此水平时才会出现人为价格,那么交易者就可以做任何事以维持"正常"价格并阻止价格受"异常"状况的影响。此种辩护逻辑显然使得这类案件中的操纵者可以声称他们不是有意制造人为价格,而是试图消除市场中的人为价格。[①]

第五,价格比较参照系和偏离度标准的选取具有任意性。由于各种价格比较参照系的适用范围有限,且"不存在普遍认可的衡量和判断方法"[②],在具体案件中选择哪个参照系作为判定存在人为价格的标准,在某种程度上就具有任意性。很少有案件中会论证,为什么选取的是这个参照系而不选取其他参照系作为判断的标准。监管机构有可能被认为是为了让被告入罪而特意选择偏离度大的参照系价格比较数据作为证据,而忽视在其他参照系中并未偏离或偏离度较低的事实。夸张一些说,即使不存在操纵,如果每个参照系都尝试一下,也许总能找到因为某种原因而导致一定偏离的情况。此外,被审查的期货合约价格与被作为参照系的价格相差多少才算是"偏离",也从来没有清晰的标准,因此也具有一定的恣意性。事实上,就连支持参照系比较方法的学者也认为,"与标准价格相比,究竟多大的偏离才足以证明存在人为价格,并没有建立判断标准"。[③] 而另一方面,被告人同样也能够以此来质疑监管机构所提出的证据的证明力,并用那些未出现偏离或偏离度较小的参照系来证明不存在人为价格。同样是某种价格比较参照系,怎么能说监管机构选用的参照系就是客观的、正当的,而被告所选用的就不是呢? 更何况,被告所选用的参照系很可能还是监管机构先前在别的案件中使用过的。

四、操纵意图要件存在的问题

根据经典价格操纵理论对操纵的认定框架,操纵意图是人为价格之外的另一个核心要件。根据美国判例,要证明操纵的特定意图,必须证明

---

① See Wendy Collins Perdue, *Manipulation of Futures Markets: Redefining the Offense*, 56 Fordham Law Review 345, 374 (1987).

② In re Soybean Futures Litig., 892 F. Supp. 1025 (N. D. Ill. 1995).

③ See Craig Pirrong, *Commodity Market Manipulation Law: A (Very) Critical Analysis and a Proposed Alternative*, 51 Washington and Lee Law Review 945, 960-961 (1994).

被告"具有影响市场价格从而使其变动趋势不反映合理供求力量的企图或明确目的""意图要件对操纵和意图操纵而言都是一样的,是指'某个行为或活动的目的是产生人为价格'"。[1] 我国证监会也认为,操纵行为的特定故意是指"行为人具有影响市场价格走势的目标和故意,申言之,具有意图创造或者影响价格或者价格趋势"。[2] 因此,作为操纵构成要件的意图,并非是指故意实施某项行为(该行为导致了人为价格)的一般故意,而是指行为人必须具备制造人为价格的特殊故意。也就是说,故意的内容应当是指向价格而非行为。

要求证明行为人具备制造人为价格的特殊故意,实际上是将人为价格概念包含在行为人的故意内容之中,并且将对人为价格的界定作为证明操纵意图的逻辑前提。将意图定义为"制造人为价格的特殊故意",与将操纵定义为"故意制造人为价格的行为"一样,在表述层面上是没有问题的,但问题是如何解释其中的"人为价格"。在经典理论下是通过参照系比较来赋予其实际内涵的。然而,正如有学者所指出的,将人为价格概念作为操纵的核心判断标准实际上是"难以捉摸的,且很有可能是虚幻的"[3]。因为基本上可以说,任何价格都不能提供令人满意的标准来确定另一个价格在期货或现货市场上是否被操纵。[4] 在定义人为价格的问题解决之前,这个问题都难以获得令人满意的判断。[5] 如果对人为价格的定义方法受到合理质疑,那么对操纵意图的界定在逻辑上也会有问题,事实上无助于对操纵意图的判断。

例如,在有的案件中,监管机构会以历史上同期的合约价格作为参照系来判断人为价格。那么此时所谓"制造人为价格的特殊故意",严格来说就应该是指行为人具备使被审查的期货合约价格偏离价格历史模式的

---

[1]　In re Indiana Farm Bureau Coop. Ass'n Inc., [1982-1984 Transfer Binder] Comm. Fut. L. Rep. (CCH) ¶ 21,796 (CFTC Dec. 17,1982).

[2]　中国证券监督管理委员会行政处罚委员会编:《证券期货行政处罚案例解析》(第1辑),法律出版社2017年版,第152页。

[3]　See Robert C. Lower, *Disruptions of the Futures Market: A Comment on Dealing with Market Manipulation*, 8 Yale Journal on Regulation 391, 393-394 (1991).

[4]　See Edward T. McDermott, *Defining Manipulation in Commodity Futures Trading: The Futures "Squeeze"*, 74 Northwestern University Law Review 202, 212 (1979).

[5]　See Richard D. Friedman, *Stalking the Squeeze: Understanding Commodities Manipulation*, 89 Michigan Law Review 30, 58 (1990).

故意。然而,在真正的交易市场中,操纵者的意图不大可能与价格是否与历史模式一致有关。从常理而言,操纵者在行动时真实的内心想法是通过影响价格从而尽可能多的营利,而价格是否与历史模式一致并不会是他们所想的具体内容。与历史模式不一致的价格可能是也可能不是操纵者能够获利的价格,但是操纵者关心的并非价格对比关系。将操纵意图要件的内涵界定为制造人为价格的特殊故意,并将人为价格的判断逻辑代入进去,实际上是将那些大多数操纵者从来没有想过,或者他们想过但完全不关心的事情,作为操纵证明的必备要件之一。[①] 要证明一件根本不存在的事情,其结果要么是根本无法证明,要么是必须以复杂的方法来对证明的过程进行解释。在"Amaranth Natural Gas Commodities Litigation 案"中,监管机构拟通过短信证明行为人具有制造人为价格的特殊故意,如 Amaranth 的主席曾向的交易员发送短信要求"准备足量期货头寸,以供明日平仓",事中发短信明确要求交易员"使合约价格在结算时快速降低",事后发短信称赞"今天完成得很好"。Amaranth 对此曾进行反驳,认为短信只能证明其具有影响价格的故意,不能证明其具有制造人为价格的故意。[②] 问题的实质就在于,这种价格对比关系的变化是操纵活动造成的结果,也是经典价格操纵理论于事后判断时在法律构造上的一种要求,但不太可能是行为人实施操纵活动时的心里所想,且很难证明出来,因为对行为人故意内容的证明不可能具体到某种价格对比关系。

　　前述亚瑟·马什的操纵定义中对操纵意图的要求亦存在类似脱离现实的问题,而该定义几乎是所有以经典价格操纵理论为基础的操纵定义的源头。根据该定义,操纵的"目的主要不是促进商品以自然反映供求力量的价格来流转,而是在任意市场中或其关联市场中故意制造任何形式价格扭曲"。此种定义方式事实上给交易者强加了一个不符合其自身最佳利益的义务,因为按照其理论,如果仅仅是在获取利润的期望驱动下所进行的交易,这还不能保护交易者免于操纵的指控,非操纵的交易还应当具有促进商品以自然反映供求力量的价格来流转的目的。而从该定义提

---

① See Wendy Collins Perdue, *Manipulation of Futures Markets: Redefining the Offense*, 56 Fordham Law Review 345, 375-376 (1987).

② In re Amaranth Natural Gas Commodities Litigation, 730 F. 3d 170 (2d Cir. 2013).

出者对这一定义的应用方式来看,也确实是如此。这个定义是亚瑟·马什在 1928 年美国参议院关于棉花价格下跌的听证会上提出的。在该听证会上,时任纽约棉花交易所总裁的亚瑟·马什指控一个主要的棉花交易商威廉·克莱顿操纵纽约棉花市场价格。听证会的背景是,当时棉花期货同时在纽约和新奥尔良交易,而在 1920 年代早期,大量的棉花收获导致新奥尔良的价格比纽约低很多。由于新奥尔良棉花的低价和存储空间的缺乏,威廉·克莱顿得以在此购买便宜的棉花并运送到纽约,并在纽约用这些棉花来交割在当地买入的空头合约,由此实现了大量利润。他进行的实际上是套利活动,他注意到了两个不同市场间的价格差,并利用该价格差谋取利润,其行为使得两个市场的价格被拉近。亚瑟·马什反对威廉·克莱顿运送大量棉花到纽约以交割他的空头合约,而不是直接按照多头提出的溢价买入合约对冲平仓的做法,因为他在棉花期货投机中获得的大量利润是以套期保值者的利益为代价的。正是在此背景下亚瑟·马什提出了其著名的操纵定义,并根据该定义认为威廉·克莱顿的套利行为构成操纵。[1] 而这种观点显然是给后者强加了一个义务,即确认将更多棉花运到纽约是否对纽约的整个工商业有益。然而,促进商品以自然反映供求力量的价格来流动是整个市场机制的功能,而非个体交易者所应该考虑的问题。即使是一个合法的交易者,也不会考虑自己的行为是否会促进商品以自然反映供求力量的价格来流动。

事实上,在如今的执法实践中,对行为人操纵意图的证明通常并不会严格遵循经典价格操纵理论对操纵意图的界定。除非是有直接证据,否则操纵意图几乎总是需要从交易者的行为中推断出来,这需要证明被告存在不寻常或不经济的行为,而且很可能需要证明被告缺乏可信的非操纵性理由,通常还需要对该交易者的活动情况进行整体的评价。[2] 此种证明方法是从行为推断意图,但从行为本身很难建立起与以"市场价格偏离标准价格"为内涵的人为价格概念之间的联系。可见,归根结底,操纵意图要件在解释上存在的问题仍然源自对人为价格的界定和判断问题。

---

① See *Cotton Prices*: *Hearings Before a Subcommittee of the Committee on Agriculture and Forestry*, *Pursuant to S. Re. 142*, 70th Cong., 1st Sess., 1928, p. 201-203.

② See Linda N. Edwards & Franklin R. Edwards, *A Legal and Economic Analysis of Manipulation in Futures Markets*, 4 Journal of Futures Markets 333, 343 (1984).

在操纵意图要件的证明要求中,必须剔除那些对行为人意图内容中与价格对比关系或价格与供求对应关系等相关的要求。

第三节　人为价格概念的重构

作为价格操纵的规制基础,人为价格概念的解释和判断是其中必须解决的首要问题。只要仍然以参照系比较方法作为界定和判断这一概念的方法,那么就必然要面对前述的各种问题。既有的操纵认定框架中对价格的关注,实际上有来自历史上期货市场反操纵立法的经济动因的影响。而如何将操纵认定纳入法律判断的逻辑轨道中来,则是解决这一问题的关键。

一、从立法史看反操纵立法的经济动因

从历史上来看,基本上早期所有期货市场立法的动因都是出于社会对市场上价格波动的厌恶。例如,美国国会自 19 世纪 80 年代起开始致力于期货领域的立法,在 1880 年至 1920 年间,一共提议了 200 多项法案以规范期货和期权交易。而开展这些立法活动的直接原因,就是因为农产品价格的巨大波动使得农民遭受了重大损失,从而导致了被称为"平民起义"(populist revolt)的农民运动。这些以农庄运动为代表的农民认为,正是这些价格波动使得农民无法获得合理的农产品价格。[①]

第一次世界大战后,美国期货领域的联邦立法陆续出台,其原因也是商品期货价格的大幅下跌。第一部试图对期货交易进行联邦监管的立法是 1921 年《期货交易法》,该法的实施基于国会的征税权。这部法律在 1922 年被最高法院宣布违宪,理由是其中对国会征税权的运用违反了宪法。[②] 在最高法院的裁决作出后,农业部长亨利·华莱士向国会指出,小麦价格的剧烈波动"强化了农民认为价格被操纵且对其极为不利的信念"。国会的立法报告也指出,在最高法院作出裁决的第二天,小麦价格每蒲式耳上涨了 4 美分,此后,小麦价格在没有任何理由的情况下下跌,

---

① 参见〔美〕杰瑞·W. 马卡姆:《商品期货交易及其监管历史》,大连商品交易所本书翻译组译,中国财政经济出版社 2009 年版,第 18—19 页。
② 参见同上书,第 21—23 页。

从而得出结论,这"显然直接来自于对市场的操纵"。国会因此迅速通过了 1922 年《谷物期货法》,其内容与 1921 年《期货交易法》实质上几乎是完全相同的,唯一的不同是该法基于的是国会的商业管理权。[①]

而 1936 年《商品交易法》立法的直接动因,也是始于 1929 年的商品期货价格崩盘和随后发生的大萧条。而且非常戏剧性的是,由于该项立法提交的时间太晚,第 73 届国会马上就要休会,参议院没有就此进行表决,还给了反对商品交易立法的人一丝希望,还可以继续努力以阻止该项立法的通过。但在 1935 年 3 月,棉花期货一次突然的近 200 点的下跌给了这些反对者以致命一击,因为国会发现这次的价格下跌没有任何令人满意的理由可以解释,而且暴露出"任何一个政府部门都没有有效的手段来查清事实真相"。国会还发现,美国农民的谷物销售价格完全由"芝加哥期货交易所赌博性的价格操纵所主导和控制"。[②] 这些因素都直接推动了 1936 年《商品交易法》的通过。

《商品交易法》于 1936 年通过后,商品交易管理局(CEA)也在当年成立并作为美国期货市场主要的监管机构。[③] 尽管商品交易管理局在 1937 年的报告中提出:"《商品交易法》并不是要保证较高的农产品价格,也不是要创造一个完美无缺的农产品市场。它只是提供了一种对市场欺诈行为以及价格操纵行为进行控制的手段,同时维护公正和诚实的农产品期货交易。"[④]但事实上,监管机构在确定市场是否受到不公平行为损害的时候,一直以来都是将价格作为重要的考虑因素和判断标准,即要求出现人为价格。

通过对历史的回顾,可以发现,民众对市场最直观的感受和认识就是价格,而民众对市场价格波动的厌恶也是促成期货市场立法尤其是反操纵立法的直接原因,这完全是一种经济动因在舆论和民意上的反映。而舆论和民意则通过代议制的机制,成为塑造立法和推动立法的部分因素。

---

① See Jerry W. Markham, *Manipulation of Commodity Futures Prices—The Unprosecutable Crime*, 8 Yale Journal on Regulation 281, 301-302 (1991).

② 参见〔美〕杰瑞·W. 马卡姆:《商品期货交易及其监管历史》,大连商品交易所本书翻译组译,中国财政经济出版社 2009 年版,第 33—36 页。

③ 直到 1974 年,商品期货交易委员会成立后才形成了现行的监管体系。

④ United States Department of Agriculture, *Report of the Secretary of Agriculture*, U. S. Government Printing Office, 1937, p. 75.

尽管从现代的观点来看,这种民意未必完全符合经济学原理和金融市场的规律。但在历史背景下,这些事实作为推动反操纵立法的原因是客观存在的。而期货市场反操纵立法和后续法律执行的关注点集中在市场价格之上,既符合市场参与者的直觉,也是此种经济动因的直接反映。

二、参照系比较方法的辩护与反驳

为了避免一叶障目的危险,我们也需要考察一下一些学者为参照系比较方法提出的辩护意见。基于以下几点理由,他认为历史价格比较是可靠的。[①]

第一,任何人都无法绝对地确认某"事实",因为任何基于证据的判断都包含了一些错误的可能性。问题在于,一个特定的推论在多大程度有可能是错误的,以及违法行为的判断要求什么程度的确信。如果对第二个问题的答案是 100%,对于任何司法裁判来说都是不可能的。但如果采用一个更加可行的标准,例如 95%,那么历史价格数据分析就非常有用。

第二,作为证明的判断标准,如果历史价格本身是人为的,相较于历史价格没有缺陷的情形,操纵者确实可能会更加容易逃脱罪责。但是,如果这些作为标准的价格的人为性被指出来的话,那么不用它们作为比较标准就行了。不管怎样,只有临界的案件受影响,但极度扭曲的情况仍然是能够成立的。换句话说,基于历史价格比较被认定构成操纵的人不允许主张,因为过去价格数据是人为的所以判决是错误的,只有原告和检察官可以这样做。阻止那些最恶名昭彰的犯罪是符合最大利益的,临界案件判断的准确性降低不能作为抛弃历史价格分析的理由。

第三,就不成功的操纵而言,首先,历史上有大量的例子说明,在操纵失败之前或同时也存在价格扭曲。其次,如果一个意图操纵没有显著的价格影响,那么这个操纵行为的代价并不会特别高,换句话说,追诉那些怀有恶意但并未造成损害的人是一种浪费。

第四,统计学上的比较方法并非假设供求条件不变,统计学的判断方

---

① See Craig Pirrong, *Commodity Market Manipulation Law: A (Very) Critical Analysis and a Proposed Alternative*, 51 Washington and Lee Law Review 945, 963-968 (1994).

法认识到这一点并且肯定会为基本的变化作出修正。事实上,此种分析下的关键假设便是,操纵时期的市场条件也包含在形成统计数据的经验之内,较大量的数据集合也能够降低该问题的严重性。此外,真正值得注意的情况应该很容易识别,如果没有人注意到这个独特的情况,它怎么可能造成价格变化呢? 因为操纵扭曲了价格,任何操纵以外的造成可观测价格变化的情况必然发生在有限的交割市场中,不可能会有任何事件在如此狭窄的范围内导致显著的价格扭曲却不被注意到。

前文已经对经典价格操纵理论下的判断方法存在的具体缺陷进行了全面的探讨,其中很多内容其实已经是对上述辩护意见的回应与反驳。笔者认为,对参照系比较等经济分析方法的讨论,在很大程度上体现出了经济学、统计学与法学理论、司法制度之间的分歧。例如针对司法判例不采纳经济分析结论的情况,以及法学理论上对经济分析方法的批评意见,上述为历史价格比较辩护的观点主要强调的是经济分析的准确概率,实际上并没有理解甚至是误解了相关的批评意见。法学更重视的是比较分析方法的正当性基础,从此前提出发,就上述支持历史价格比较的观点可以提出如下反驳。

首先,被作为比较标准的价格,如果不能证明是正常价格,那么即使被审查的期货价格与之相比发生偏离,也不能无疑问地证明存在价格扭曲或人为价格。经济学家并不比任何人要更加先知先觉,可以不加以论证而主张某个价格是具有可比较性的"正常价格"标准。如果历史价格比较方法中所采用的价格参照系不具备可比性,而且价格偏离度也没有客观标准,那如何能声称所获得的结论具有 95% 的正确率呢?

其次,就司法判决而言,不存在所谓临界案件,要么是有罪要么是无罪。临界范围有多宽谁也说不清楚,如果一种判断方法在"临界案件"中失灵,那么就代表在所有案件中的适用不具有正当性,因为没有谁能说清正在裁判的案件是不是"临界案件"。这恰恰说明了经济学和法学思维的差异。在经济学上,当数据支持某个人犯罪的概率很大,就可以认为该人是罪犯。但是在法学上,不仅判定犯罪的实体规则必须具备正当性,而且追诉犯罪的程序也必须符合正义原则。如果只是经济学或统计数据支持某个人具有很大的犯罪概率,那么必须同时有证据能够排除该人没有犯罪的其他所有可能性,而这无疑是非常困难的。因此,只有从一开始就把相关证据纳入到法学的认定和论证逻辑中来,最后得出的结论才具有正当性和说服力。

再次,为历史价格比较辩护的意见认为,如果那些作为标准的价格的人为性被指出来的话,那么不用它们作为比较标准就行了,但基于历史价格比较被认定构成操纵的人不允许主张因为过去价格数据是人为的所以判决是错误的,只有原告和检察官可以这样做。这样的观点实际从根本上否定了被告质疑其比较基础的权利,是一种武断且违反程序正义的做法。在诉讼中,是原告和检察官提出以某个价格作为"正常"价格的标准,那么其就有责任证明该价格确实是正常的、非人为的,而不能把证明责任分配给被告。结果,该辩护意见比这还要更进一步,甚至认为被告连主张作为比较标准的价格不具有可比性的权利都没有,只有原告和检察官在自己发现该价格并非正常价格时可以主动放弃将其作为比较标准。这简直是将原告和检察官看得像圣人一样公正无私,更不必说,认为原告和检察官像圣人一样可以先验性地知晓某个价格是否具有人为性。

复次,就不成功的操纵问题而言,如果用历史价格比较判断其是否造成人为价格不具有正当性,那么如何能先验地说是否存在价格扭曲或是否造成了价格影响呢?为历史价格比较辩护的意见事实上是把他们要论证的问题作为了自己论证的前提,实际上是一种循环论证。此外,从广义上来说,所谓不成功的操纵有可能只是相对其设立的价格标准没有发生偏离,但不代表没有造成价格影响或市场损害。例如,如果根据操纵发生当年的特殊情况,价格本应比历年都低,结果由于操纵活动导致价格跟历年水平一致,没有产生所谓"人为价格",但市场损害却是真实存在的。

最后,没有任何两个期货合约的运行表现是完全相同的,即使它们之间存在着相似的属性,它们也可能因为非常不同的市场条件或判断而不同。[①] 支持历史价格比较的观点声称可以通过统计学的方法,对不同时期、不同市场、不同合约、不同供需条件下的价格进行修正。然而,此种修正的依据为何,如何能使完全不同的两个合约的价格具有可比性,如何避免修正的主观性以使修正具有正当性,都是存疑的。笔者认为,价格比较

---

① See Philip McBride Johnson, *Commodity Market Manipulation*, 38 Washington and Lee Law Review 725, 752 (1981).

并不是不能用,关键是用在哪儿和怎么用的问题。

三、经典价格操纵理论的症结

操纵并不是一个绝对性的概念,而是一种对影响力过度使用的情况。问题就在于,在哪一点上合法的影响会变成非法的操纵。一般认为,有两种区分合法行为与操纵的方法:一种方法是价格评估,当价格扭曲程度超过"正常"的供求力量或比价标准时,即存在操纵;另一种方法是意图判断,当一个人的行为是基于操纵的意图时,其行为就构成操纵。其中,价格扭曲是一种经济学的标准,即将操纵视为供应与需求之间关系的失调;而行为意图则是一种法学标准,即将操纵视为一个罪恶意图的外在表现,价格扭曲只是错误行为的证据,而不是错误行为本身。[1] 尽管这两种方法采用的是不一致且矛盾的标准,但经典价格操纵理论框架下的构成要件体系还是试图同时适用这两种标准,而且更是将价格扭曲放置于核心的地位,并以价格的对比关系来定义价格扭曲。应该说,这是操纵判断方法受经济学影响更深的体现。

虽然有评论者认为,源于亚瑟·马什理论,对后世造成了深远影响的操纵定义是基于行为人意图的,[2]但在实际运用中,在操纵的认定问题上其实并未以意图为中心建立规范体系。在经典价格操纵理论下,意图的内涵也被界定为制造人为价格的特殊故意,因而对意图的判断应该也是以对人为价格的判断为逻辑前提。因此,人为价格概念及其相应的价格评估方法使经济判断主导了操纵的判断逻辑。美国商品期货交易委员会前主席菲利普·约翰逊对此不无讽刺地评论道:"试图说明'本应该是什么样'的经济学'模型',在经济学家的办公室中,比在让交易者迅速且痛苦地失去信心的混乱市场中,要更加可靠。"[3]这里所说的"本应该是什么样",指的就是参照系比较方法中所谓的市场"正常"价格标准。

在操纵证明中过于强调市场"正常"价格标准,以及根据此标准判断

① See M. Van Smith, *Preventing the Manipulation of Commodity Futures Markets: To Deliver or Not to Deliver?*, 32 Hastings Law Journal 1569, 1580 (1981).

② See Note, *The Delivery Requirement: An Illusory Bar to Regulation of Manipulation in Commodity Exchanges*, 73 Yale Law Journal 171, 177 (1963).

③ Philip McBride Johnson, *Commodity Market Manipulation*, 38 Washington and Lee Law Review 725, 752 (1981).

的价格扭曲结果的出现,所导致的直接后果就是操纵难以被追诉。不仅证明方法的正当性存疑,而且由于影响市场价格的因素存在复杂性,被各种因素影响的市场价格也不可避免的复杂且多变,结果即使通过参照系比较方法证明出价格存在偏离,被告也总是可以辩称,是由于其行为以外的因素导致了价格的变动。① 从美国的经验来看,在市场操纵诉讼中,法院对运用数据和统计学、经济学方法判断操纵行为的做法往往也比较挑剔,②这导致美国商品期货交易委员会成立后的 35 年内在法庭上只赢过一个案子。③ 有学者对美国期货市场操纵监管的历史进行了回顾性研究,发现由于人为价格规制路径所要求的构成要件的证明难度极高,实际上把操纵变成了一种"无法起诉的罪行"。而且操纵所造成的损害通常难以获得救济,即使偶尔追诉成功,调查、指控和审理都需要花费多年的时间以及大量的金钱。④

总而言之,不能以经济判断替代法律判断。但需要注意的是,质疑通过参照系比较的经济分析方法判断人为价格进而认定市场操纵的方法的正当性,并不是要否定价格数据和经济分析的作用。事实上,价格数据和经济分析方法非常有用,但必须将其纳入到法律判断的逻辑轨道中来。而法律判断逻辑的前提,就是对人为价格概念的重释。

四、对人为价格概念的合理解释

我国证监会在期货市场执法的年头相对较短,就已经发现了对人为价格的证明容易被抗辩。而在多年的执法实践中,美国商品期货交易委员会更是注意到了对人为价格进行证明的困难之处。2010 年修订后的美国《商品交易法》第 6 条(c)(3)是该法中的价格操纵条款,作为施行细

---

① See M. Van Smith, *Preventing the Manipulation of Commodity Futures Markets: To Deliver or Not to Deliver?*, 32 Hastings Law Journal 1569, 1581 (1981).

② See Rosa M. Abrantes-Metz, Gabriel Rauterberg & Andrew Verstein, *Revolution in Manipulation Law: The New CFTC Rules and the Urgent Need for Economic and Empirical Analyses*, 15 University of Pennsylvania Journal of Business Law 357, 359 (2013).

③ See Bart Chilton, *Remarks of Commissioner Bart Chilton to Metals Market Investors, Washington, D. C.* (2010), https://www. cftc. gov/PressRoom/SpeechesTestimony/opachilton-30,最后访问时间:2022 年 9 月 1 日。

④ See Jerry W. Markham, *Manipulation of Commodity Futures Prices—The Unprosecutable Crime*, 8 Yale Journal on Regulation 281, 283, 356 (1991).

则,商品期货交易委员会制定了 180.2 规则。其在对新规则进行解释说明的文件中提出,关于"价格受供求力量以外因素的影响",价格操纵的经典框架要求证明"人为价格"的存在,但是在很多情况下,可能没有必要进行广泛的经济分析就能获得对此要件的证明。从所谓操纵者的行为证据中,通常必然地就能够得到价格受到了与正常供求力量不一致的因素影响的结论。① 并且,还特别从过去的执法案例中提取出了与此种解释相符的判例法规则。例如,在具有里程碑意义的 David G. Henner 案中,被告所下的买单远远高于他所需要为鸡蛋期货支付的价格,由此导致的收盘价格将会影响市场,使 1968 年 11 月的鸡蛋期货合约价格高于预期。监管机构就此指出:"该推论是必然的,被告支付了超过他不得不支付的价格,是为了使收盘价格居于高位。无须进一步的证据即可表明该结算价格是人为的。"② 近年来商品期货交易委员会唯一胜诉的 DiPlacido 案引用并赞同了这一"结论性推定"(conclusive presumption)。在该案中,被告在流动性不足的市场中相应地抛出大量买单,同时忽略更为有利的买卖出价,从而抬高电力期货的收盘价格。这些行动使商品期货交易委员会和第二巡回法院确信所形成的收盘价格实际上是非法的。③ 因此,对于此种性质的案件,价格扭曲可以从操纵者所使用的手段中合理地推断出来,而不需要对价格所受到的影响进行复杂的经济分析。④ 可见,复杂的经济分析不仅并非证明人为价格的唯一途径,而且很可能是费效比较差的路径。在这里,商品期货交易委员会实际上是提出,可以用一个结论性推定来取代为了证明人为价格而进行的经济分析:只要存在不正当行为,就必然存在人为价格。⑤

---

① See Commodity Futures Trading Commission, *Prohibition of Market Manipulation*, 75 Federal Register 67657, 67660 (2010).

② In re David G. Henner, 30 Agric. Dec. 1151 (1971).

③ In re DiPlacido, 2008 WL 4831204 (CFTC 2008), aff'd in pertinent part, DiPlacido v. Commodity Futures Trading Comm'n, 364 Fed. Appx. 657, 2009 WL 3326624 (2d Cir. 2009), Comm. Fut. L. Rep. ¶ 31, 434, cert. denied, 130 S. Ct. 1883 (2010).

④ In re Norman Eisler and First West Trading, Inc., [2003-2004 Transfer Binder] Comm. Fut. L. Rep. (CCH) ¶ 29, 664 (CFTC Jan. 20, 2004).

⑤ 参见李明良、李虹:《〈多德—弗兰克法〉期货市场反操纵条款研究》,载张育军、徐明主编:《证券法苑》(第 5 卷),法律出版社 2011 年版,第 1204 页;程红星、王超:《美国期货市场操纵行为认定研究》,载曹越主编:《期货及衍生品法律评论》(第 1 卷),法律出版社 2018 年版,第 92 页。

通过参照系比较方法判断人为价格的传统方法实际上是对人为价格概念的机械应用。而作为上述新的判断方法的理论基础,在美国一些判例中,法院、监管机构就价格操纵或人为价格概念提供了另一种更为科学的解说。在这种解说方式中,所关注的重点应当是影响市场价格的力量和因素,而非行为人所造成的价格是否反映了正常的供求力量。例如,在 Frey v. CFTC 案中,法院指出,操纵是"故意依靠供求关系以外的力量来强行决定价格"。① 在 Indiana Farm Bureau Coop. Ass'n Inc. 案中,监管机构提出,对操纵的调查,"必须考察供求力量的整体状况,并且寻找那些定价体系之外的因素。"②而 Hohenberg Bros. 案则从人为价格概念的角度对这一问题进行了阐述:"为确定是否产生了人为价格,必须考察供应和需求的综合力量,并且寻找那些定价体系以外的因素,那些不属于经济定价体系合理组成部分的因素,那些不属于商品经济定价合理组成部分的因素,或者商品市场的外来因素。当影响特定市场的供应和需求的综合力量都是合理的时候,所产生的价格就不是人为的。另一方面,当影响价格的因素不合理时,所产生的价格就必然是人为的。因此,关注的焦点不应该过多地放在最终价格上,而应该放在导致该价格的因素的性质上。"③

在经典的价格操纵理论之下,通过参照系比较方法来证明存在人为价格,所采用的显然是一种结果导向的追责原则,④将操纵行为的重点放在了行为的效果上,因而据此给出的大多数操纵定义注重的是作为结果的价格是否具有人为性,而不是促使价格如此变化的过程。⑤ 在过去的大多数案件中,由于对人为价格结果的关注远远超过了对"供求关系以外

① Frey v. CFTC, 931 F. 2d 1171 (7th Cir. 1991).

② In re Indiana Farm Bureau Coop. Ass'n Inc. , [1982-1984 Transfer Binder] Comm. Fut. L. Rep. (CCH) ¶ 21, 796 (CFTC Dec. 17, 1982).

③ In re Hohenberg Bros. , [1975-1977 Transfer Binder] Comm. Fut. L. Rep. (CCH) ¶ 20, 271 (CFTC Feb. 18, 1977).

④ 参见大连商品交易所法律与合规监督部:《美国期货市场操纵相关立法沿革及实施效果研究》,载蒋锋、卢文道主编:《证券法苑》(第 24 卷),法律出版社 2018 年版,第 331 页;程红星、王超:《美国期货市场操纵行为认定研究》,载曹越主编:《期货及衍生品法律评论》(第 1 卷),法律出版社 2018 年版,第 88 页。

⑤ See Wendy Collins Perdue, *Manipulation of Futures Markets: Redefining the Offense*, 56 Fordham Law Review 345, 365 (1987).

的力量"和"定价体系以外的因素"的关注,因此即使是对供求关系进行的分析,其目的往往也是为了确定市场在"正常"供求关系之下的价格水平,或者是市场在不同供求关系之下的价格对比关系。而事实上,行为人所实施的操纵活动正是市场正常供求关系和定价体系以外的因素:行为人操纵性的意图,是其行为的驱动力;而行为人对操纵性手段的运用,则是其将意图付诸实施的具体方法。通过对行为人操纵意图和手段的认定,就自然可以得出市场价格受到供求力量以外因素影响的结论,而不需要对此种影响给出具体的证明。通过将当事人操纵性的意图和手段作为定价体系以外的因素,从而直接推论出存在人为价格,这奠定了人为价格要件证明的正当性基础,当事人就不能再以对方法正当性、参照系选取、偏离度标准等问题的质疑来进行反驳。

第四节 以意图为核心的操纵认定框架

在期货市场操纵的构成要件体系下,通过淡化对人为价格要件的证明要求,事实上就将另一个核心构成要件——操纵意图给突显了出来。只有将操纵意图作为操纵判断的核心,以行为人的不正当行为和其他直接或间接证据为支撑,并辅以经济或经验分析等方法,才能够建立更为合理的操纵认定框架。

一、将意图作为操纵判断的核心要件

任何交易行为对市场都有影响力。交易者在市场中下 1 手买单,就增强了需求方的一点力量,也就具备了一点使价格上涨的影响力。那么下 2 手、3 手……1000 手买单呢? 如果认为 1000 手买单造成价格上涨 10%是操纵,那么 999 手买单造成价格上涨 9.99%是不是? 9.98% 呢? ……依此类推,就能看出,在价格变动上其实没有一个特定的点可以说是区分操纵与非操纵的界限。因此,构成操纵的决定性标准不是价格而是意图。例如,以洗售方式进行 100 手交易,尽管交易量一般,造成价格变动 1%也不是很大(甚至可能由于行为人的操纵方向与市场趋势相反,导致最终价格并未发生变动),但是由于其行为展现出的操纵意图,且具备一定影响价格的能力,就构成操纵。而进行 1000 手正常交易,虽然

影响力很大,造成价格变动 10％ 也很大,但也不构成操纵,即并非"对影响力的过度使用"。从这个例子可以看出,价格的变动幅度对于操纵判断而言其实并不重要。

早在 20 世纪 20 年代,美国联邦贸易委员会(FTC)在一份研究报告中就已经指出,有时候市场上会出现看似"人为"或"有害"的价格波动,而且这些价格波动是由能力强大的交易者造成的,但是这些交易者并不具备操纵的动机,也并非有意"损害"市场。[①] 可见,即使基于市场经验,所谓"人为"价格本身并不足以构成操纵判断的核心要素。有观点认为,关注价格是否具有人为性与谴责操纵的基本原因一致,即操纵会产生扭曲市场的不准确的价格信息。[②] 然而,尽管存在由于操纵对价格有扭曲作用,而因此可以接受操纵是不当行为这一前提,但这并不能得出关注价格并试图确定它们是否具有人为性是保护期货市场价格功能的最高效或最有效的方式的结论。因为只有当监管机构和法院具备鉴定"人为"和"正常"价格的能力时,这种关注才有意义。[③] 而从经典价格操纵理论的实际运用可以看到,从价格本身并不能得出操纵认定难题的真正解决方案。

正如 Indiana Farm Bureau Coop. Ass'n Inc. 案中所指出的,"操纵的实质在于意图……当事人的意图是一个应受罚的操纵行为的决定性要素……正是当事人的意图将本身合法的商业行为与非法的操纵活动区分开来"。[④] 在处理操纵问题时,应当以意图而非价格作为操纵判断的核心构成要件。经典价格操纵理论的判断方法过于注重价格的人为性,以至于必须找出正常的价格才能证明,而意图也因为以制造人为价格为内容而令人难以捉摸。因此,必须改变此种操纵证明思路,要将证明"作为比较标准的价格是正常的"这样一项几乎不可能完成的任务,转换为证明行为人的行为是异常的,是一种在操纵性意图支配下实施的行为。也就是

---

① See Jerry W. Markham, *Manipulation of Commodity Futures Prices—The Unprosecutable Crime*, 8 Yale Journal on Regulation 281, 296 (1991).

② In re Indiana Farm Bureau Coop. Ass'n Inc., [1982-1984 Transfer Binder] Comm. Fut. L. Rep. (CCH) ¶ 21, 796 (CFTC Dec. 17, 1982).

③ See Wendy Collins Perdue, *Manipulation of Futures Markets: Redefining the Offense*, 56 Fordham Law Review 345, 367 (1987).

④ In re Indiana Farm Bureau Coop. Ass'n Inc., [1982-1984 Transfer Binder] Comm. Fut. L. Rep. (CCH) ¶ 21, 796 (CFTC Dec. 17, 1982).

说，将操纵证明的逻辑从"找正常"转换为"找异常"，并从意图而非价格入手来解决操纵证明的难题。而由于存在操纵性意图支配下的异常行为对市场的影响，所形成的价格必定就是人为的。

二、引入价格影响测试的分析框架

在操纵认定中，应当证明行为人具备影响市场价格的特殊故意，但是，不能将操纵意图的内涵和判断与参照系比较方法等人为价格判断方法联系起来。操纵意图既可以通过直接证据证明，也可以通过交易者的行为等间接证据证明。

在通过行为等间接证据证明操纵意图的情形，为了形成严密的操纵判断逻辑，我们需要引入价格影响测试（price-impact test）的分析框架：如果交易者的行为是决定性地被该行为本身会影响市场价格的预期所驱动的，且如果没有此种预期他就不会实施该行为（此处的行为既包括作为也包括不作为），那么该交易者的行为就构成操纵。[①] 因此，这是一个综合判断的过程。例如，在典型的囤积操纵中，一个因为真正需要商品（而非囤积市场供应）而接受交割的交易者通常不会同时卖出期货合约。而囤积者知道商品价格在交割末期会下跌，但他仍然接受交割，这是因为他知道自己必须这样做才能抬高其卖出期货合约的价格。一旦被操纵的合约届期，接受的交割商品对他来说就没用了，因此他会出售这些商品。然而，以合约届期时已经下跌的价格打折出售商品的行为与竞争性的动机是不符的。在市场没有出现有关此种商品价值的新消息的情况下，如果价格在竞争性交易者于合约届期接受交割后又立即大幅下跌，基于合理的理由（例如为了履行出口订单）而接受大量交割的竞争性交易者只会买入更多。[②] 在这样一个行为、意图与价格的互动过程中，我们就能够通过价格影响测试的分析框架来综合判断行为人是否具备操纵意图，且此意图是否能够被诸如行为、价格等客观证据证明出来。

价格影响测试的本质就是要强调意图在操纵证明中的核心地位，并

---

① See Richard D. Friedman, *Stalking the Squeeze: Understanding Commodities Manipulation*, 89 Michigan Law Review 30, 36-38 (1990).

② See Craig Pirrong, *Commodity Market Manipulation Law: A (Very) Critical Analysis and a Proposed Alternative*, 51 Washington and Lee Law Review 945, 958 (1994).

在行为人的主观意图与可观测到的客观行为之间建立联系。此外,根据该分析框架,当交易者具备对自身行为会影响市场价格的认识,并且故意地实施此种会影响市场价格的行为,且此种行为的模式与其对价格影响的预期密切相关时,则其行为就会对市场价格造成影响,因而不再需要通过参照系比较方法证明存在"人为价格"。将意图置于操纵构成中的核心地位,通过交易者的行为和意图推断出价格影响,从而在交易者的意图、行为和价格影响之间建立逻辑关联,事实上与价格操纵概念是相契合的。

前已述及,否定通过参照系比较的经济分析方法来判断人为价格,并不是要否定价格数据和经济分析的作用。价格数据最主要的特点就在于它对分散于无数个体交易者之间的巨量信息的概括能力,而这些信息不可能被任何个人或组织收集、整理和清晰地表达出来。[①] 在某些情况下,对价格的分析也比直接搜集相关信息要更有效率。但是,对价格数据的运用必须纳入法律判断的逻辑轨道中来。对价格数据的处理与其他方面的证据没有任何不同,也就是说,必须在包括价格数据在内的多种证据与交易者的特定行为之间建立联系。例如,不同月份合约的价差关系就可以与操纵者通过价差交易(spread/straddle trade)方式进行操纵的行为建立联系。但如果用这样的价差关系与历史上相同月份的价差关系比较来证明存在人为价格,就会存在正当性问题。事实上,即使美国监管机构和法院过去在行政裁决案例和司法判例中一直使用经典价格操纵理论来进行判断,但也认识到了历史价格比较等人为价格判断方法的局限性。例如在 Cox 案中,尽管商品期货交易委员会并不拒绝使用历史和价差比较,但认为有关当事人有责任解释或者证明这些证据的相关性与合法性。[②] 其实,一个很简单的道理就是,价格本身没有对错之分,价格数据本身不会说话,价格数据的比较关系本身也不应认为能够对操纵构成要件证明产生决定性作用,只有在把价格数据与特定行为联系起来时,才能

[①]   See Craig Pirrong, *Commodity Market Manipulation Law: A (Very) Critical Analysis and a Proposed Alternative*, 51 Washington and Lee Law Review 945, 967 (1994); Craig Pirrong, *Energy Market Manipulation: Definition, Diagnosis, and Deterrence*, 31 Energy Law Journal 1, 9 (2010).

[②]   In re Cox, [1986-1987 Transfer Binder] Comm. Fut. L. Rep. (CCH) ¶ 23, 786 (CFTC Jul. 15, 1987).

使价格数据在操纵案件证明中具有实际意义。

在论证价格数据等各种证据与交易者的特定行为之间的关联性方面,经济学和统计学等方法就可以发挥很大的作用。通过这些方法,一方面可以加强对操纵构成的论证,另一方面可以起到筛选的作用,即过滤掉那些相对良性的交易活动,避免将其卷入执法或诉讼程序。[①] 一些学者通过对经济学和统计学方法的改进,已经使其比较接近在这方面的要求。以典型的市场力量型操纵为例,有一种受到广泛关注和研究的情形被称为"埋尸"效应("burying the corpse" effect)。实践证明,在行为人实施操纵活动的过程中,其对市场力量的运用对价格和商品流都会产生重要的影响。首先,不管是以价格的绝对值而言,还是与其他地方的价格相比,囤积或逼仓行为都会在交割市场造成暂时性的高价,而此种异常的高价会吸引巨量的商品流入交割地。而在逼仓结束后,由于商品库存的膨胀,又会导致交割地的价格陡然下跌,其他地方的价格相对交割地而言要更高,又会有巨量的商品流出交割地,这就是所谓的"埋尸"效应。此种由市场力量型操纵在价格和商品流上产生的效应通常会非常显著,而且,所形成的价格和商品流模式也会与竞争性市场中由供需波动所造成的效应不同。因此,"埋尸"效应就可以被作为市场力量型操纵的一种重要特征,并将操纵与竞争性的市场效应区分开来。[②] 而通过将包含价格和商品流变动的"埋尸"效应与操纵者运用市场力量的特定行为模式联系起来,就赋予了这些市场数据在操纵证明中特别的意义和价值。

第五节　对意图操纵形态的规制

对于操纵的判断,经典价格操纵理论要求必须证明存在人为价格。因此,对于未造成人为价格或未能证明造成人为价格的操纵活动,均不能认定构成操纵并予以处罚。但是,在美国期货市场反操纵立法中,除了以人

---

① See Rosa M. Abrantes-Metz, Gabriel Rauterberg & Andrew Verstein, *Revolution in Manipulation Law: The New CFTC Rules and the Urgent Need for Economic and Empirical Analyses*, 15 University of Pennsylvania Journal of Business Law 357, 397-398 (2013).

② See Craig Pirrong, *Squeezes, Corpses, and the Anti-Manipulation Provisions of the Commodity Exchange Act*, 17 Regulation 52, 54-55, 57 (1994); Craig Pirrong, *Energy Market Manipulation: Definition, Diagnosis, and Deterrence*, 31 Energy Law Journal 1, 8 (2010).

为价格为核心的操纵形态之外,还有意图操纵(attempted manipulation)形态。意图操纵形态构成了对经典价格操纵理论的有力补充,并且在执法实践中发挥了重大作用,是比较法上值得我国借鉴的成功经验。我国《证券法》第 55 条规定,禁止任何人操纵证券市场,"影响或者意图影响"证券交易价格。《期货和衍生品法》第 12 条规定,禁止操纵期货市场,"影响或者意图影响"期货交易价格。"意图影响"的措辞表明,继证券市场之后,我国在期货市场反操纵法律中也引入了意图操纵形态。

一、未造成人为价格的意图操纵形态

将意图操纵形态纳入规制范围,是反操纵立法的发展趋势之一。美国期货市场主要的反操纵规则,包括《商品交易法》第 6 条(c)、第 9 条(a)(2)和 180.1、180.2 规则,均同时规范操纵和意图操纵两种形态。典型的表述方式,例如《商品交易法》第 6 条(c)(3)规定,"对于任何互换、州际商业中的商品出售合约或在任何注册实体或按其规则进行远期交割的商品的出售合约,任何人也不得直接或间接操纵或意图操纵其价格"。[①] 为了与意图操纵相区分,普通操纵又被称为实际操纵(actual manipulation)。[②] 对意图操纵形态的规制并非美国独有,例如,《欧洲议会与欧盟理事会第596/2014 号条例》第 15 条规定:"任何人不得进行或意图进行市场操纵。"[③]新加坡《证券期货法》208 条规定:"任何人不得直接或间接地——(a) 操纵或试图操纵可能在期货市场上交易的期货合约的价格,或任何该期货合约的基础商品的价格;或(b) 囤积或试图囤积任何期货合约的基础商品。"[④]新加坡《商品交易法》第 46 条规定:"任何人不得直接或间接——(a) 操纵或试图操纵商品市场或商品期货市场中任何商品合约或

---

① 中国证券监督管理委员会组织编译:《美国商品交易法》,法律出版社 2013 年版,第 315 页。

② See Jerry W. Markham, *Law Enforcement and the History of Financial Market Manipulation*, M. E. Sharpe, Inc., 2014, p. 198, 391; Shaun D. Ledgerwood & Paul R. Carpenter, *A Framework for the Analysis of Market Manipulation*, 8 Review of Law and Economics 253, 257 (2012).

③ 刘春彦、林义涌、张景琨编译:《欧盟市场滥用行为监管法律法规汇编》,中国金融出版社 2020 年版,第 33 页。

④ 上海期货交易所"境外期货法制研究"课题组编著:《新加坡期货市场法律规范研究》,中国金融出版社 2007 年版,第 234—235 页。

商品期货合约的价格；或者（b）囤积或试图囤积任何商品合约或商品期货合约下的商品。"①

意图操纵形态与经典价格操纵理论其实是不兼容的，这是因为，经典价格操纵理论将认定操纵的重点放在了行为的效果上，即要求证明出现人为价格的结果。而在 Hohenberg Bros. 案中，监管机构指出："意图操纵只是一个不成功的操纵——也就是说，所实施的行为没有造成人为价格。""意图操纵只要求具备影响商品市场价格的意图，以及促成该意图的某种显著的行为。"②我国《证券法》的官方释义也指出，第 55 条中的"意图影响证券交易价格"是指行为可能产生对交易价格的影响，即使由于各种原因损害后果未实际发生，也不影响其构成"操纵证券市场"。③ 该法原条文规定当事人构成违法操纵市场的，不仅要求其实施具体行为，还要求其行为达成影响证券交易价格的结果。然而，由于证券市场情况复杂，参与人数众多，实践中可能难以证明当事人行为与证券交易价格等之间的必然联系，导致在认定违法行为时产生争议。为此，2019 年修订后的《证券法》调整了操纵证券市场的构成要件。就意图操纵形态而言，要求证明行为人客观上从事了该条规定的行为之一，以及主观上存在影响证券交易价格的意图。④ 综合美国判例法和我国《证券法》的修订情况可见，在证明意图操纵时只要求两个构成要件，即（1）影响价格的意图；和（2）促成该意图的显著行为。

二、对意图操纵形态进行规制的理由

意图操纵两个要件的证明要求明显比实际操纵的四个要件更低，监管机构在很多案件中以意图操纵来对行为人进行指控的做法在美国受到了一些学者的批评："在这些机构为减轻证据负担所做的所有这些努力中，令人不安的是监管机构发出了这样的信号，即他们有意攻击任何他们认为不受欢迎的，且没有任何证据证明实际上是有害的市场活动。""危险

---

① 上海期货交易所"境外期货法制研究"课题组编著：《新加坡期货市场法律规范研究》，中国金融出版社 2007 年版，第 491 页。

② In re Hohenberg Bros. ，［1975-1977 Transfer Binder］Comm. Fut. L. Rep. （CCH）¶ 20，271 （CFTC Feb. 18，1977）.

③ 参见王瑞贺主编：《中华人民共和国证券法释义》，法律出版社 2020 年版，第 101 页。

④ 参见程合红主编：《〈证券法〉修订要义》，人民出版社 2020 年版，第 111—112 页。

之处就在于,政府会把意图操纵的指控作为一种攻击交易活动的手段,而不需要证明此种活动本质上是坏的或实际上是操纵性的。"①也有学者坚持认为,即使行为人具备扭曲价格的意图和相应的交易行为,只要其没有成功操纵市场,那么就不应该承担操纵市场的责任,且主张"意图标准的过度宽泛性会对有益的市场行为造成寒蝉效应"。②这种基于经典价格操纵理论的批评意见其实非常好理解,因为经典价格操纵理论的核心是价格,没有人为价格的证据,就没有"有害的"或"坏的"市场活动。因此,在此种逻辑下,"只要不存在人为价格,就不存在操纵",而取消对人为价格的证明要求的做法就会被认为是在操纵指控中削弱了这一必备要件。③如果以经典价格操纵理论作为规制市场操纵的单一基础,那么监管机构大量地以意图操纵来进行指控的做法无疑是难以获得正当性论证的。因此,将意图操纵形态纳入规制范围需要反操纵理念的转换。

不成功的意图操纵行为明显也是非法的,与成功的操纵一样应该受到制裁。但是,正如有学者所指出的,如果说确定一个现实存在的价格是否是人为价格是困难的,那么要确定这种"不成功"的操纵尝试如果"成功"了会产生什么样的价格,并且该未知价格是否是人为的,则基本就是不可能的。④因此,意图操纵形态的证明要求中肯定不可能包含人为价格要件。作为先行者,前述我国《证券法》关于意图操纵形态的立法理由主要强调了降低证明难度方面的考虑。事实上,即使是失败的操纵活动,也会对市场秩序和功能造成损害,会对其他市场参与者造成影响。而且,有时候是因为其他市场条件的变化抵消了行为人的操纵效果,导致监管机构难以证明存在人为价格。因此,不能仅仅因为意图操纵是一种所谓"失败"的操纵活动,就认为可以忽视此种操纵形态。为

①　See Jerry W. Markham, *Law Enforcement and the History of Financial Market Manipulation*, M. E. Sharpe, Inc., 2014, pp.391-392.

②　See Gina-Gail S. Fletcher, *Legitimate Yet Manipulative: The Conundrum of Open-Market Manipulation*, 68 Duke Law Journal 479, 516-517 (2018).

③　See Jerry W. Markham, *Law Enforcement and the History of Financial Market Manipulation*, M. E. Sharpe, Inc., 2014, p.391.

④　See Wendy Collins Perdue, *Manipulation of Futures Markets: Redefining the Offense*, 56 Fordham Law Review 345, 373-374 (1987).

了弥补经典价格操纵理论的固有缺陷,必须将意图操纵纳入反操纵法律的规制范围。

经典价格操纵理论下的操纵认定主要是基于价格标准的,而意图操纵则是基于意图标准。事实上,价格标准和意图标准在操纵行为的判断逻辑上是不同的。当采用价格标准时,即使一个人的行为是基于操纵意图,但除非该行为事实上造成了价格扭曲,否则他也不需要为操纵行为负责;而当采用意图标准时,一个人的行为只要具备了操纵意图和相应行为就要承担责任,不管他是否造成了价格扭曲。[①] 如果将造成人为价格作为既遂标志,则实际操纵类似于既遂犯,意图操纵类似于未遂犯。[②] 如果以构成要件中是否包含法定危害结果为标准,则实际操纵类似于结果犯,意图操纵类似于行为犯。[③] 在笔者提出的理论框架之下,操纵与意图操纵行为都是"市场正常供求关系和定价体系以外的因素",因此两者都是基于价格影响的市场操纵规制框架的组成部分。此外,实际操纵与意图操纵认定的核心标准是趋同的,即都体现在操纵意图上,这有利于从整体上构建判断操纵行为的协调一致的方法。

三、立法纳入意图操纵形态的规制效果

意图操纵形态的本意是指那些虽然实施了操纵行为,但是操纵策略失败而导致未能成功造成人为价格的情形。由于人为价格在客观上就不存在,在此种情况下当然不能要求原告对人为价格进行证明。与之对应的,在实际操纵的情况下,要证明当事人实施了操纵行为,则必须要证明当事人制造了人为价格,以及具备足够的操纵能力,然而在经典价格操纵理论下,这是一件比较困难的事情。因此,为了避免对人为价格要件的证

[①] See M. Van Smith, *Preventing the Manipulation of Commodity Futures Markets: To Deliver or Not to Deliver?*, 32 Hastings Law Journal 1569, 1580 (1981).

[②] 参见殷晓峰、牛广济:《中美资本市场反操纵监管比较及启示》,载《证券市场导报》2014年第4期,第67页。

[③] 参见李明良、李虹:《〈多德—弗兰克法〉期货市场反操纵条款研究》,载张育军、徐明主编:《证券法苑》(第5卷),法律出版社2011年版,第1202页。

明,监管机构在很多案件中都是以意图操纵的罪名来指控的。[①] 但在这些案件中行为人真的都没能成功制造人为价格吗? 并不一定。在有些案件中,只是因为监管机构在权衡证明难度和执法成本后,选择了相对容易的处罚路径。也就是说,意图操纵形态很多时候被监管机构作为自己难以达到证明要求的情况下退而求其次的指控方式。在实践操作中,监管机构能够这么做与司法证明的原理有关。以经典价格操纵理论的证明要求为例,所谓操纵活动造成市场价格偏离标准价格的情节,如果不予证明或无法证明,在法律上就等同于不存在。因此,强制要求原告一定要根据"客观真实"来区分行为人的操纵活动究竟是属于操纵还是意图操纵,择一起诉并根据相应的构成要件来进行证明,从诉讼架构来说似乎不太可能,也于法无据。毕竟从"法律真实"的角度来看,人为价格要件得不到证明,代表了该案在法律上不存在人为价格。除非被告承认自己实施的是一个实际上成功的操纵行为(显然没有哪个被告会这样做),否则原告自然可以以意图操纵进行起诉和认定。

从美国的执法实践来看,监管机构对其比较有把握的案件会直接以"操纵"进行指控。当较难证明存在人为价格,或者行为人虽然没有操纵成功,但实施了相关行为的情况下,监管机构都有可能以"意图操纵"进行指控。[②] 此外,在一些案件中,监管机构还会指控行为人"操纵和意图操纵"市场价格。[③] 对于某些较为复杂的包含一系列交易行为和操纵策略的案件,也可以用操纵和意图操纵对各策略来分别进行评价。例如,在CFTC v. Optiver US, LLC, et al. 案中,行为人涉嫌利用特殊交易策略

[①]　See Ronald H. Filler & Jerry W. Markham, *Regulation of Derivative Financial Instruments (Swaps, Options and Futures): Cases and Materials*, West Academic Press, 2014, p. 523; Jerry W. Markham, *Law Enforcement and the History of Financial Market Manipulation*, M. E. Sharpe, Inc., 2014, pp. 198-199, 391;上海期货交易所《"期货法"立法研究》课题组编著:《"期货法"立法研究》,中国金融出版社 2013 年版,第 653、671 页;大连商品交易所法律与合规监督部:《美国期货市场操纵相关立法沿革及实施效果研究》,载蒋锋、卢文道主编:《证券法苑》(第 24 卷),法律出版社 2018 年版,第 335 页;程红星、王超:《美国期货市场操纵行为认定研究》,载曹越主编:《期货及衍生品法律评论》(第 1 卷),法律出版社 2018 年版,第 92页。

[②]　参见大连商品交易所法律与合规监督部:《美国期货市场操纵相关立法沿革及实施效果研究》,载蒋锋、卢文道主编:《证券法苑》(第 24 卷),法律出版社 2018 年版,第 335 页。

[③]　See e. g., In re Cate, 18 Agric. 884 (1959); In re Berkshire Food Inc., 19 Agric. Dec. 3 (1960).

操纵市场。商品期货交易委员会认为涉案人实施的 19 次操纵策略中有 5 次成功,另有 14 次失败,因而同时构成了操纵和意图操纵市场价格。[1] 可见,在此种立法模式下,操纵和意图操纵是罪行相当的违法行为,因此对两者的运用是非常灵活的,只要其中任何一个的构成要件满足即可。在实际应用中,法律中对意图操纵的规范客观上可以起到对操纵规制的"兜底"式作用。

　　我国《期货和衍生品法》第 12 条中"影响或者意图影响期货交易价格"的表述所采用的也是与美国相同的规范模式,即行为满足其中任何一个构成要件,都可以认定行为人构成市场操纵。就意图操纵的两个构成要件而言,行为人影响价格的意图的判断方法与前述关于操纵意图的判断方法是相似的,需要提供具体行为和其他能证明意图的间接证据。而对促成该意图的显著行为的认定,则可以结合该条所列举的各种具体行为类型来进行判断。当然,此种显著行为并不限于法律的列举,任何符合价格影响测试的操纵手段及其准备行为都应包括在内。

---

① 　CFTC v. Optiver US, LLC, et al., No. 08-cv-6560 (S. D. N. Y. 2008).

第二章 欺诈理论与期货市场操纵二元规制体系

第一节 以欺诈路径规制市场操纵的原理

在价格影响之外,观察市场操纵的第二种视角,就是操纵行为对市场上其他交易者交易决策的影响和误导。要想实现对期货市场操纵的有效规制,除了重塑价格操纵理论本身之外,也可以顺此视角另辟蹊径。近年来,美国通过《多德—弗兰克华尔街改革与消费者保护法》在期货市场中增加了基于欺诈的反操纵条款,确立了欺诈操纵与价格操纵并存的二元规制体系。由于欺诈操纵不需要证明存在人为价格,对行为人意图的证明要求也比价格操纵要低,且欺诈操纵条款亦不影响价格操纵条款的兜底性效力,因而大大增强了监管机构的执法能力。此种反操纵法制改革作为一种比较法上的成功经验,能否引入国内,为我国监管机构执法武器库增加一种反操纵的有力工具,正是本章所要研究的问题。

一、欺诈与操纵的关系

操纵与欺诈之间究竟是怎样的关系,其实构成了以欺诈理论规制市场操纵问题的理论基础,但这一问题至今尚未有定论。例如,针对证券市场,有学者指出:"根据法律分析,市场操纵与欺诈领域有关,但并非完全属于欺诈的组成部分。"[①]当以欺诈理论规制市场操纵的适用范围由证券市场扩展到期货市场时,这一问题就更显出其复杂性,而既有的理论观点都存在一定缺陷。

---

① 〔美〕路易斯·罗思、乔尔·塞里格曼:《美国证券监管法基础》,张路等译,法律出版社2008年版,第800页。

（一）将操纵与欺诈截然区分的理论

在当今期货与衍生品规制领域的权威著作中，约翰逊和哈森教授指出，期货市场的违法行为可以区分为两种主要类型，一种是损害市场运行的行为，另一种是损害特定客户、交易者或其他市场使用者的行为。其中，前者大致对应于市场操纵，后者大致对应于欺诈。[①] 从该角度出发，操纵与欺诈的区别主要表现在三个方面。

一是行为对象。操纵是针对市场整体的一种违法行为，而不针对具体的个人。操纵者并不关注其他个体市场参与者，通常与他们也没有直接的关系，其目标在于影响市场价格向对自己有利的方向运动。而欺诈通常指向特定的受害者，例如客户、交易相对人或者其他个体市场参与者。欺诈行为人的活动、策略通常都是为某个特定的受害者或受害者群体"量身定做"的。

二是对他人的影响。市场操纵使价格向某个特定方向运动，或保持在某个特定水平，受益的不仅是操纵者，还包括所有其他与操纵者有着相似持仓的市场参与者。由于期货合约多头和空头的数量总是相等的，因此价格操纵会使一半的合约持有人获利，而另一半人则会受损。操纵所获得的总体利益将由包括操纵者在内的，与他在市场上有着相同方向持仓的那一半人共同分享。而与之相对的，通过欺诈产生的利益则通常完全由行为人获取，其他市场参与者不会从欺诈行为中获利。

三是救济方法。操纵和欺诈的上述区别在选择适当的救济方法上也会显现出来。由于操纵者从其操纵活动中仅仅获得了部分收益，而其余收益则被市场上与之同向的无辜交易者所分享，因此要找到一种能够全面补偿操纵活动的所有受害者的救济方法，非常困难。例如，仅仅对操纵者的收益进行追缴，即使在计算上是可能的，也是一种不公平的解决方法。而通过对操纵活动的无辜受益者的诉讼来弥补收益的剩余部分，不仅行不通，而且可能也是不公平的。因此，就真正的救济目标而言，针对市场操纵的损害赔偿诉讼并非完美的工具。另一方面，由于典型的欺诈

---

① See Philip McBride Johnson & Thomas Lee Hazen, *Derivatives Regulation*, Wolters Kluwer Law & Business, 2004, p. 1231. 此外，证券市场违法行为中一般还包括内幕交易，属于典型的可以由反欺诈条款处理的违法行为。但期货市场中是否存在典型的内幕交易行为，尚存争议，此处对这一问题不作详细阐述。

收益是从受害者直接流向行为人,因此与操纵的情形相比,通过行政执法追缴或通过诉讼取回那些收益要可行和有效得多。[①]

可见,若根据此种理论,操纵和欺诈基本上可以说是区别分明的两种不同的违法行为类型,对两者的区分标准就在于该种违法行为的损害对象是否特定。但是,当行为人欺诈特定或不特定受害者时,行为性质是否存在根本区别,还是说这两种行为的性质其实根本上就是一样的?确实,针对特定对象的违法行为,例如上述被定义的狭义"欺诈",其受害者与受益者都是特定的,而类似操纵这样针对不特定对象的违法行为,其受害者与受益者各占市场参与者的一半。可这样的区别究竟是操纵与欺诈的区别,还是针对不特定对象与针对特定对象的违法行为的区别?经过这样的思辨过程,我们就可以清晰地看出,不管欺诈对象是特定还是不特定的,其行为性质都是相同的。而上述操纵与欺诈在"对他人的影响"方面的区别,实际上也是针对不特定对象与针对特定对象的违法行为在对他人影响上的区别。以此作为两种行为的区别方法,实际上是一种倒果为因、循环论证的做法。此外,上述观点所归纳的操纵和欺诈在"救济方法"上的区别实际也是此种逻辑的延伸。所谓救济方法或救济效果上的不同实际上是针对不特定对象与针对特定对象的违法行为在此方面问题上的不同,而非操纵与欺诈行为的不同。确实,就损害市场运行的行为而言,加害者仅获得了市场单边收益的一部分,与市场另一边整体的损失具有不对等性,因而加剧了通过损害赔偿进行救济的复杂性和难度。而作为针对市场整体的违法行为,所有操纵行为均具有此种特点,这一点是无法改变的。但通常而言,由于欺诈的构成及证明要求相比价格操纵要低,如果全部或部分操纵行为类型能够被欺诈理论所涵盖,[②]那么显然就能够在某种程度上降低对这些违法行为的认定和执法难度。

---

① See Philip McBride Johnson & Thomas Lee Hazen, *Derivatives Regulation*, Wolters Kluwer Law & Business, 2004, pp. 1232-1233.

② 我国也有研究者提出,欺诈与市场操纵的区分标准在于行为方式的不同。参见唐波:《中国期货市场法律制度研究——新加坡期货市场相关法律制度借鉴》,北京大学出版社 2010 年版,第 148 页。但是,有没有可能某些操纵活动是以欺诈为手段的呢?如下文所述,其实是有的。因此,此种区分标准也是有问题的,某些操纵行为类型与欺诈是存在着交集,可以被欺诈理论所涵盖的。

（二）将操纵视为欺诈的一种特殊类型的理论

早在 1920 年代,博伊尔教授曾提出:"操纵的潜在意思就是通过掩饰来故意和有意识地影响价格。一个有力的广告活动会造成股票或谷物的涨跌,这个广告是操纵吗? 只要没有欺骗或欺诈它就不是。必须存在某种欺骗。"①也就是说,他认为虽然价格影响是操纵的最终结果,但如果仅仅只是影响价格而不包含欺骗或欺诈的行为不能构成操纵,欺骗或欺诈是操纵行为的必备手段或要素。

在衍生品法律与规制领域的一本新近著作中,卡尔巴教授更是明确指出:"市场操纵是欺诈的一种特殊类型,与直接窃取客户资金的做法不同,操纵行为人为了牟利而损害的是市场的完整性。此种不法行为以高度完备的市场的存在为前提,例如衍生品或证券市场。"②如果将操纵视为欺诈行为的一种特殊类型,那么根据其理论,操纵行为的对象就是整个市场除了行为人以外的所有其他交易者,也就是一种欺诈市场行为。③操纵行为和欺诈市场行为在性质上是一样的,是对市场整体的损害行为,这也就是为什么他强调此种不法行为以具有高度组织性的市场的存在为前提。

在我国,也有学者认为:"操纵市场行为是严重的期货市场违法、违规行为,同时也是一种欺诈行为。"当然,其得出此结论依据的主要是证券市场操纵的相关文献。④

在将操纵涵盖于欺诈之内的理论下,对欺诈概念采用的是一种广义的界定方式,显然与前述在狭义欺诈概念下将操纵与欺诈两种违法行为

---

①　James E. Boyle, *Speculation and the Chicago Board of Trade* 152 (1920), quoted in Jerry W. Markham, *Law Enforcement and the History of Financial Market Manipulation*, M. E. Sharpe, Inc. , 2014, p. 205.

②　Gary E. Kalbaugh, *Derivatives Law and Regulation*, Carolina Academic Press, 2018, p. 498.

③　我国也有研究者从操纵市场的欺诈与债法上的欺诈的比较角度提出过类似观点,即与债法上的欺诈相比,"操纵行为欺诈的相对人并非具体交易相对方,而是不特定的交易主体。易言之,操纵行为实质是对整个期货市场的欺诈……操纵行为制造出来的欺诈性信息对整个市场的影响,将使得每一个投资者都有可能成为操纵行为人的欺诈相对方"。参见赵振华、江海亮:《论期货市场操纵行为的民事责任》,载《中国矿业大学学报(社会科学版)》2013 年第 1 期,第 43 页。

④　参见程红星、王超:《期货市场操纵民事赔偿机制研究》,载陈洁主编:《商法界论集》(第2 卷),法律出版社 2018 年版,第 49 页。

明确区分的观点截然不同。广义欺诈理论从行为本质出发,认为所有含有虚假或欺骗因素的行为均属于欺诈,而不论其行为对象是特定市场参与者抑或是整个市场,无疑是向正确方向迈出的一步。但是,此种理论认为所有操纵行为类型均属于欺诈,均可以被欺诈理论所涵盖并有效规制,则是值得商榷的。而对这一问题的讨论,决定了欺诈理论在期货市场操纵规制领域的适用范围。这不仅需要具备将欺诈理论运用于市场操纵领域的规制原理的深刻理解,还需要对期货市场上各种操纵行为类型中是否包含欺诈因素进行具体分析。

二、以欺诈路径规制市场操纵的法理基础

要将操纵行为纳入欺诈理论的规制路径,其法理基础和正当性在哪里,是必须解决的首要问题。这一问题,首先在美国证券市场法律中得到了解决。

证券法的目的在于清除证券市场中那些妨碍实现其基本功能的做法,为证券提供一个不会被各种违法行为所影响的、能够自由地依据供应和需求形成价格的公开市场。而操纵行为则会妨碍正常的市场价格形成机制发挥作用。正是基于操纵行为对证券市场基本价格形成功能的妨碍,美国证券交易委员会(SEC)和法院发现了操纵活动中的欺诈因素。在 Thompson Ross Securities Co. 案中,证券交易委员会就操纵概念指出,"人为的抑制或刺激是'市场价格'概念的异端",并认为,当股票的供应被人为限制或需求被人为刺激时,却声称股票是在"市场"中被出售,这就是一种实质上的误导行为。[①] 在 SEC v. Resch-Cassin & Co. 案中,法院发现被告寻求推高一只正在首次公开发行的股票的价格:"此种行为的自然结果,就是在人为造成虚假的所谓股票市场价格的同时,让它显得像是在独立供求力量之下生成的,但事实上它完全是被告诡计的产物。"[②] 在 Pagel Inc. v. SEC 案中,第八巡回法院更是明确地指出:"占据支配性市场地位的人为了他们自己的利益参与扭曲证券价格的阴谋,他们通过对所有公众投资者实施欺诈而违反了证券法。"[③] 可见,根据美国相关判

---

① In the Matter of Thompson Ross Securities Co. , 6 S. E. C. 397 (1943).
② SEC v. Resch-Cassin & Co. , 362 F. Supp. 964 (S. D. N. Y. 1973).
③ Pagel Inc. v. SEC, 803 F. 2d 942 (8th Cir. 1986).

例，当操纵者在市场中制造了虚假的价格，却让其他市场参与者认为该价格是在真实的市场供求力量之下形成，实际上就是对其他市场参与者的误导，因而构成了欺诈。

美国《证券交易法》第 9 条对"禁止操纵证券价格"进行了详细规定，第 10 条（b）则规定"使用或利用任何操纵、欺诈手段或计谋"均属违法，而证券交易委员会制定的著名的 10b-5 规则是后者的施行细则。因此，对这三个条款之间关系的研究，非常有助于揭示在美国证券法上究竟是如何将操纵纳入欺诈的规制路径来进行处理的。《证券交易法》第 9 条的要旨在于"阻止市场操纵和允许基于自然供需法则的操作"，该条力求禁止不反映真实需求的价格"假象"，[①]这被认为与第 10 条（b）是一致的。第 10 条（b）所禁止的虽然并不限于任何特定类型的操纵行为，但被必要地界定为各种"被用于使公众相信某只证券的活跃是真实需求而非假象的反映"的手段，[②]而作为对第 10 条（b）的进一步的规定，"构成违反 10b-5 规则的行为，必须存在欺诈"。[③]

在 Ernst & Ernst v. Hochfelder 案中，最高法院指出，"操纵"一词在《证券交易法》第 10 条（b）中"意味着旨在通过控制或人为影响证券价格来欺骗或欺诈投资者的故意或蓄意行为"。[④] 在 Santa Fe v. Green 案中，美国最高法院重申了《证券交易法》第 10 条（b）在反操纵领域的适用范围，并指出，就旨在误导投资者从而人为地影响市场的意义上而言，这是"被证券交易委员会认为是'操纵性'做法的一般性禁止规则"。该案判决认为该条款所规范的仅限于基于欺诈的行为，并且将操纵定义为"一般的诸如洗售、约定交易，或操纵价格（rigged prices），即意图通过人为影响市场的活动来误导投资者的做法"。[⑤] 在 J. A. B. Securities Co. Inc. 案中，证券交易委员会对为什么操纵行为可以构成欺诈进行了解释："10b-5 规

[①]　United States v. Stein，456 F. 2d 844（2d Cir. 1972），cert. denied，408 U. S. 922（1973）.

[②]　SEC v. Resch-Cassin & Co.，362 F. Supp. 964（S. D. N. Y. 1973）；SEC v. Kimmes，799 F. Supp. 852（N. D. Ill. 1992），aff'd sub nom. ；SEC v. Quinn，997 F. 2d 287（7th Cir. 1993）.

[③]　Santa Fe v. Green，430 U. S. 462（1977）；Dirks v. SEC，463 U. S. 646（1983）.

[④]　Ernst & Ernst v. Hochfelder，425 U. S. 185（1976）.

[⑤]　Santa Fe v. Green，430 U. S. 462（1977）.

则禁止市场操纵以及对其不予披露的行为……而'作为市场中的欺诈行为,不披露市场价格被人为抑制的做法是一种对重要事实的遗漏'。"①而在 Chiarella v. United States 案中,最高法院更是进一步地说明,"第 10 条(b)被恰当地形容为一个概括性(catch-all)条款,但它所涵盖的必须是欺诈行为"。②这一论断非常重要,因为它明确地指出,虽然类似第 10 条(b)或 10b-5 规则这样的一般性反欺诈条款几乎可以说是包罗万象的,甚至连操纵行为也能够包含在内,但其所能涵盖的操纵行为必须同时也是欺诈行为。

据此,我们可以明确,当以欺诈路径来规制市场操纵时,能够涵盖的是那些操纵活动中包含有欺诈因素的操纵行为,即行为人通过误导他人的欺诈手段来实现操纵目的。

三、欺诈型操纵与普通欺诈的区别

虽然,含有欺诈因素的操纵行为能够被反欺诈操纵条款所涵盖,但需要注意的是,作为欺诈的操纵与一般意义上的欺诈还是有差别的。通常而言,只要存在对重要信息的虚假陈述或遗漏就能构成一般意义上的欺诈,但是要构成欺诈型操纵还必须要包含操纵性的交易等市场活动。在 ATSI Communications Inc. v. The Shaar Fund Ltd. 案中,第二巡回法院认为,要成为操纵行为而被起诉,卖空证券的行为必须被故意地与更多东西结合在一起,给市场参与者评估某只证券的价值制造错误的印象。"市场操纵指控……不能仅仅基于虚假陈述或遗漏。必须有一些市场活动,例如'洗售、约定交易,或操纵价格(rigged prices)'。"③在 Dodona I LLC v. Goldman Sachs & Co. 案中,法院也指出:"对市场操纵行为的指控不能仅仅基于虚假陈述或遗漏,而必须涉及操纵性的市场活动。"法院认为,该案中被指控的更像是以虚假陈述或遗漏方式实施的欺诈,而非市场操纵,因此驳回了操纵指控。④

在我国的《期货交易管理条例》时代,对于仅仅是编造、传播虚假信息

---

①　In the Matter of J. A. B. Securities Co. Inc. , 47 S. E. C. 86 (1979).

②　Chiarella v. United States,445 U. S. 222 (1980).

③　ATSI Communications Inc. v. The Shaar Fund Ltd. , 493 F. 3d 87 (2d Cir. 2007).

④　Dodona I LLC v. Goldman Sachs & Co. , 2012 WL 935815 (S. D. N. Y.).

的情况,也是作为普通欺诈行为来进行处理的。例如,《期货交易管理条例》第 39 条前半段规定"任何单位或者个人不得编造、传播有关期货交易的虚假信息",这一规则就是对欺诈行为的禁止性规定。① 该条后半段规定"不得恶意串通、联手买卖或者以其他方式操纵期货交易价格",从文义上与前半段形成并列关系,说明前半段并非针对市场操纵的规定。而且根据第 67 条第 3 款,"任何单位或者个人编造并且传播有关期货交易的虚假信息"的行为比照期货公司欺诈客户的第 1、2 款规定进行处罚,也印证了这一点,即该规定在性质上应当是一个普通的反欺诈规则。

在《期货和衍生品法》中,对编造、传播虚假信息或者误导性信息的禁止性规范体现在第 16 条,②另外在第 127 条专门规定了针对此种行为的法律责任,而不再参照适用期货公司欺诈客户行为的处罚规定。这是因为,《期货交易管理条例》第 67 条第 1 款所列举的"欺诈客户行为",③其中一些其实并不属于严格意义上的欺诈行为。④ 因此,在《期货和衍生品法》中,类似前述条款中的行为被列举在第 78 条,并定性为"损害交易者利益的行为"。但是,第 6 条仍然规定,"禁止欺诈、操纵市场和内幕交易的行为"。⑤ 在该法第二章"期货交易和衍生品交易"的第二节"一般规定"中,第 12 条对操纵市场作出规定,第 13、14、15 条对内幕交易作出规定,因此至少第 16 条规定的编造、传播虚假信息或者误导性信息行为应当是可以归属于欺诈行为的,属于针对特殊欺诈行为的条款。

---

① 参见姜洋主编:《期货市场新法规解释与适用》,法律出版社 2007 年版,第 167 页。

② 该条在立法逻辑和条文表述上均借鉴了《证券法》第 56 条的经验,但同时根据期货市场和衍生品市场的特点做出了一些修改。

③ 《期货交易管理条例》第 67 条第 1 款列举的欺诈客户行为包括:(1)向客户作获利保证或者不按照规定向客户出示风险说明书的;(2)在经纪业务中与客户约定分享利益、共担风险的;(3)不按照规定接受客户委托或者不按客户委托内容擅自进行期货交易的;(4)隐瞒重要事项或者使用其他不正当手段,诱骗客户发出交易指令的;(5)向客户提供虚假成交回报的;(6)未将客户交易指令下达到期货交易所的;(7)挪用客户保证金的;(8)不按照规定在期货保证金存管银行开立保证金账户,或者违规划转客户保证金的;(9)国务院期货监督管理机构规定的其他欺诈客户的行为。

④ 参见叶林主编:《期货期权市场法律制度研究》,法律出版社 2017 年版,第 177—180 页。

⑤ 类似的表述体现在《期货交易管理条例》第 3 条。

第二节　欺诈操纵与价格操纵并存的二元规制体系

在《多德—弗兰克华尔街改革与消费者保护法》制定之前，美国商品期货交易委员会即依据《商品交易法》第 6 条(c)和第 9 条(a)(2)来追诉操纵和意图操纵的行为，这些条款都是基于价格操纵的。尽管商品期货交易委员会在 2009 年第一次赢得了操纵案件的法庭诉讼，[①]但是证券交易委员会在追诉操纵方面更为成功的经验还是促使其寻求类似 10b-5 规则这样的反操纵条款。[②] 通过《多德—弗兰克华尔街改革与消费者保护法》第 753 条，美国在依据该法更新后的《商品交易法》第 6 条(c)(1)和(2)中第一次引入了"欺诈型操纵"(fraud-based manipulation，又称欺诈操纵)，且通过此种做法同时将大量联邦证券监管的判例法引入了期货市场操纵领域，商品期货交易委员会制定的 180.1 规则亦是如此。[③]但是，新制定的反欺诈操纵条款并未完全取代原来以价格操纵为基础的反操纵条款，特别是欺诈针对市场力量型操纵的规则。对价格操纵的禁止性规定在修订后的《商品交易法》第 6 条(c)(3)及 180.2 规则中得到了承继与扩张，而针对市场力量型操纵的第 9 条(a)(2)亦得到了保留。这样能够最大化商品期货交易委员会的反操纵权力。[④] 此种二元法律条款(dual statutory provisions)的立法基础既包括欺诈，亦包括

[①]　See DiPlacido v. Commodity Futures Trading Com'n, 364 Fed. Appx. 657 (2d Cir. 2009).

[②]　See Shaun D. Ledgerwood & Dan Harris, *A Comparison of Anti-Manipulation Rules in U.S. and EU Electricity and Natural Gas Markets: A Proposal for a Common Standard*, 33 Energy Law Journal 1, 10 (2012); Shaun D. Ledgerwood, James A. Keyte, Jeremy A. Verlinda & Guy Ben-Ishai, *The Intersection of Market Manipulation Law and Monopolization under the Sherman Act: Does It Make Economic Sense*, 40 Energy Law Journal 47, 55 (2019).

[③]　See Rosa M. Abrantes-Metz, Gabriel Rauterberg & Andrew Verstein, *Revolution in Manipulation Law: The New CFTC Rules and the Urgent Need for Economic and Empirical Analyses*, 15 University of Pennsylvania Journal of Business Law 357, 392-394 (2013).

[④]　See Shaun D. Ledgerwood, James A. Keyte, Jeremy A. Verlinda & Guy Ben-Ishai, *The Intersection of Market Manipulation Law and Monopolization under the Sherman Act: Does It Make Economic Sense*, 40 Energy Law Journal 47, 54 (2019).

人为价格。① 由此,美国在其期货市场反操纵法律中建立了欺诈操纵与价格操纵并存的二元规制体系。

一、欺诈操纵条款的制定

《多德—弗兰克华尔街改革与消费者保护法》第 753 条作为《商品交易法》修订的依据,其中新的反操纵规则的理论基础正是欺诈。② 据此,美国最终在《商品交易法》第 6 条(c)中建立了欺诈操纵条款,商品期货交易委员会相应地制定了 180.1 规则作为其施行细则,两者共同构成了美国期货市场反欺诈操纵的规制框架。

（一）美国《商品交易法》第 6 条(c)(1)和(2)

修订后的《商品交易法》第 6 条(c)(1)的正文是模仿《证券交易法》第 10 条(b)③的规定制定的,④与 2005 年《能源政策法》第 315 条和第 1283

---

① See Shaun D. Ledgerwood & Dan Harris, *A Comparison of Anti-Manipulation Rules in U. S. and EU Electricity and Natural Gas Markets: A Proposal for a Common Standard*, 33 Energy Law Journal 1, 10 (2012); Shaun D. Ledgerwood & Paul R. Carpenter, *A Framework for the Analysis of Market Manipulation*, 8 Review of Law and Economics 253, 258-259 (2012); Shaun D. Ledgerwood, James A. Keyte, Jeremy A. Verlinda & Guy Ben-Ishai, *The Intersection of Market Manipulation Law and Monopolization under the Sherman Act: Does It Make Economic Sense*, 40 Energy Law Journal 47, 51 (2019).

② See Jerry W. Markham, *Law Enforcement and the History of Financial Market Manipulation*, M. E. Sharpe, Inc. , 2014, p. 326.

③ 美国《证券交易法》第 10 条(b)规定:"任何人直接、间接利用任何州际商业手段、工具、利用邮递或者利用全国性证券交易所任何设施从事以下行为,均属违法——(b)对于买卖于全国性证券交易所注册的任何证券、未进行此等注册的任何证券或者任何以证券为基础的互换协议,违反证券交易委员会为维护公共利益或者保护投资者制定的必要或适当规则和条例,使用或者利用任何操纵、欺诈手段或计谋。"参见中国证券监督管理委员会组织编译:《美国〈1934 年证券交易法〉及相关证券交易委员会规则与规章》(第一册),法律出版社 2015 年版,第 131—135 页。

④ 两者的主要区别在于,美国《证券交易法》第 10 条(b)只包含对操纵和欺诈的规制,而美国《商品交易法》第 6 条(c)(1)除此之外还包含对意图操纵和欺诈形态的规制;此外,《商品交易法》第 6 条(c)(1)不包含《证券交易法》第 10 条(b)中的"买卖"要件。See Commodity Futures Trading Commission, *Prohibition on the Employment, or Attempted Employment, of Manipulative and Deceptive Devices and Prohibition on Price Manipulation*, 76 Federal Register 41398, 41399 (2011); Rosa M. Abrantes-Metz, Gabriel Rauterberg & Andrew Verstein, *Revolution in Manipulation Law: The New CFTC Rules and the Urgent Need for Economic and Empirical Analyses*, 15 University of Pennsylvania Journal of Business Law 357, 394 (2013); Jerry W. Markham, *Law Enforcement and the History of Financial Market Manipulation*, M. E. Sharpe, Inc. , 2014, p. 330.

条授予联邦能源管理委员会的反操纵权力相似,该法分别用于修正《天然气法》和《联邦电力法》,并且也与 2007 年《能源独立与安全法》第 811 条和第 812 条授予联邦贸易委员会的反操纵权力相似。《证券交易法》第 10 条(b)曾被解释为一条广泛而"概括性"(catch-all)禁止欺诈和操纵行为的条款。[①] 同样地,《商品交易法》第 6 条(c)(1)也被解释为一条广泛而概括性禁止欺诈和操纵行为的条款,即包括欺骗或欺诈市场参与者的故意或鲁莽的行为。[②]

《商品交易法》第 6 条(c)(1)是有关"禁止操纵"的规定,其中第一段的内容为:"任何人违反商品期货交易委员会在《多德—弗兰克华尔街改革与消费者保护法》颁布之日后 1 年内颁发的规则与规章,而对任何互换、州际商业中的任何商品出售合约或在注册实体或按其规则进行远期交割的商品的出售合约直接或间接使用、利用或意图直接或间接使用或者利用任何具有操纵性或欺骗性的手段或伎俩的行为,当属违法;但是,商品期货交易委员会颁发的任何规则或规章均不得要求任何人向其他人披露对商品交易的市场价格、费率或水平可能有重要意义的非公开信息,但是为了使该人向该其他人作出的任何交易声明或与交易相关的声明在任何重大方面不致具有误导性,该人所应披露的必要信息除外。"[③]新制定的这部分规定构成了期货市场欺诈操纵的一般条款。

在该欺诈操纵一般条款之下还有两项特别规定,体现在第 6 条(c)(1)(A)和第 6 条(c)(1)(C)。其中第 6 条(c)(1)(A)是"关于利用虚假报告进行操纵的特殊规定":"就本款而言,非法操纵行为包括但不限于,在明知或漠视某一关于农作物或市场信息或状况的报告属于虚假报告、具有误导性或不准确这一事实的情况下,通过邮件或通过以任何通信手段开展的州际商业传送或通过第三方传送该等报告,且该等报告中所含的

---

① Chiarella v. United States,445 U. S. 222 (1980).

② See Commodity Futures Trading Commission,*Prohibition of Market Manipulation*,75 Federal Register 67657,67658 (2010);Commodity Futures Trading Commission,*Prohibition on the Employment*,*or Attempted Employment*,*of Manipulative and Deceptive Devices and Prohibition on Price Manipulation*,76 Federal Register 41398,41403 (2011).

③ 中国证券监督管理委员会组织编译:《美国商品交易法》,法律出版社 2013 年版,第 313页。

信息或状况影响或易于影响州际商业中的任何商品市场价格。"①而第 6
条(c)(1)(C)对"善意过失"的情形进行了规定:"在善意的情况下向价格
报告服务机构误传虚假、具有误导性或不准确的信息的,不足以构成违反
第(c)(1)(A)子条规定的行为。"②

　　此外,第 6 条(c)(2)是有关"禁止提供虚假信息"的规定:"对于任何
重大事实声明(包括根据本法向商品期货交易委员会提交的任何注册申
请或报告所载声明,或关于任何互换、州际商业中的商品出售合约或在注
册实体或按其规则进行远期交割的商品的出售合约的其他信息所载声
明),如果任何人明知或合理应知该等声明属于虚假声明或具有误导性,
但仍向商品期货交易委员会作出该等声明,或在该等声明中遗漏使所作
出的某一重大事实声明在任何重大方面不致具有误导性而有必要载明的
重大事实的,当属违法。"③在修订前的《商品交易法》第 6 条(c)中也包含
有关于提交给商品期货交易委员会的注册申请或报告中就重大事实故意
作出虚假或误导性的声明的禁止性规定。④ 但是,新的第 6 条(c)(2)将此
种禁止性规定扩张到了在任何文本中对商品交易委员会就任何重大事实
所作的虚假或误导性声明。⑤ 如果任何人明知或合理应知其声明包含虚
假或误导性信息或遗漏重大事实,却仍然作出该等声明,实际上也就构成
了欺诈。因此,从其规定内容来看,第 6 条(c)(2)也是《商品交易法》中反
欺诈操纵条款的组成部分,这从下述商品期货交易委员会 180.1 规则的
内容中也可以得到印证。此外,根据该条款,只有当交易者向他人作出的
声明有误导性时,他才有相应的披露义务;反之,只要交易者没有向他人

---

①　中国证券监督管理委员会组织编译:《美国商品交易法》,法律出版社 2013 年版,第 313
页。

②　同上书,第 315 页。

③　同上。

④　修订前的美国《商品交易法》第 6 条(c)所处理的违法行为包括"任何人(注册实体除外)
在州际商业中,或为在任何注册实体或其规则之下的期货交割,正操纵或意图操纵,或曾操纵或
意图操纵任何商品的市场价格,或者在任何根据本章要求提交给商品期货交易委员会的注册申
请或报告中就重大事实故意作出虚假或误导性的声明,或者在任何此等申请或报告中故意遗漏
声明在其中必须声明的任何重大事实,或者在其他方面正违反或曾违反本章的任何条款或商品
期货交易委员会据此作出的规则、规章或决议"。

⑤　See Commodity Futures Trading Commission, *Prohibition of Market Manipulation*,
75 Federal Register 67657, 67658 (2010); Commodity Futures Trading Commission,
*Prohibition on the Employment, or Attempted Employment, of Manipulative and Deceptive
Devices and Prohibition on Price Manipulation*, 76 Federal Register 41398, 41398 (2011).

作出误导性的声明,那么他就没有相应的披露义务。因此,非常明确的,如果交易者没有积极地制造误导性的信息,而仅仅只是消极地隐瞒与自己交易有关的非公开信息,就不可能构成欺诈。

(二)美国商品期货交易委员会180.1规则

由于《商品交易法》第6条(c)(1)的规范表述中包含"任何人违反商品期货交易委员会在《多德—弗兰克华尔街改革与消费者保护法》颁布之日后1年内颁发的规则与规章"的表述,因此这两个条款本身并不具有直接的可适用性,[1]必须结合商品期货交易委员会在《多德—弗兰克华尔街改革与消费者保护法》颁布之日后1年内颁发的施行细则才能够适用。作为在先的监管经验,证券交易委员会颁布了10b-5规则,用以实施《证券交易法》第10条(b)的规定,这成为后续其他监管机构制定相关反欺诈操纵规则的范本。联邦能源管理委员会和联邦贸易委员会以10b-5规则为基础,制定了用于实施其各自法定反操纵权力的规则(联邦能源管理委员会的1c.1和1c.2规则,以及联邦贸易委员会的317.3规则),但都适当修改了10b-5规则,以便反映其独特的监管任务和责任。受与《证券交易法》第10条(b)相似的第6条(c)(1)指导,商品期货交易委员会制定了标题为"禁止利用或意图利用操纵和欺诈手段"的180.1规则,该规则也是模仿证券交易委员会10b-5规则[2]而制定的,[3]但是作出了一些修改以

---

[1]　《多德—弗兰克华尔街改革与消费者保护法》第753条的其他内容都是可以直接适用的,无须商品期货交易委员会另外制定施行细则。See Commodity Futures Trading Commission, *Prohibition of Market Manipulation*, 75 Federal Register 67657, 67658 (2010).

[2]　10b-5规则规定:"任何人直接、间接使用州际商业方式、工具,或者使用邮递或者全国性证券交易所设施从事以下任何一项活动,均属非法:(a)使用任何手段、骗局或者伎俩进行欺诈;(b)对为使在陈述时的情况下不致误导所需的重大事实作不实陈述,或者遗漏了对此等所需重大事实的陈述;(c)任何构成或者可能构成欺诈、欺骗的证券买卖行为、做法或者业务经营。"参见中国证券监督管理委员会组织编译:《美国〈1934年证券交易法〉及相关证券交易委员会规则与规章》(第二册),法律出版社2015年版,第131—133页。

[3]　两者的主要区别在于,10b-5规则只包含对操纵和欺诈的规制,而180.1规则除此之外还包含对意图操纵和欺诈形态的规制;此外,180.1规则不包含10b-5规则中的"买卖"要件。See Commodity Futures Trading Commission, *Prohibition on the Employment, or Attempted Employment, of Manipulative and Deceptive Devices and Prohibition on Price Manipulation*, 76 Federal Register 41398, 41399 (2011); Rosa M. Abrantes-Metz, Gabriel Rauterberg & Andrew Verstein, *Revolution in Manipulation Law: The New CFTC Rules and the Urgent Need for Economic and Empirical Analyses*, 15 University of Pennsylvania Journal of Business Law 357, 394 (2013); Jerry W. Markham, *Law Enforcement and the History of Financial Market Manipulation*, M. E. Sharpe, Inc., 2014, p. 330.

便反映其独特的监管任务和责任。^①

180.1(a)规定："对于任何互换、州际商业中的任何商品出售合约或在注册实体或按其规则进行远期交割的商品的出售合约，任何人直接、间接地故意或鲁莽地从事以下任何一项活动，当属违法：(1) 使用或利用，或者意图使用或利用任何操纵性的手段、骗局或者伎俩进行欺诈；(2) 对重大事实作出或意图作出任何不真实或误导性的声明，或者遗漏必要的使声明不致不真实或具有误导性的重大事实；(3) 从事或意图从事构成或可能构成对任何人的欺诈或欺骗的任何行为、做法或业务经营；或者，(4)在明知或漠视某一关于农作物或市场信息或状况的报告属于虚假报告、具有误导性或不准确这一事实的情况下，通过邮件或通过以任何通信手段开展的州际商业传送或通过第三方传送该等报告，且该等报告中所含的信息或状况影响或易于影响州际商业中的任何商品市场价格。尽管有上述规定，当某人在善意的情况下向价格报告服务机构误传虚假、具有误导性或不准确的信息的，不得视为违反本子条的规定。"在该子条中，第(1)项的措辞参照了证券交易委员10b-5规则第(a)项，反映了《商品交易法》第6条(c)(1)"禁止操纵"前半段的内容；第(2)项的措辞参照了证券交易委员10b-5规则第(b)项，反映了《商品交易法》第6条(c)(2)"禁止提供虚假信息"的内容；第(3)项的措辞参照了证券交易委员10b-5规则第(c)项，在《商品交易法》中虽然没有可以严格对应的条款，但其内容与《商品交易法》的规制要求是一致的；第(4)项则反映了《商品交易法》第6条(c)(1)(A)"关于利用虚假报告进行操纵的特殊规定"和第6条(c)(1)(C)"善意过失"的内容。

180.1(b)规定："本条规定的任何内容均不得被解释为要求任何人向其他人披露对商品交易的市场价格、费率或水平可能有重要意义的非公开信息，但是为了使该人向该其他人作出的任何交易声明或与交易相关的声明在任何重大方面不致具有误导性，该人所应披露的必要信息除外。"该子条反映了《商品交易法》第6条(c)(1)"禁止操纵"后半段的内容。

---

① See Commodity Futures Trading Commission, *Prohibition of Market Manipulation*, 75 Federal Register 67657, 67658 (2010).

从 180.1 规则的措辞和调整范围都可以看出,制定者意图让该规则起到类似 10b-5 规则在证券市场上所起的作用。[1] 在规则制定技术上,商品期货交易委员会甚至认为,考虑到新的《商品交易法》第 6 条(c)(1)和《证券交易法》第 10 条(b)都包含有事实上相同的针对“任何具有操纵性或欺骗性的手段或伎俩”的禁止性规定,因此通过模仿 10b-5 规则来制定 180.1 规则,是实现商品、商品期货、互换和证券市场在此方面规则协调所迈出的重要一步。[2] 例如,针对新的规则,时任商品期货交易委员会主席的盖瑞·根斯勒(Gary Gensler)即指出:“该规则基于与证券交易委员会、联邦能源管理委员会和联邦贸易委员会在证券与某些能源商品市场上类似的权力,落实了《多德—弗兰克法》下监管欺诈和欺诈型操纵阴谋的新权力。”[3]商品期货交易委员会的基本想法是,“如果 10b-5 规则对证券交易委员会有用,它对我们也应该有用”。当然,在委员会内部还是存在不同的看法。巴特·奇尔顿(Bart Chilton)委员表示:“目前,我们有一个几乎不可能达到的操纵标准,35 年只赢了一个案子。我们必须证明意图、人为价格、市场控制以及操纵者实际上造成了人为价格。一个非常难以完成的任务。随着这项新规则的通过,商品期货交易委员会将能够起诉更广泛的违反商品法的行为。体现在几个方面:首先,它将使我们能够追查操纵价格的欺诈行为——例如散布关于全球原油供应的错误信息以操纵市场。不当利用未公开信息牟取暴利的行为现在将受到起诉。例如,我们将能够找到类似于内幕交易者的不良行为者。此外,这项新规定使我们转向了类似于证券法之下的已被法院所阐明的鲁莽标准,且法律特别为我们提供了虚假报告的鲁莽标准。”斯科特·欧马里亚(Scott O'malia)委员则持相反的观点:“我担心反操纵规则没有提供足够的清晰度,而委员会在执行该规则时将采取的行动方针如此模糊,将给市场增加

---

① See Rosa M. Abrantes-Metz, Gabriel Rauterberg & Andrew Verstein, *Revolution in Manipulation Law: The New CFTC Rules and the Urgent Need for Economic and Empirical Analyses*, 15 University of Pennsylvania Journal of Business Law 357, 394 (2013).

② See Commodity Futures Trading Commission, *Prohibition on the Employment, or Attempted Employment, of Manipulative and Deceptive Devices and Prohibition on Price Manipulation*, 76 Federal Register 41398, 41399 (2011).

③ Commodity Futures Trading Commission, *Prohibition on the Employment, or Attempted Employment, of Manipulative and Deceptive Devices and Prohibition on Price Manipulation*, 76 Federal Register 41398, 41410 (2011).

混乱。根据 1934 年《证券交易法》的 10b-5 规则制定的规范和判例法的大规模统一,在试图应用证券市场中形成的概念(如基于挪用的内幕交易)时,存在着忽视期货和衍生品市场特殊之处的风险。因此,当我们根据这条规则行使权力时,委员会必须明确 10b-5 规则下的司法判例如何指导我们的裁决和决定的作出……我认为,委员会本可以通过提供违法行为的例子,对提供指引的要求作出更积极的反应。对于我们市场中相对较新的责任概念,如内幕交易和'欺诈市场',更是如此。"①

二、价格操纵条款的承继与扩张

(一)美国《商品交易法》第 6 条(c)(3)

修订前的《商品交易法》第 6 条(c)规定的是有关"取消'注册实体'会员权;取消会员权的程序;上诉法院的审查"方面的内容。在该子条中,通过取消会员权等手段来处理的违法行为包括"任何人(注册实体除外)在州际商业中,或为在任何注册实体或其规则之下的期货交割,正操纵或意图操纵,或曾操纵或意图操纵任何商品的市场价格,或者在任何根据本章要求提交给商品期货交易委员会的注册申请或报告中就重大事实故意作出虚假或误导性的声明,或者在任何此等申请或报告中故意遗漏声明在其中必须声明的任何重大事实,或者在其他方面正违反或曾违反本章的任何条款或商品期货交易委员会据此作出的规则、规章或决议"。通过分析该子条的具体内容,可以看出,其中一部分内容是有关价格操纵的规定,而另一部分内容是有关虚假或误导性声明的规定。

修订后的《商品交易法》第 6 条(c)共有三款,其中第 6 条(c)(3)以"其他操纵行为"为主题,承继了修订前的第 6 条(c)中的价格操纵规制路径,在表述上进行了一些修改,并将调整范围扩张到了场外衍生品,而构成了新法中的价格操纵条款,规定:"除第(1)款禁止的行为之外,对于任何互换、州际商业中的商品出售合约或在任何注册实体或按其规则进行远期交割的商品的出售合约,任何人也不得直接或间接操纵或意图操纵

① See Steve Quinlivan, CFTC: *If Rule 10b-5 Works For the SEC, It Should Work For Us Too (And Maybe We'll Win More Than One Case Every 35 Years)* (2011), http://dodd-frank.com/2011/07/07/cftc-if-rule-10b-5-works-for-the-sec-it-should-work-for-us-too-and-maybe-well-win-more-than-one-case-every-35-years,最后访问时间:2022 年 9 月 1 日。

其价格,否则亦属违法。"①该条款在性质上属于这部法律中规制价格操纵的一般条款。此外,由于在该子条中,第(1)款就是前面介绍过的欺诈操纵条款,因此该法实际上还将价格操纵条款作为了欺诈操纵条款之外针对操纵行为的兜底性规定。

(二) 美国商品期货交易委员会180.2规则

《商品交易法》第6条(c)(3)的施行细则是180.2规则。与基于《商品交易法》第6条(c)(1)的直接授权而制定的180.1规则不同,制定180.2规则基于的是《商品交易法》第8a条(5)②授予商品期货交易委员会的制定规则的一般权限。③ 180.2规则的标题为"禁止价格操纵",作为《商品交易法》第6条(c)(3)的施行细则,其在条文表述上几乎是重申了该条款的内容,亦属于期货市场价格操纵规则的组成部分:"对于任何互换、州际商业中的商品出售合约或在任何注册实体或按其规则进行远期交割的商品的出售合约,任何人直接或间接操纵或意图操纵其价格,当属违法。"

三、市场力量型操纵条款的保留

在前述作为欺诈操纵条款的第6条(c)(1)中,第6条(c)(1)(B)规定了"对其他法律的影响":"本款任何内容均不影响亦不得被解释为影响第9条(a)(2)的适用范围。"④而在作为欺诈操纵条款的180.1规则中,180.1(c)亦作出了类似的规定:"本条任何内容均不影响亦不得被解释为影响第9条(a)(2)的适用范围。"如前所述,在《多德—弗兰克华尔街改革与消费者保护法》制定之前,《商品交易法》第9条(a)(2)就是被用来追诉

---

①　中国证券监督管理委员会组织编译:《美国商品交易法》,法律出版社2013年版,第315页。

②　美国《商品交易法》第8a条(5)规定:"商品期货交易委员会有权制定并颁发依其判断属合理必要的规则和规章,以便实施本法任何规定或实现本法宗旨。"参见中国证券监督管理委员会组织编译:《美国商品交易法》,法律出版社2013年版,第363页。

③　See Commodity Futures Trading Commission, *Prohibition of Market Manipulation*, 75 Federal Register 67657, 67658 (2010); Commodity Futures Trading Commission, *Prohibition on the Employment, or Attempted Employment, of Manipulative and Deceptive Devices and Prohibition on Price Manipulation*, 76 Federal Register 41398, 41399 (2011).

④　中国证券监督管理委员会组织编译:《美国商品交易法》,法律出版社2013年版,第315页。

操纵的法律条款。因此,修订后的第 6 条(c)(1)(B)及其施行细则 180.1
(c)实际上是明确了新的欺诈操纵条款不影响既有反操纵规则的效力。

《商品交易法》第 9 条(a)(2)规定:"下列人的下列行为应属重罪,可
单处或并处不高于 100 万美元的罚款或 10 年以下(含)监禁,并承担控诉
费用:任何人操纵或意图操纵州际商业中的任何商品市场价格、在任何注
册实体或按其规则进行远期交割的任何商品的价格,或任何互换的价格;
对任何该等商品囤积或意图囤积;在知情的情况下自行或促使他人通过
邮件或以电报、电话、无线通信或其他通信手段开展的州际商业,传播错
误的或具有误导性的或明知不准确的农作物告,或市场信息或状况,而该
等报告、信息或状况影响或易于影响州际商业中的任何商品市场价格;或
者在知情的情况下违反第 4 条、第 4b 条、第 4c 条第(a)子条至第(e)子
条、第 4h 条、第 4o(l)条或第 19 条的规定。"①

《商品交易法》第 9 条(a)(2)的立法与适用都是基于价格操纵的,在
其规范的各种违法行为中,只有以囤积或意图囤积商品为典型的市场力
量型操纵在第 6 条(c)等其他法律条款中没有相应的规定。因此,第 6 条
(c)(1)(B)和 180.1(c)规定新的欺诈操纵条款不影响既有的第 9 条(a)
(2)的效力,主要指的就是不影响其中有关市场力量型操纵的禁止性规定
的效力。通过此种立法安排,实际上也将欺诈型操纵和市场力量型操纵
区分开来。

四、禁止性规定与扰乱性做法

美国规制期货市场操纵的法律框架,主要由作为价格操纵条款的《商
品交易法》第 6 条(c)(3)和 180.2 规则,及作为欺诈操纵条款的《商品交
易法》第 6 条(c)(1)、(2)和 180.1 规则共同组成。除此之外,《商品交易
法》第 4c 条(a)(1)、(2)和(5)还对一些可以被用作市场操纵手段的做法
进行了规定。包含这些做法的行为只有在具体案件中满足了操纵的构成
要件时,才能被认定为操纵市场。

具体而言,《商品交易法》第 4c 条(a)(1)、(2)规定:"(1)禁止性规定。

---

① 中国证券监督管理委员会组织编译:《美国商品交易法》,法律出版社 2013 年版,第
373—375 页。

任何人出于下列目的或者可能出于下列目的而要约达成、达成或者确认
执行涉及远期交割商品买卖的第(2)款所述交易(或者该等交易的任何期
权或某商品的任何期权)或互换的行为,当属违法:(A)为该等商品或其
产品或副产品在州际商业中的任何交易进行套期保值;(B)为该等商品
在州际商业中的任何该等交易确定价格基础;或(C)对为了执行交易而
在州际商业中卖出、发运或接收的任何该等商品进行交割。(2)交易。
第(1)款提及的交易指(A)(i)'洗售'或'串通交易',或者是具有此类特质
的交易,或通常被业界冠以该等名称的交易;或者(ii)虚假交易;或者
(B)被用于促使他人报告、注册或记录并非真实善意价格的交易。"①

此外,《商品交易法》第4c条(a)(5)规定的"扰乱性做法"实质上也是
一些可以用于市场操纵的手段:"扰乱性做法。任何人在注册实体或按其
规则从事下列任何交易、做法或行为的,当属违法:(A)违反买入报价或
卖出报价的交易、做法或行为;(B)在收盘期间故意无视或者漠视交易的
有序执行交易、做法或行为;或(C)构成'电子欺诈',具有'电子欺诈'的
特质,或通常被业界冠以该名称('电子欺诈'指作出买入报价或卖出报价
时,意图在交易执行之前撤销该买入报价或卖出报价)的交易、做法或
行为。"②

上述规定中的手法常常被用于欺诈型操纵活动中,因此在属于价格
操纵条款的规制范围的同时,也都属于欺诈操纵条款的规制范围。

五、旨在进行欺诈或误导的合约

在作为欺诈操纵条款的《商品交易法》第6条(c)(1)和180.1规则制
定以前,该法中就存在有针对普通欺诈行为的禁止性条款,主要体现在第
4b条"旨在进行欺诈或误导的合约"。该条在适用上与前者相比有一定
的差异。

第4b条(a)"非法行为"规定:"(1)针对订立任何州际商业中的商品
出售合约或任何远期交割商品出售合约(该等合约系指在指定合约市场
上或按其规则为任何其他人或者代表其任何他人达成的或将达成的合

---

① 中国证券监督管理委员会组织编译:《美国商品交易法》,法律出版社2013年版,第
155—157页。

② 同上书,第161页。

约)的指令或针对该等合约的订立,任何人作出下列子款所述行为或者就相关事宜作出该等行为的,当属违法;或(2)针对订立任何远期交割商品出售合约或互换(该等合约或互换系指并非在指定合约市场上、也并非按其规则为任何其他人、代表任何其他人或者与任何其他人达成的或将达成的合约或互换)的指令或针对该等合约的订立,任何人作出下列子款所述行为或者就相关事宜作出该等行为的,当属违法:

(A) 欺骗或欺诈,或意图欺骗或欺诈该其他人;

(B) 故意向该其他人作出任何虚假报告或声明,或故意促使他人向该其他人作出任何虚假报告或声明;或者故意为该其他人录入任何虚假记录,或故意促使他人为该其他人录入任何虚假记录;

(C) 就任何指令或合约或就任何指令或合约的处置或执行,以任何方式故意或意图蒙骗该其他人;或者在所作出的任何代理行为中,针对为该其他人发出的或[就第(2)款的情形而言]该其他人向该人发出的任何指令,或针对为该其他人订立的或[就第(2)款的情形而言]与该其他人订立的合约,以任何方式故意或意图蒙骗该其他人;或

(D) (i) 在某指令被该人宣称为将在某一指定合约市场执行或按其规则执行,或按规定应在某一指定合约市场执行或按其规则执行的情形下,对该指令进行场外冲销;或(ii) 在某指令被该人宣称为将在某一指定合约市场执行或按其规则执行,或按规定应在某一指定合约市场执行或按其规则执行的情形下,通过对冲任何其他人的 1 个或 1 个以上指令来完成某指令,或者未获得该其他人事先同意时,在知情的情况下故意地成为该其他人卖出指令的买方或成为该其他人买入指令的卖方,除非该指令根据该指定合约市场的规则执行。"①

第 4b 条(b)"澄清"规定:"本条第(a)(2)子条并不要求任何人在与其他人达成远期交割商品出售合约交易或互换时或在相关事宜中,负有向该其他人披露对该商品或交易的市场价格、费率或水平有重要意义的非公开信息的义务,但是,为了使该人向该其他人作出的任何交易声明或与交易相关的声明在任何重大方面不致具有误导性,该人所应披露的必要

---

① 中国证券监督管理委员会组织编译:《美国商品交易法》,法律出版社 2013 年版,第 149—151 页。

信息除外。"[①]

　　第 4b 条主要是针对一般性欺诈行为的规定,而第 6 条(c)(1)和 180.1 规则是同时针对操纵和欺诈行为的规定。而且在规制欺诈行为时,前者的限制也比后者要多。不同于第 4b 条,根据第 6 条(c)(1)和 180.1 规则提出的指控不需要证明嫌疑人欺诈行为所针对的期货或互换合约是"为任何其他人、代表任何其他人或者与任何其他人达成的或将达成的"(made, or to be made, for or on behalf of, or with, any other person)。此外,第 6 条(c)(1)和 180.1 规则针对州际商业中的商品出售合约还提供了反欺诈救济。[②]

第三节　欺诈操纵的构成要件及与价格操纵的关系

　　除了前面详细介绍的期货市场操纵二元规制体系之外,在美国证券市场其实也存在价格操纵与欺诈操纵并存的二元规制体系,而且形成的时间更早。[③] 其中价格操纵规定在美国《证券交易法》第 9 条,而欺诈操纵规定在第 10 条(b)及其施行细则 10b-5 规则。可见,此种二元规制体系并非在期货市场全新创立,且经受住了实践的考验。《商品交易法》第 6 条(c)(1)是模仿《证券交易法》第 10 条(b)的文本制定的,而商品期货交易委员会 180.1 规则在用语上同样也是模仿了证券交易委员会 10b-5 规则,这是首次将欺诈型操纵引入了《商品交易法》及相应的监管规则。与证券市场相关法律和监管规则一样,条文中的"操纵"一词特指欺诈型操纵。由此,可以参照证券法的相关判例来解释这些新的规则。当然,考虑到证券市场和衍生品市场的差异,一般认为这些判例法规则在适用上

---

　　① 中国证券监督管理委员会组织编译:《美国商品交易法》,法律出版社 2013 年版,第 151 页。

　　② See CFTC Office of Public Affairs, *Q & A—Anti-Manipulation and Anti-Fraud Final Rules* (2011), https://www. cftc. gov/sites/default/files/idc/groups/public/@ newsroom/documents/file/amaf_qa_final. pdf,最后访问时间:2022 年 9 月 1 日。

　　③ 参见殷晓峰、牛广济:《中美资本市场反操纵监管比较及启示》,载《证券市场导报》2014 年第 4 期,第 66 页。

所起的是指引作用,而不是具有必然的拘束力。[1]

一、欺诈操纵的构成要件

所谓欺诈操纵,实际上就是以欺诈的手段来进行操纵,从中提取出来用于规制的关键"靶点"是欺诈,因而不适用价格操纵的四要件判断方法。[2] 例如,在美国与证券买卖相关的私人诉讼的情形,完整的构成要件包括(1) 被告作出重大的虚假陈述或遗漏;(2) 意图;(3) 虚假陈述或遗漏与证券买卖之间的相关性;(4) 原告对虚假陈述或遗漏的信赖;(5) 经济损失;(6) 损失因果关系。[3] 而在监管执法的情形,整体上而言,构成欺诈操纵只需要证明行为人在主观上具备故意或鲁莽的意图,并且在客观上使用了操纵性或欺诈性的手段。在此,就相关的具体问题讨论如下。

(一)欺诈操纵的一般构成要件及相关问题

1. 操纵性或欺骗性的手段或伎俩

根据《商品交易法》第 6 条(c)(1),需要证明被指控的行为人使用或利用或者意图使用或利用了"操纵性或欺骗性的手段或伎俩"(manipulative or deceptive device or contrivance)。在 10b-5 规则之下,此种规定所要禁止的就是"通过人为地影响市场活跃度来误导投资者"的做法。[4] 因此,对《商品交易法》第 6 条(c)(1)的类似规定可以做与之一致的解释,即禁止的是以削弱、妨碍或者破坏市场完整性为目的,使用或利用或者意图使用或利用任何操纵性或欺骗性的手段或伎俩的行为。[5] 而

---

① See Commodity Futures Trading Commission, *Prohibition of Market Manipulation*, 75 Federal Register 67657, 67657-67658 (2010); Commodity Futures Trading Commission, *Prohibition on the Employment*, *or Attempted Employment*, *of Manipulative and Deceptive Devices and Prohibition on Price Manipulation*, 76 Federal Register 41398, 41399-41400 (2011).

② CFTC v. Kraft Foods Group, Inc. and Mondelēz Global LLC, 153 F. Supp. 3d 996 (N. D. Ill. 2015).

③ Stoneridge Inv. Partners, LLC v. Sci-Atlanta, Inc. , 128 S. Ct 761 (2008).

④ Santa Fe v. Green, 430 U. S. 462 (1977).

⑤ Ernst & Ernst v. Hochfelder, 425 U. S. 185 (1976); SEC v. Zandford, 535 U. S. 813 (2002); Superintendent of Ins. of N. Y. v. Bankers Life & Casualty Co. , 404 U. S. 6 (1971); Dennis v. United States, 384 U. S. 855 (1966); United States v. Richter, 610 F. Supp. 480 (N. D. Ill. 1985), affirmed, United States v. Mangovski, 785 F. 2d 312 (7th Cir. 1986), affirmed, United States v. Konstantinov, 793 F. 2d 1296 (7th Cir. 1986).

根据 180.1 规则,此种行为具体包括:(1) 使用或利用,或者意图使用或利用任何操纵性的手段、骗局或者伎俩进行欺诈;(2) 对重大事实作出或意图作出任何不真实或误导性的声明,或者遗漏必要的使声明不致不真实或具有误导性的重大事实;(3) 从事或意图从事构成或可能构成对任何人的欺诈或欺骗的任何行为、做法或业务经营;或者,(4) 在明知或漠视某一关于农作物或市场信息或状况的报告属于虚假报告、具有误导性或不准确这一事实的情况下,通过邮件或通过以任何通信手段开展的州际商业传送或通过第三方传送该等报告,且该等报告中所含的信息或状况影响或易于影响州际商业中的任何商品市场价格。①

2. 意图

与美国最高法院对《证券交易法》第 10 条(b)和 10b-5 规则的解释一致,构成违反《商品交易法》第 6 条(c)(1)和 180.1 规则的行为必须具备相应的"意图"(scienter)。② 只有故意的(intentional)或鲁莽的(reckless)操纵或欺诈行为才能构成,③而过失行为(negligent conduct),即使是重大过失(gross negligent),也无法满足此种对行为人意图的要求。④ 与之类似的,《商品交易法》第 4b 条对行为人意图方面的要求亦是如此。⑤ 因此,根据 180.1 规则,构成欺诈操纵在行为人意图要件上的最低要求就是

---

① 当某人在善意的情况下向价格报告服务机构误传虚假、具有误导性或不准确的信息的情况除外。

② Ernst & Ernst v. Hochfelder, 425 U. S. 185 (1976); Aaron v. SEC, 446 U. S. 680 (1980); Drexel Burnham Lambert, Inc. v. CFTC, 850 F. 2d 742 (DC Cir. 1988).

③ Ernst & Ernst v. Hochfelder, 425 U. S. 185 (1976); Hoffman v. Estabrook & Co., 587 F. 2d 509, (1st Cir. 1978); Grebel v. FTP Software, Inc., 194 F. 3d 185 (1st Cir. 1999); Novakv. Kasaks, 216 F. 3d 300 (2d Cir. 2000); In re Advanta, 180 F. 3d 525 (3d Cir. 1999); Ottman v. Hangar, 353 F. 3d 338 (4th Cir. 2003); Nathenson v. Zonagen Inc., 267 F. 3d 400 (5th Cir. 2001); In re Comshare, Inc. Securities Litig., 183 F. 3d 543 (6th Cir. 1999); Sundstrand Corp. v. Sun Chemical Corp., 553 F. 2d 1033 (7th Cir. 1977); Fla. State Bd. of Admin. v. Green Tree Fin. Corp., 270 F. 3d 645 (8th Cir. 2001); In re Silicon Graphics Sec. Litig., 183 F. 3d 970 (9th Cir. 1999); Howard v. Everux, 228 F. 3d 1057 (9th Cir. 2000); City of Philadelphia v. Fleming Cos., 264 F. 3d 1245 (10th Cir. 2001); Bryant v. Avardo Brands, Inc., 187 F. 3d 1271 (11th Cir. 1999); Rockies Fund v. SEC, 428 F. 3d 1088 (DC Cir. 2005).

④ Ernst & Ernst v. Hochfelder, 425 U. S. 185 (1976); Drexel Burnham Lambert, Inc. v. CFTC, 850 F. 2d 742 (DC Cir. 1988).

⑤ See Commodity Futures Trading Commission, *Prohibition of Market Manipulation*, 75 Federal Register 67657, 67659 (2010).

鲁莽。而在美国商品和证券市场的相关判例中,"鲁莽"被定义为,此种作为或不作为行为"离一般的谨慎标准如此之远,以至于很难让人相信行为人未意识到他/她正在做什么"。[①] "鲁莽"是一种不计后果的心理状态,即行为人明知后果会发生,却予以放任,任其发生,类似于我国刑法上的间接故意。[②] 在诉讼中,需要原告通过优势证据对该要件进行证明,而行为人的认知(knowledge),则不需要证明。[③] 通过对意图要件的要求,可以确保无意间的错误或疏忽大意在任何情况下都不会构成对《商品交易法》第6条(c)(1)和180.1规则的违反。因此,在缺乏必要意图的情况下行为人就不可能被认定从事了操纵性或欺骗性的手段或伎俩,也就是说,市场参与者基于善意而从事的合法市场活动不会受到这些反欺诈操纵法规的影响。[④]

3. 相关性

根据《商品交易法》第6条(c)(1)和180.1规则,被规制的操纵或欺诈行为应当"与"互换、州际商业中的商品出售合约或在注册实体或按其规则进行远期交割的商品的出售合约"相关"(in connection with)。一般认为,当虚假陈述或其他相关行为所采用的是一种能被合理地认为对市场参与者造成影响的方式时,就满足了所谓的相关性要求。[⑤] 在证券市场的 SEC v. Zandford 案中,法官举了一个例子来说明证券法上的相关性要求:"如果一个经纪商从某个客户的账户中挪用了现金,或者利用信赖关系诱导他的客户参与一个欺骗性的不动产交易,那么此项欺诈就不包含与证券买卖之间必要的相关性。同样地,如果该经纪商告诉他的客户,他正在窃取客户的资产,此种对信义义务的违反可能会与证券的销售

---

① Drexel Burnham Lambert Inc. v. CFTC, 850 F. 2d 742 (DC Cih. 1988); Sundstrand Corp. v. Sun Chem. Corp. , 553 F. 2d 1033 (7th Cir. 1977), cert. denied, 434 U. S. 875 (1977); SEC v. Platforms Wireless Int'l Corp. , 617 F. 3d 1072 (9th Cir. 2010).

② 参见上海期货交易所《"期货法"立法研究》课题组编著:《"期货法"立法研究》,中国金融出版社2013年版,第651页。

③ Hollinger, v. Titan Capital Corp. , 914 F. 2d 1564 (9th Cir. 1990) (en banc), cert. denied, 111 S. Ct. 1621 (1991).

④ See Commodity Futures Trading Commission, *Prohibition on the Employment*, *or Attempted Employment*, *of Manipulative and Deceptive Devices and Prohibition on Price Manipulation*, 76 Federal Register 41398, 41404-41405 (2011).

⑤ See Commodity Futures Trading Commission, *Prohibition of Market Manipulation*, 75 Federal Register 67657, 67659-67660 (2010).

相关,但并不包含欺骗性的手段或欺诈。"[①]该案以及其他证券市场相关案例[②]都可以作为期货法上解释相关性要求的指引。此种对相关性的见解与对《商品交易法》其他反欺诈条款的司法解释是一致的,例如第 4b 条(a)。在 R & W Tech. Servs. Ltd., v. CFTC 案中,法院指出,如果投资建议中的欺诈与交易风险有关,且该建议的首要目的就是要执行交易,那么欺诈行为就与商品期货合约的卖出相关。[③] 总的来说,美国最高法院认为,对《商品交易法》中的反欺诈和反操纵条款应当给予宽泛的解释。[④]此外,对于跨市场操纵案件,商品期货交易委员会主张,在判断某个市场中的行为是否与其管辖的交易活动或商品相关时,应当将 180.1 规则的适用扩张到法律所允许的最大范围。[⑤]

4. 信赖、损失因果关系和损害

在普通法上欺诈的要件还包括"信赖、损失因果关系和损害"(reliance, loss causation and damages)。但是在监管机构的执法行动中,判断行为人是否构成违反《商品交易法》第 6 条(c)(1)和 180.1 规则的行为时,不需要对这些要件进行证明,这与基于 10b-5 规则和《商品交易法》第 4b 条的判例所确立的规则是一致的。[⑥] 信赖、损失因果关系和损害是私人索赔诉讼中的要件,但并非监管机构执法案件中的要件,这是因为政府的职责是基于公共利益执行法律中的矫正和预防条款,而不仅仅是去监督那些已经造成明显损失和伤害的显而易见的违法行为,[⑦]这从根本上是取决于行政处罚的预防性、公益性和救济性。[⑧] 当然,在监管

---

① SEC v. Zandford, 535 U. S. 813 (2002).

② Merrill Lynch, Pierce, Fenner & Smith, Inc. v. Dabit, 547 U. S. 71 (2006).

③ R & W Tech. Servs. Ltd., v. CFTC, 205 F. 3d 165 (5th Cir. 2000), cert. denied, 531 U. S. 817 (2000).

④ CFTC v. Schor, 478 U. S. 833 (1986).

⑤ See Commodity Futures Trading Commission, *Prohibition on the Employment, or Attempted Employment, of Manipulative and Deceptive Devices and Prohibition on Price Manipulation*, 76 Federal Register 41398, 41406 (2011).

⑥ Berko v. SEC, 316 F. 2d 137 (2d Cir. 1963); United States v. Davis, 226 F. 3d 346 (5th Cir. 2000); United States v. Haddy, 134 F. 3d 542 (3d Cir. 1998); Slusser v. CFTC, 210 F. 3d 783 (7th Cir. 2000).

⑦ Berko v. SEC, 316 F. 2d 137 (2d Cir. 1963).

⑧ 参见李明良、李虹:《〈多德—弗兰克法〉期货市场反操纵条款研究》,载张育军、徐明主编:《证券法苑》(第 5 卷),法律出版社 2011 年版,第 1204 页。

机构的处罚决定中,信赖、损失因果关系和损害在合理确定对违法行为的罚金或救济措施时可能会有一定的意义。[①] 此外,欺诈市场理论在私人诉讼中仍然可以适用,据此可以推定存在交易者对市场价格的信赖。[②]

5. 重大性

《商品交易法》第 6 条(c)(1)和(2),以及 180.1 规则(a)(2)和(b),都涉及到了"重大性"(materiality)这一概念。在证券市场判例中,美国最高法院拒绝采用"明线规则"(bright-line rule)来判断重大性,相反,其主张应当运用"事实细节调查"(fact-specific inquiry)的方法来判断证券法案件中的重大性问题。[③] 在期货市场的语境下,首先,判断某个事实是否"重大"应当取决于具体案件事实和情况,重大性的标准应当是客观的而非主观的,即一个理性人会认为该事实是重大的。其次,一般来说,仅仅是过于乐观的陈述(例如"吹捧")不属于重大的情形。再次,就遗漏事实的情形而言,如果在一个理性的人看来,被遗漏的事实极其可能显著改变可得信息的整体意思,该遗漏行为将被视为重大。[④] 复次,"部分遗漏"(partial-omission)或"半真实"(half-truths)的欺诈行为同样也构成违法。最后,在虚假陈述和遗漏的情形下并不要求扭曲或可能扭曲市场才能构成违法,因为此种限制相当于给反欺诈操纵条款增加了市场或价格影响的构成要件。[⑤]

(二) 意图操纵形态的特殊构成要件

根据《商品交易法》第 6 条(c)(1)和 180.1 规则,"意图"(attempt)操纵或欺诈的行为也在禁止之列。此种形态的违法行为的构成要件包括

---

①　See Commodity Futures Trading Commission, *Prohibition of Market Manipulation*, 75 Federal Register 67657, 67660 (2010).

②　See Commodity Futures Trading Commission, *Prohibition on the Employment*, *or Attempted Employment*, *of Manipulative and Deceptive Devices and Prohibition on Price Manipulation*, 76 Federal Register 41398, 41403 (2011).

③　Basic Inc. v. Levinson, 485 U. S. 224 (1988).

④　See Commodity Futures Trading Commission, *Prohibition of Market Manipulation*, 75 Federal Register 67657, 67660 (2010).

⑤　See Commodity Futures Trading Commission, *Prohibition on the Employment*, *or Attempted Employment*, *of Manipulative and Deceptive Devices and Prohibition on Price Manipulation*, 76 Federal Register 41398, 41403 (2011).

（1）必要的意图；和（2）促成该意图的显著行为。[1] 也就是说，意图操纵只需要具备操纵意图和操纵行为即可，而不要求产生人为价格或者其他危害结果。正因为如此，国内有学者认为，由于意图操纵不将法定危害结果的发生作为既遂标志，因而意图操纵实际上将操纵行为从结果犯变成了行为犯。[2] 也有学者以操纵目的是否达成为标准，将操纵分为意图操纵和既遂操纵两种类型，其中的既遂操纵即通常所说的一般操纵行为。[3]

在对欺诈操纵案件实施执法监管的语境下，意图操纵与实际操纵在证明要求上其实是非常接近的，因为此时对于实际操纵并不需要证明信赖、损失因果关系和损害。无怪乎有学者认为，虽然商品期货交易委员会指出了意图操纵行为的构成要件，然而，"考虑到商品期货交易委员会所做的把信赖、损失因果关系和损害从实际违法行为的证明责任中剔除出去的努力，这一意图操纵的标准似乎是不必要和多余的"。[4] 笔者认为，欺诈操纵在两种形态上证明要求的趋同应当被视为其优点而非缺点，因为这体现了欺诈操纵在不同形态下规制基础的一致性。

二、欺诈操纵与价格操纵的关系

（一）证明难易比较

在传统上，构成价格操纵需要具备四个要件，分别是影响价格的能力、人为价格、特定意图和因果关系。[5] 而与之相比，欺诈操纵规制框架之下的证明难度要大大低于价格操纵，最突出的区别就是对人为价格要

---

[1]　In re Hohenberg Bros., ［1975-1977 Transfer Binder］ Comm. Fut. L. Rep. （CCH）¶ 20, 271 （CFTC Feb. 18, 1977）.

[2]　参见李明良、李虹：《〈多德—弗兰克法〉期货市场反操纵条款研究》，载张育军、徐明主编：《证券法苑》第 5 卷，法律出版社 2011 年版，第 1202 页。

[3]　参见殷晓峰、牛广济：《中美资本市场反操纵监管比较及启示》，载《证券市场导报》2014年第 4 期，第 67 页。

[4]　See Jerry W. Markham, *Law Enforcement and the History of Financial Market Manipulation*, M. E. Sharpe, Inc., 2014, p. 329.

[5]　In re Cox, ［1986-1987 Transfer Binder］ Comm. Fut. L. Rep. （CCH）¶ 23, 786 （CFTC Jul. 15, 1987）; Frey v. CFTC, 931 F. 2d 1171 （7th Cir. 1991）.

件和主观意图要件的证明要求。^①

第一，与价格操纵不同，构成欺诈操纵不需要证明操纵行为对市场或者价格造成了影响。期货市场反操纵立法引入欺诈操纵条款体现了由结果导向到行为导向的沿革和趋势。^②对人为价格的定义和证明几乎是价格操纵框架下所有证明困难的源头，虽然市场或价格效应很可能正是行为人使用操纵性或欺诈性的手段或伎俩的标志，但在欺诈操纵的认定框架之下，操纵活动对市场或价格的影响本身无须得到证明。^③这也是美国证券交易委员会使用基于欺诈的 10b-5 规则进行反操纵执法更加成功的原因。^④尤其是，对通过选取某种价格作为标准，从而证明被审查的期货价格偏离了该价格的参照系比较方法的运用不再是必须。而对通过此种方法证明存在人为价格的正当性与合理性的攻击一直是经典价格操纵理论所需要面对的主要问题。当然，如果只是寻求指控行为人意图操纵市场，那么价格操纵与欺诈操纵的证明要求是趋同的，因为人为价格要件在两种类型中均不需要获得证明。^⑤

第二，在价格操纵的认定框架下，行为人需要具备特殊故意，即对行为人主观意图的证明甚至需要具体到"制造人为价格的故意"。^⑥而在欺诈操纵的认定框架下不需要证明此种特殊故意。美国商品期货交易委员会就此问题明确指出，欺诈操纵条款所要禁止的是"操纵和欺骗手段，即

①　See Rosa M. Abrantes-Metz, Gabriel Rauterberg & Andrew Verstein, *Revolution in Manipulation Law : The New CFTC Rules and the Urgent Need for Economic and Empirical Analyses*, 15 University of Pennsylvania Journal of Business Law 357, 394 (2013).

②　参见大连商品交易所法律与合规监督部：《美国期货市场操纵相关立法沿革及实施效果研究》，载蒋锋、卢文道主编：《证券法苑》（第 24 卷），法律出版社 2018 年版，第 331—334 页；程红星、王超：《美国期货市场操纵行为认定研究》，载曹越主编：《期货及衍生品法律评论》（第 1 卷），法律出版社 2018 年版，第 88—89 页。

③　See Commodity Futures Trading Commission, *Prohibition on the Employment, or Attempted Employment, of Manipulative and Deceptive Devices and Prohibition on Price Manipulation*, 76 Federal Register 41398, 41401 (2011).

④　See Shaun D. Ledgerwood & Dan Harris, *A Comparison of Anti-Manipulation Rules in U. S. and EU Electricity and Natural Gas Markets : A Proposal for a Common Standard*, 33 Energy Law Journal 1, 21-22 (2012).

⑤　See Shaun D. Ledgerwood, James A. Keyte, Jeremy A. Verlinda & Guy Ben-Ishai, *The Intersection of Market Manipulation Law and Monopolization under the Sherman Act : Does It Make Economic Sense*, 40 Energy Law Journal 47, 55-56 (2019).

⑥　In re Indiana Farm Bureau Coop. Ass'n Inc., [1982-1984 Transfer Binder] Comm. Fut. L. Rep. (CCH) ¶ 21, 796 (CFTC Dec. 17, 1982).

故意或鲁莽地利用欺诈和欺诈型操纵的手段和伎俩,无论所讨论的行为是否旨在创造或确实创造了人为价格"。[1] 这实际上就把原先在价格操纵之下的主观意图要件中最难证明的要素给移除了。[2] 除此之外,构成欺诈操纵行为的主观意图,既包括故意,也包括鲁莽。[3] 也就是说,不仅去掉了意图要件中有关制造人为价格的特殊故意的要求,还将行为人主观意图的最低证明要求从故意降低到了鲁莽。

在美国证券市场反操纵案件中,监管机构通常都会尽量避免适用《证券交易法》第 9 条,而支持以《证券交易法》第 10 条(b)和《证券法》第 17 条(a)为依据进行追诉。[4] 这是由两种不同规制基础的反操纵条款的证明难易程度所决定的,这也提高了美国证券交易委员会的执法成功率。因此,如果在监管执法和司法裁判中适用欺诈理论来对操纵进行规制,那么就能够极大地降低操纵的证明难度,同时提升反操纵的效率。

(二)调整范围比较

由于各种操纵行为类型都是以一种旨在对市场造成价格影响的方式来实施的,因此均可以纳入价格操纵条款的调整范围。但是,就欺诈操纵条款的调整范围而言,问题则要复杂得多。在美国商品期货交易委员会就新的反操纵规则公开征求意见时,曾有意见认为,以价格操纵方式表述的 180.2 规则和以欺诈操纵方式表述的 180.1 规则的调整范围是相同的,因此建议删去 180.2 规则。然而,商品期货交易委员会在回应中明确指出,180.2 规则可以涵盖非欺诈型操纵(non-fraud based manipulation),由

---

[1]　CFTC Office of Public Affairs, *Q & A—Anti-Manipulation and Anti-Fraud Final Rules* (2011), https://www. cftc. gov/sites/default/files/idc/groups/public/@ newsroom/documents/file/amaf_qa_final. pdf,最后访问时间:2022 年 9 月 1 日。

[2]　See Jerry W. Markham, *Law Enforcement and the History of Financial Market Manipulation*, M. E. Sharpe, Inc. , 2014, p. 327.

[3]　See Commodity Futures Trading Commission, *Prohibition of Market Manipulation*, 75 Federal Register 67657, 67659 (2010); Commodity Futures Trading Commission, *Prohibition on the Employment*, *or Attempted Employment*, *of Manipulative and Deceptive Devices and Prohibition on Price Manipulation*, 76 Federal Register 41398, 41404 (2011).

[4]　SEC v. Charles A. Morris &. Association Inc. , 386 F. Supp. 1327 (W. D. Tenn. 1973); SEC v. Cooper, 402 F. Supp. 516 (S. D. N. Y. 1975); Pagel Inc. v. SEC, 803 F. Supp. 942 (8th Cir. 1986); SEC v. Electronics Warehouse Inc. , 689 F. Supp. 53 (D. Conn. 1988), aff'd per curiam sub nom. , SEC v. Calvo, 891 F. 2d 457 (2d Cir. 1989), cert. denied, 496 U. S. 942 (1990).

于两个规则的适用范围不同,因此拒绝将两者合并为一个规则。① 此时的关键问题就在于,商品期货交易委员会所称的非欺诈型操纵究竟指的是什么。在美国期货市场新的反操纵立法框架下,区别于欺诈操纵条款且被特别保留的就是市场力量型操纵条款。因此,一个合理的解释就是,欺诈操纵条款难以涵盖市场力量型操纵,否则美国在其新的反操纵立法框架下没有必要刻意维持旧的市场力量型操纵条款的法律效力,而是直接通过更新所有反操纵规则并将欺诈操纵条款统一适用于各种操纵行为类型即可。

　　为什么市场力量型操纵被归于非欺诈型操纵而不属于欺诈操纵条款的调整范围,美国商品期货交易委员会并未明确说明。事实上,这也是虽然欺诈操纵证明难度更低但美国却未采用单一的欺诈操纵条款,而形成了欺诈操纵与价格操纵并存的二元规制体系的原因。关于这一点,笔者将在下文详细论述。

　　(三)法律适用关系

　　在美国最新的期货市场反操纵法律体系中,价格操纵条款和欺诈操纵条款是被明确区分的采用不同规制基础和构成要件的两种反操纵规则。其中,作为价格操纵条款的《商品交易法》第 6 条(c)(3)、第 9 条(a)(2)和 180.2 规则的规制基础,被解释为是对不当影响互换、商品或期货合约价格的行为的禁止;②而作为欺诈操纵条款的《商品交易法》第 6 条(c)(1)和 180.1 规则,被认为是在商品期货交易委员会现有的反价格操纵权力的基础上,扩大了其在反欺诈操纵方面的权力。③ 也就是说,欺诈操纵条款实际上是在价格影响之外,为商品期货交易委员会提供了反操纵的另一种规制基础,即欺诈。

　　就两种反操纵条款的适用关系问题,美国《证券交易法》中作为价格

　　① See Commodity Futures Trading Commission, *Prohibition on the Employment*, *or Attempted Employment*, *of Manipulative and Deceptive Devices and Prohibition on Price Manipulation*, 76 Federal Register 41398, 41407-41408 (2011).

　　② See Commodity Futures Trading Commission, *Prohibition of Market Manipulation*, 75 Federal Register 67657, 67658 (2010).

　　③ See Commodity Futures Trading Commission, *Prohibition on the Employment*, *or Attempted Employment*, *of Manipulative and Deceptive Devices and Prohibition on Price Manipulation*, 76 Federal Register 41398, 41401 (2011).

操纵条款的第 9 条,以及作为欺诈操纵条款的第 10 条(b)和 10b-5 规则在相关判例中的适用经验可资借鉴。在 SEC v. Resch-Cassin & Co. 案中,证券交易委员会同时以《证券交易法》第 9 条和第 10 条(b)来对操纵行为进行起诉。[①] 在 Podesta 案中,证券交易委员会指出:"第 9 条(a)这一反操纵条款并不构成对第 10 条(b)的限制。后者的立法和司法历史清晰地说明,第 10 条(b)及其之下规则的适用是独立于其他证券法律条款的。"[②]在 Schaefer v. First National Bank 案中,第七巡回法院认为,原告可以提起基于《证券交易法》第 10 条(b)的私权诉讼,即使第 9 条也明确禁止诉讼涉及的此种行为。[③] 在 Chemetron Corp. v. Business Funds Inc. 案中,第五巡回法院认为,在其会使《证券交易法》第 9 条的明示诉权的限制无效的情况下,基于 10b-5 规则的诉讼请求不会被认可。[④] 然而,在考察了前述 Herman & Maclean v. Huddleston 案形成的规则后,最高法院撤销了这一裁定。[⑤] 在发回后的审理中,第五巡回法院认定基于《证券交易法》第 9 条和 10b-5 规则的诉权可以是累积性的。[⑥]

根据美国证券市场的经验,《证券交易法》中作为价格操纵条款的第 9 条,以及作为欺诈操纵条款的第 10 条(b)和 10b-5 规则,在适用上是累积性的,并不互相排斥。原告可以选择适用其中任何一个,或者并用两者的规定就市场操纵行为提起诉讼。[⑦] 因此,在期货市场的两种反操纵条款的法律适用关系上也应当是如此,即可以择一适用,也可以同时适用而提出两个并行诉求。这样做的好处在于,其中一个诉求被驳回并不会阻碍另一个诉求的成立,尤其是当证明难度较高的价格操纵被驳回时,仍然可以成立欺诈操纵。当然,也有可能两个诉求同时得到法院的支持。近年来,美国商品期货交易委员会已经开始以欺诈操纵来对操纵案件进行指控。例如,在 JPMorgan Chase Bank 案中,商品期货交易委员会即指控

---

① SEC v. Resch-Cassin & Co. , 362 F. Supp. 964, 978 (S. D. N. Y. 1973).

② In the Matter of Podesta, 47 S. E. C. 136, 140 (1979).

③ Schaefer v. First National Bank, 509 F. 2d 1287 (7th. Cir. 1979), cert. denied, 446 U. S. 946 (1980).

④ Chemetron Corp. v. Business Funds Inc. , 682 F. 2d 1149 (5th Cir. 1982).

⑤ Chemetron Corp. v. Business Funds Inc. , 460 U. S. 1007 (1983).

⑥ Chemetron Corp. v. Business Funds Inc. , 718 F. 2d 725 (5th Cir. 1983).

⑦ 参见〔美〕托马斯·李·哈森:《证券法》,张学安等译,中国政法大学出版社 2003 年版,第 593—594、646、651 页。

行为人在衍生品交易中鲁莽地使用操纵性手段,从而违反了《商品交易法》第 6 条(c)(1)和 180.1 规则。根据和解令,行为人需要支付 10 亿美元的民事罚款。[①] 而在行为人既运用了欺诈手段又操纵了市场价格时,商品期货交易委员会会同时以欺诈操纵和价格操纵提出指控。例如,在 CFTC v. Kraft Foods Group, Inc. and Mondelēz Global LLC 案中,商品期货交易委员会基于被告通过操纵性的行为欺诈市场的事实而指控其构成欺诈操纵,同时基于被告故意制造了人为价格的事实而指控其构成价格操纵,这两项指控均得到了法院的支持。[②]

此外,不能因为欺诈操纵的概括性(catch-all)条款的性质,而想当然地认为其在适用上发挥的是兜底作用,主张价格操纵条款应当优先于欺

---

① In the Matter of JPMorgan Chase Bank, N. A., CFTC Docket No. 14-01 (Oct. 16, 2013). 但是,商品期货交易委员会的一位委员斯科特·欧马里亚(Scott D. O'Malia)明确地表达了对委员会与摩根大通公司达成和解的反对意见。该委员指出,首先,委员会应该花更多的时间来调查该公司是否对更严重的违规行为负责,即价格操纵。以较轻的"操纵手段"(manipulative device)指控与摩根大通达成和解是否符合公众利益,是值得质疑的。在匆忙加入由其他监管机构促成的和解协议时,委员会可能会错过追究更大不法行为指控的机会——价格操纵。换句话说,委员会的简短调查未能确定摩根大通是否故意或鲁莽地操纵了一种名为"CDX"的特定类型信用违约掉期指数的价格。该和解令详细讨论了委员会广泛的操纵权限,但仍未得出摩根大通激进的交易策略是导致价格操纵的结论。如果不这样做,就会损害委员会的诚信及其执行权力,以支持走捷径以实现高调的和解。其次,由于"操纵手段"的指控以前没有经过检验,应当将该案诉至法院,并由法院对第一个此类案件做出裁决,以树立先例,从而能够指导委员会和市场参与者。而通过接受这项和解,委员会可能会错失为"操纵手段"制定法律标准的机会。由于和解令并未指控摩根大通从事操纵或欺诈行为,委员会需要更好地解释为什么该公司激进的交易策略构成"操纵手段"。遗憾的是,《商品交易法》和商品期货交易委员会规则均未定义"操纵手段"。缺乏法律标准使得更难确定摩根大通是否从事了使公司面临风险的鲁莽行为,或者这种行为是否构成"操纵手段"。尽管一些判例法支持委员会的结论,即任何故意用来扭曲定价关系的手段都可能具有操纵性,但委员会未能提供数据或对实际价格进行更仔细的评估以确定摩根大通的行为是否扭曲了价格某些 CDX 指数。和解令中的指控以双边或场外交易为中心,这一事实使这个问题更加复杂。鉴于这种交易环境,如果交易是通过双边谈判执行的,委员会如何区分"真实"价格和"扭曲"价格?因此,其主张,更好的方法是委员会充分利用其扩大后的执法权力并进行更全面的调查以确定是否存在价格操纵,而不是急于达成和解。至于"操纵手段"指控,更好的做法是让联邦法院重新审视此案,以澄清委员会新权力的含糊之处。See Scott D. O'Malia, *Statement of Commissioner Scott D. O'Malia Regarding JPMorgan's Use of Manipulative Device*, *U. S. Commodity Futures Trading Commission* (2013), https://www.cftc.gov/PressRoom/SpeechesTestimony/omaliastatement101613,最后访问时间:2022 年 9 月 1 日。

② CFTC v. Kraft Foods Group, Inc. and Mondelēz Global LLC, 153 F. Supp. 3d 996 (N. D. Ill. 2015).

诈操纵条款适用。① 事实上,虽然欺诈操纵条款和价格操纵条款之间地位是平等的,在法律适用上是并列关系,但从证明难易的角度出发,在执法和诉讼实践中实际上是应当优先考虑适用更加容易达到证明要求的欺诈操纵条款。例如,就美国证券市场操纵执法实践而言,有学者在其统计研究中发现,② 在1970年代证券交易委员会提起的禁止令诉讼案件中,只有5起是基于《证券交易法》第9条,并且所有这5起案件都结合了基于《证券交易法》第10条(b)和《证券法》第17条(a)的指控;③ 而在1980年代证券交易委员会提起的诉讼案件中,只有3起是基于《证券交易法》第9条。④ 可见,美国证券交易委员会在反操纵执法中也会优先适用欺诈操纵条款。而价格操纵条款,因为其调整范围比欺诈操纵条款要广,能够覆盖包括市场力量型操纵在内的所有操纵行为类型,反而更适合作为反操纵的兜底性条款。因此,欺诈操纵条款实为一般性的反操纵条款,而价格操纵条款才是兜底性条款。⑤ 我们可以看到,美国《商品交易法》和相关施行细则在立法表述上也是这么处理的。即,在《商品交易法》第6条(c)(1)、(2)和180.1规则对反欺诈操纵的具体规则进行规定后,在第6条(c)(3)和180.2规则中规定,除欺诈操纵行为外,任何人也不得直接或间接操纵或意图操纵市场价格,否则亦属违法。

第四节　市场操纵二元规制体系的形成原因

如前所述,当以欺诈路径来规制市场操纵时,能够涵盖的是那些操纵

---

① 参见殷晓峰、牛广济:《中美资本市场反操纵监管比较及启示》,载《证券市场导报》2014年第4期,第67—68页。

② See Jerry W. Markham, *Law Enforcement and the History of Financial Market Manipulation*, M. E. Sharpe, Inc. , 2014, p. 221.

③ SEC v. Resch-Cassin & Co. , 362 F. Supp. 964 (S. D. N. Y. 1973); SEC v. D'Onofrio, 1975 U. S. Dist. LEXIS 12081 (S. D. N. Y. 1975); SEC v. Rega, 1975 U. S. Dist. LEXIS 11581 (S. D. N. Y. 1975); SEC v. Lummis, 1977 U. S. Dist. LEXIS 12783 (N. D. Cal. 1977); SEC v. General Host Corp. , 483 F. Supp. 105 (S. D. N. Y. 1977).

④ SEC v. Pattiz, 1981 U. S. Dist. LEXIS 11626 (S. D. N. Y. 1981); SEC v. Manus, 1981 U. S. Dist. LEXIS 15317 (S. D. N. Y. 1981); SEC v. Drexel Burnham Lambert Inc. , 1989 U. S. Dist. LEXIS 10414 (S. D. N. Y. 1989).

⑤ 参见程红星、王超:《美国期货市场操纵行为认定研究》,载曹越主编:《期货及衍生品法律评论》第1卷,法律出版社2018年版,第91页。

活动中包含有欺诈因素的操纵行为。如果欺诈操纵与价格操纵的涵盖范围相同，那么只保留证明难度更低的欺诈操纵条款即可，而无需欺诈操纵与价格操纵并存的二元规制体系。因此，这一问题实际上取决于欺诈操纵的涵盖范围。根据期货市场操纵活动的行为模式和运用的手段，其类型主要包括信息型操纵、虚假交易型操纵、真实交易型操纵和市场力量型操纵等。在证券市场，欺诈操纵条款与价格操纵条款的调整范围是相同的，能够涵盖证券市场上所有的操纵行为类型。但是，在期货市场，欺诈操纵条款是否能够涵盖所有操纵行为类型，则是一个更加复杂的问题。

一、以欺诈路径规制市场操纵的涵盖范围

欺诈型操纵的涵盖范围究竟有多大，是否所有操纵行为类型都能够被纳入欺诈型操纵的规制路径？这需要对操纵行为的各种类型进行具体分析。

（一）信息型操纵

信息型操纵，是指行为人通过编造、传播虚假或误导性信息，从而引诱他人据此作出交易决定的方式来操纵市场，其典型包括蛊惑操纵和抢帽子操纵等。

根据有效市场理论，当一个市场存在大量以利润最大化为目标的信息公平、积极竞争的交易者，且在任何时候价格都反映了所有可供使用的信息，以及在可以预测的未来预计发生的所有事件时，这个市场就是有效的。反之，如果市场价格不能反映所有信息，或者所反映的相关信息具有误导性或欺诈性，那么市场就是无效的。[1] 有效市场理论要求向市场提供的信息必须真实、准确和及时，没有欺诈性，市场操纵的实质就是以不同形式向市场提供不准确或错误的信息，从而对市场造成误导。[2] 而信息型操纵就是通过直接向市场注入虚假信息的方式来操纵市场。

作为与纯粹竞争性市场条件非常接近的市场，期货市场的运作质量

---

① 参见〔美〕理查德·J.特维莱斯、弗兰克·J.琼斯、本·沃里克编：《期货交易实用指南》，周刚、王化斌译，经济科学出版社 2000 年版，第 108 页。

② 参见殷晓峰、牛广济：《中美资本市场反操纵监管比较及启示》，载《证券市场导报》2014年第 4 期，第 66 页。

受到进入价格确定机制的信息的完整性和准确性的影响。[①] 如果市场价格反映的重要信息有遗漏,或者所反映的相关信息具有误导性或欺诈性,那么市场的有效性就会受到影响。此外,期货市场和期货交易具有极高的信息敏感性,[②]而且由于期货交易的节奏非常快,如果在市场中出现谣言等虚假信息,在信息传开以前往往不可能对这些信息进行核实。[③] 而信息型操纵就是通过直接向市场注入虚假信息的方式来操纵市场。因此,在市场中制造和传播虚假信息,进而造成价格假象,就属于非常典型的欺诈型操纵行为。

(二)虚假交易型操纵

虚假交易型操纵,又称为非竞争性操纵,[④]是指行为人通过虚假的、非竞争性的交易行为来操纵市场,其典型包括约定交易操纵、洗售操纵和虚假申报操纵等。

期货市场是一个完全由供求法则决定的自由市场,[⑤]而且是近乎于纯粹的竞争性条件的市场,如果期货市场不能向交易者提供合理的保证,即他们的交易将在一个充分竞争的环境中进行,那么这个市场很快就不会再有人参与。[⑥] 以竞争的方式来执行交易,既是期货市场的主要特征,也是期货交易的基本规则。[⑦] 例如,美国商品交易委员会 1.38(a)规则就对交易的竞争性执行要求进行了规定:"在合约市场或者根据合约市场规则进行的所有远期交割商品买卖以及商品期权买卖,均应当在交易场、交易圈或者合约市场提供的类似场所,于合约市场就该等商品交易或者期权交易规定的正常时间内,通过公开喊价或者报出买价和卖价,以公开、

---

① 参见〔美〕托马斯·A.海尔奈莫斯:《期货交易经济学:为商业和个人盈利》,王学勤译,中国财政经济出版社 2004 年版,第 116、123 页。

② 参见〔美〕帕特里克·J.卡塔尼亚主编:《商品期货交易手册》,鹿建光、瞿秀芳译,中国对外经济贸易出版社 1990 年版,第 16 页。

③ See Philip McBride Johnson & Thomas Lee Hazen, *Derivatives Regulation*, Wolters Kluwer Law & Business, 2004, p. 409.

④ 参见程红星、王超:《美国期货市场操纵行为认定研究》,载曹越主编:《期货及衍生品法律评论》第 1 卷,法律出版社 2018 年版,第 84 页。

⑤ 参见〔美〕帕特里克·J.卡塔尼亚主编:《商品期货交易手册》,鹿建光、瞿秀芳译,中国对外经济贸易出版社 1990 年版,第 31 页。

⑥ See Philip McBride Johnson & Thomas Lee Hazen, *Derivatives Regulation*, Wolters Kluwer Law & Business, 2004, p. 422.

⑦ Ibid., p. 231.

竞争性的方式执行,或者通过其他具有同等公开、竞争性的方式执行;但是,若合约市场已就该等交易的非竞争性执行制定了相关规则,且已向期监会提交该等规则并获得批准,则上述要求不适用于根据该等规则以非竞争性方式执行的交易。"①

与期货交易的竞争性执行要求相反,虚假交易型操纵行为的核心是非竞争性交易(noncompetitive trading)。非竞争性交易就其行为本身而言是相对孤立和局限的,它只会影响期货合约全部交易中的一小部分,在整个市场范围内造成直接影响的可能性很小。实际上,在大多数情况下,这些交易都是在市场整体的价格范围内进行的。行为人的目的通常并不是直接影响市场价格的方向和趋势。② 除非这种交易行为在市场中非常普遍且恶劣,以至于几乎占据整个市场,否则一般并不会产生我们通常所说的价格操纵的效果。③ 非竞争性交易是一种给他人制造市场交易虚假印象的手段,目的是吸引更多的人参与交易,以使市场价格向行为人所希望的方向运动。当然,在少数情况下,如果市场交易清淡,整个市场就有可能被非竞争性交易主导,而市场价格也直接由非竞争性交易决定。④

在虚假交易型操纵中,行为人通过各种虚假的非竞争性交易手法影响市场价格走势,欺骗其他市场参与者,事实上就会破坏市场的风险转移和价格发现功能。这些做法故意制造了市场交易和价格的假象,并在市场的信息流中插入这些不是由供求关系决定的信息,其结果就是市场竞争性的弱化。⑤ 当一个市场被非竞争性的交易活动所干扰时,交易结果就无法反映真实的供求关系,从而对市场参与者造成误导。虚假的交易

---

① 中国证券监督管理委员会组织编译:《美国期监会规章》(第一册),法律出版社 2013 年版,第 253—255 页。

② See Philip McBride Johnson, *Commodity Market Manipulation*, 38 Washington and Lee Law Review 725, 777 (1981).

③ See Philip McBride Johnson & Thomas Lee Hazen, *Derivatives Regulation*, Wolters Kluwer Law & Business, 2004, pp. 1293-1294.

④ 典型案例参见,硬麦 105 合约操纵案,中国证监会行政处罚决定书(胶南粮库、刘玉江)〔2012〕15 号;螺纹钢 1107 合约操纵案,中国证监会行政处罚决定书(宝尔胜、黄君称)〔2012〕22 号。

⑤ See Charles R. P. Pouncy, *The Scienter Requirement and Wash Trading in Commodity Futures: The Knowledge Lost in Knowing*, 16 Cardozo Law Review 1625, 1636 (1995).

行为与虚假的谣言之间并无实质区别,①都会向市场注入虚假的信息。②因此,将虚假交易型操纵纳入欺诈型操纵的范畴进行规制,就具有完全的正当性。

(三)真实交易型操纵

真实交易型操纵,是指行为人通过真实的交易活动本身来操纵市场,其典型是连续交易操纵。真实交易型操纵中所包含的交易活动被称为"公开市场交易"(open-market trade),是以操纵意图进行的真实交易,其中涉及的是真实的交易对手方和真正的价格和经济风险。而前述虚假交易型操纵所包含的交易活动,由于是在类似于封闭市场环境中进行的交易,且不涉及真实的价格和经济风险,则通常被称为"封闭市场交易"(closed-market trade)。③

真实交易型操纵能否被涵盖于欺诈型操纵的范畴内,取决于对欺诈型操纵概念中欺诈因素的界定标准。如果对欺诈因素的界定是基于操纵活动产生的虚假价格对其他市场参与者造成的误导,那么与虚假交易型操纵类似,在真实交易型操纵中,行为人也是通过交易活动来影响市场价格,通过形成虚假的市场价格来误导其他市场参与者,因而属于欺诈操纵条款的规制范围。

而如果对欺诈因素的界定是基于虚假行为标准,那么真实交易型操纵很有可能就无法被涵盖在欺诈的概念之中。此种观点的代表性论述来自著名学者费希尔和罗斯。他们认为,对市场操纵的客观定义是不存在的,包括人为价格、供求关系等标准在内,所有从客观角度判断操纵的方法都存在着严重缺陷。唯一能使操纵这一概念具有独特内涵的定义是从主观角度作出的,即将定义的重点完全放在行为人的主观意图之上。此时,构成操纵需要具备的条件包括:第一,交易的目的是使价格向特定方

---

①   参见〔美〕路易斯·罗思、乔尔·塞里格曼:《美国证券监管法基础》,张路等译,法律出版社 2008 年版,第 802 页。

②   See Comment, *Manipulation of Commodity Futures Prices—The Great Western Case*, 21 University of Chicago Law Review 94, 96-97 (1953).

③   See Jerry W. Markham, *Law Enforcement and the History of Financial Market Manipulation*, M. E. Sharpe, Inc. , 2014, p. 378; Ronald H. Filler & Jerry W. Markham, *Regulation of Derivative Financial Instruments (Swaps, Options and Futures)*: *Cases and Materials*, West Academic Press, 2014, pp. 536-537.

向运动;第二,如果没有该项交易,交易者自己并不相信价格会向该方向运动;第三,最终的盈利完全来自该交易者驱动价格的能力,而非其对有价值的信息的占有。也就是说,构成操纵实际上完全取决于行为人的主观意图。[①] 而欺诈与操纵的关键性区别在于,在欺诈的构成中除了欺诈的主观意图之外,还必须具备相应的客观行为(如虚假陈述)。只有依据客观标准判断存在不当行为时(如行为人的陈述中包含虚假信息),对行为人意图的判断才有意义。[②] 以此为标准,对具体的操纵行为类型进行分析,可以发现:信息型操纵除了欺诈的意图外,还包含有制造或传播虚假信息的行为,因此是一种典型的欺诈行为;在虚假交易型操纵中,行为人通过洗售、约定交易等手段误导其他市场参与者,使其相信市场中存在买方和卖方在进行交易(但实际上并没有真实的交易发生),同样具备了欺诈的意图和行为,所以这也是一种欺诈行为。因此,在信息型操纵和虚假交易型操纵领域,操纵的概念是多余的,应当将这些行为认定为欺诈。[③] 但是,在真实交易型操纵中,行为人从外观上看只是在进行交易,没有办法通过客观标准将此种交易行为与普通的交易行为相区分,而唯一的区别是行为人的主观意图。因此,与虚假交易型操纵的情形相反,将操纵定义为欺诈的一种类型在真实交易型操纵的情形下是不适用的。[④]

笔者认为,由于真实交易型操纵确实会制造出虚假的价格信息,进而对市场参与者造成误导,所以其确实在欺诈型操纵的涵盖范围之内。而且在美国,很多真实交易型操纵案件也是通过欺诈操纵的路径来处理的。因此,真实交易型操纵属于以欺诈路径规制市场操纵行为的涵盖范围,这是没有问题的。但是,与虚假交易型操纵中包含的非竞争性的封闭市场交易不同,真实交易型操纵中包含的公开市场交易是在竞争性的市场环境中进行的,相关价格也是在竞争性的市场环境中形成的。因此,要认定

---

① 根据其观点,与操纵情形相对应的,如果交易者是基于"善意"进行交易,即他相信自己交易驱动价格正是向着价格本应运行的方向,那么该交易者的行为就不是操纵。See Daniel R. Fischel & David J. Ross, *Should the Law Prohibit "Manipulation" in Financial Markets?*, 105 Harvard Law Review 503, 510 (1991).

② See Daniel R. Fischel & David J. Ross, *Should the Law Prohibit "Manipulation" in Financial Markets?*, 105 Harvard Law Review 503, 511 (1991).

③ Ibid., 510-511 (1991).

④ Ibid., 511 (1991).

在公开市场上进行的真实交易活动构成欺诈型操纵,比认定信息型操纵和虚假交易型操纵的场合难度要大。

二、欺诈路径无法规制市场力量型操纵

市场力量型操纵,是指行为人利用其垄断性的市场力量与期货合约的交割条款来操纵市场,其典型包括囤积操纵和逼仓操纵。这种操纵行为类型能否被纳入欺诈路径的规制范围,是存在较大争议的。

(一)欺诈理论无法解释市场力量型操纵

1. 以欺诈来解释市场力量型操纵的理论

以欺诈来解释市场力量型操纵,理论角度的完整阐述由法经济学的代表性人物、著名的伊斯特布鲁克法官提出。他认为,在市场力量型操纵中,行为人要建立垄断性的期货头寸,就需要有人作为合约交易的相对方。然而,考虑以下两方面的因素,行为人要做到这一点存在着困难。首先,就特定商品而言,期货市场只是其市场整体的一部分,如果行为人垄断期货市场,对某种商品有需求的人可以直接从现货市场购买,而避开期货市场。[①]其次,期货市场是一个非常接近于教科书式的完全竞争性市场,[②]在完全竞

---

① 举例而言,假设某个期货合约赋予买方在芝加哥获得三月份小麦交割的权利,想要垄断市场的人不需要控制所有的小麦供应,他只要控制芝加哥每三月份可用于交割的小麦就够了。仅从期货合约的角度来看,垄断相关供应看起来似乎是一件很简单的事情,但其实并没有那么容易。因为需要小麦的人并不需要通过小麦期货合约,他可以直接购买小麦现货。一个垄断了芝加哥交割三月份小麦期货合约的人并不能轻易地提高要价,因为需要小麦的人根本不会与他进行交易。See Frank H. Easterbrook, *Monopoly*, *Manipulation*, *and the Regulation of Futures Markets*, 59 Journal of Business S103, S105 (1986).

② 所谓完全竞争性市场,是指在该市场中,参与者以不间断的竞买方式对具有可替代性的商品进行交易,每一个卖家的产品都与任何其他卖家的相同,所有市场参与者都是有经验的。只要市场价格比其对商品价值的判断低,每一个买家就会持续地买入;只要市场价格比商品的边际成本高,每一个卖家就会持续地卖出。新的买家和卖家能迅速地参与进来,并且如果他们发现情况不妙,他们也能迅速地退出。没有人可以占对方交易者的便宜,因为还没等那样的情况出现,其他人就会向可能"受害"的交易者提出更好的交易条件。有关买卖价格的信息能够迅速地传播到所有的市场参与者以及想要成为市场参与者的人那里。每一个有利的交易都能达成,交易的结果对每个买家、卖家以及整个社会而言都是最好的。对照上述定义可以发现,与现货市场相比,期货市场具有以下特征:一是期货合约由标准化条款构成,就特定品种和时间的合约而言,每一张合约都是相同的,因此合约之间具有可替代性;二是期货合约由清算机构担保履行,因此合约的履行不取决于持有人的身份、财富或个人倾向;三是对任何人而言,进入和退出期货市场既便捷又便宜,参与者可以在全国范围内进行合约的买卖而无需运输费用,合约供应的增长和收缩都非常迅速;四是期货市场参与者基本都是专业交易者,总是能够迅速获取有关价格的最新信息。因此,期货市场在性质上而言非常接近于所谓的教科书式的完全竞争性市场。See Ibid.

争性市场中,人们都会选择竞争性的价格条件,而不愿意使自己处于他人垄断性力量的支配之下。因为,如果大家知道行为人拥有市场某一方向的垄断地位,那么就没有人会与之进行交易。[①]

　　鉴于公开地建立垄断性力量极为困难,因此,这种活动必须秘密进行。据此,伊斯特布鲁克法官认为,操纵必定是一种欺诈行为。操纵者必须向潜在的交易伙伴隐瞒自己的头寸状况和交易意图,否则他人在知情的情况下就不会与其进行交易。[②]　因此,这种欺诈行为可以被定义为行为人对其头寸规模(与其余未平仓合约头寸规模相比)的任何明示或暗示的虚报行为,主要包含两种形式。第一种形式被称为头寸欺诈(position fraud),这是指对期货市场某一方向巨额头寸出人意料的集中或维持。在头寸欺诈中,行为人可以直接获取未平仓合约的巨额头寸,或者也可以只是不对冲其头寸,这样在交易快要结束时,先前较小的持仓就变成了较大的持仓(与未平仓合约的整体规模相比较)。此时,行为人要求进行交割。合约相对方对突如其来的交割要求没有准备,无法进行交割,也找不到其他的交易对手来了结自己所持有的头寸,只能根据行为人的要价支付一大笔额外费用。如果合约相对方先前已经意识到行为人持有如此巨大的头寸,他们就会置身于市场之外,或者会更早地对冲其头寸或为交割做准备。第二种形式被称为所有权欺诈(ownership fraud),这是指对所拥有的现货商品所有权的隐瞒。此种行为模式需要同时拥有期货合约和基础商品,例如行为人尽可能地将芝加哥三月份小麦的可交割现货供应全部买入,然后再买入期货的多头合约,并且坚持进行交割。此时合约的空头才发现,有权获得交割的人已经拥有了全部的可交割现货供应,他们要么必须花费大笔资金将更多供应投放到交割地,要么只能向合约多头支付一笔额外费用。如果合约空头先前就知道自己正在向本身就拥有小麦的人卖空小麦,他们本可以不参与该交易。如果交易已经达成且该情况被及时发现,他们也可以及早将新的现货供应引入市场,以减少他们为

---

　　① See Frank H. Easterbrook, *Monopoly, Manipulation, and the Regulation of Futures Markets*, 59 Journal of Business S103, S106 (1986).

　　② Ibid.

履行义务所需要支付的额外费用。①

再考虑交易行为对市场价格和供求状况的影响,伊斯特布鲁克法官认为,当某人相比其他交易者能更好地理解市场供求状况时,他建立期货头寸的行为就是一种正常的经济性行为,并且该行为能够使价格向其应该发展的方向运动;而当某人完全依靠自己向其他交易者隐瞒头寸的能力,并且其利润完全来源于此种隐瞒,那么他所实施的就是一种欺诈行为,并且该行为可能会使价格向错误的方向运动。基于以上分析,他将市场力量型操纵定义为一种欺诈行为,即"利润来源于交易者向其他交易者隐瞒其头寸的能力,且此交易使价格不能更快地向反映供求的长期状况的方向运动的行为"。②

2. 以欺诈来解释市场力量型操纵的理论存在的问题

伊斯特布鲁克法官提出的以欺诈来解释市场力量型操纵的理论存在着较为严重的问题,主要体现在以下方面。

首先,该理论给市场参与者施加了一种不符合交易客观规律的披露义务。伊斯特布鲁克法官将操纵定性为一种欺诈行为,其核心内涵是行为人向潜在的交易伙伴隐瞒自己所持有的头寸状况,让他人在不知情的情况下与自己进行交易,从而使自己能够累积足够的市场力量以操纵市场。然而在现实当中,对于从事合法交易活动的市场参与者而言,此种策略通常也是必需的。如果某个交易者有能力预测出市场供应将会短缺并且价格会上涨,他就会想要以尽可能低的价格来大量买入该种商品。为了达到此目的,该交易者就需要向他人隐瞒自己的头寸规模和意图。因为如果他不隐瞒,期货的即时价格就会立即上涨以反映市场上出现的该

---

① See Frank H. Easterbrook, *Monopoly, Manipulation, and the Regulation of Futures Markets*, 59 Journal of Business S103, S106-S107 (1986). 在有的判例中,行为人掌握自身在现货市场上所拥有的所有权信息,而这些信息在行为人与其他市场参与者之间是不对等的,法院就认为此种情况有助于行为人操纵市场。例如,在 Cargill, Inc. v. Hardin 案中,法院注意到了被告对其在现货市场中支配性地位的认识有助于其操纵期货价格:"在此需要注意的是,嘉吉公司因此掌握了芝加哥其他交易者和谷物贸易商无法获得的重要信息,即它拥有芝加哥可交割小麦的大部分。虽然所有的交易者当然都知道芝加哥可交割小麦的总量,但只有嘉吉公司知道自己拥有这些小麦的绝大部分。"Cargill, Inc. v. Hardin, 452 F. 2d 1154 (8th Cir. 1971), cert. denied, 406 U.S. 932 (1972).

② See Frank H. Easterbrook, *Monopoly, Manipulation, and the Regulation of Futures Markets*, 59 Journal of Business S103, S118 (1986).

信息,他就无法获得有利的价格条件。[1]　而就连伊斯特布鲁克法官自己都承认这一点:"在期货市场上,保密是最重要的事,并且具有充分的理由。套期保值者们不希望他人知道他们的头寸,因为这将向基础商品领域的潜在竞争对手传递有价值的信息。交易者们寻求保密,即使知道保密也有利于他人实施欺诈。交易者们会忍受偶尔发生的此种欺诈,因为一般性的保密很有价值,而欺诈则不常发生。"[2]若将隐瞒头寸的行为定性为操纵,那么实际上就是给该交易者施加了一种不符合交易客观规律的额外义务,即当其他交易者对其头寸规模可能存在误解时,他就有义务披露。但是,除非存在信义或其他特殊的信赖关系,交易者对于其掌握的交易信息(包括头寸规模)并不负有法定的披露义务。[3]　很显然,隐瞒和保密不同于欺诈,而且隐瞒和保密的策略本身也并不必然产生市场力量。[4]

其次,该理论可能会破坏市场价格的形成机制。交易者总是在寻找他人忽略的市场信息,甚至是在不断地寻找市场的缺陷或弱点,以利用这些来为自己获得优势。如果没有相对于他人而言优势的信息,那么这样的交易者在市场上只是一个蒙着眼睛的、寄望于随机有利结果的赌徒。基于优势信息和交易技巧,交易者能够为自己获取利益,同时揭示出市场有效性方面的缺陷,从而为市场整体带来价值。[5]　然而,给市场参与者施加披露自己头寸的义务,事实上会导致对信息的搜集失去价值,市场也会失去促使交易者搜集关于价格变动的第一手信息的激励机制,[6]最终有可能会破坏市场价格的形成机制。对于这一点,就连伊斯特布鲁克法官自己也承认:"某人对其头寸的隐瞒在从其预测真实供需状况的能力中获

---

[1]　See Daniel R. Fischel & David J. Ross, *Should the Law Prohibit "Manipulation" in Financial Markets?*, 105 Harvard Law Review 503, 545 (1991).

[2]　Frank H. Easterbrook, *Monopoly, Manipulation, and the Regulation of Futures Markets*, 59 Journal of Business S103, S111 (1986).

[3]　Chiarella v. United States, 445 U.S. 222 (1980).

[4]　See Craig Pirrong, *Energy Market Manipulation: Definition, Diagnosis, and Deterrence*, 31 Energy Law Journal 1, 6 (2010).

[5]　See Jerry W. Markham, *Law Enforcement and the History of Financial Market Manipulation*, M.E. Sharpe, Inc., 2014, p.393.

[6]　See Daniel R. Fischel & David J. Ross, *Should the Law Prohibit "Manipulation" in Financial Markets?*, 105 Harvard Law Review 503, 509 (1991).

利方面可能是有用的,并且套期保值者需要保密来避免披露他们在现货市场的头寸。保密是一种有价值的商业策略,它提高了对新信息的搜索的价值。"[1]对于交易市场而言,其市场价格的形成依赖于新信息产生后被市场反映而造成的价格变动。如果所有人都等着搭便车,等着依据他人披露的信息从事交易,而不愿意去搜集新的信息,那么整个市场的价格形成机制就会被摧毁。交易被泄露的信息越多,就越接近于直接的信息披露,那么就会削弱交易者以其控制的私有信息获利的能力。因此,为了市场的存续,交易不能被完全披露,交易者必须被允许向其他交易者隐瞒其交易情况。[2] 大概是意识到了这一点,伊斯特布鲁克法官提出要进一步区分"旨在实现关于市场基本状况的新信息价值的必要保密策略"和"旨在使价格偏离市场基本状况的保密策略"。[3] 但此种区分无疑是非常困难的。

最后,该理论难以将市场操纵行为与合法交易行为相区分。为说明该理论中操纵行为与合法交易行为的区别,伊斯特布鲁克法官在其研究中指出,应当将市场操纵与"对市场中优势头寸的利用",以及与"对市场供求状况变化的机敏的预见"区分开来。他认为,如果通过对市场预期供求状况的评估,某个交易者对市场价格上涨抱有极强的信心,那么他就会持有大量的多头头寸,在预测正确的情况下可以据此大量获利。若市场出现供应短缺的情况并导致价格上涨,人们不能反过来谴责其操纵市场。[4] 然而根据其理论,我们既无法将操纵与对优势头寸的利用相区分,也无法将操纵与对市场供求状况变化的机敏预见相区分,最典型的就是他所谓的"头寸欺诈":"在头寸欺诈中,行为人可以直接获取未平仓合约的巨额头寸,或者也可以只是不对冲其头寸,这样在交易快要结束时,先前较小的持仓就变成了较大的持仓(与未平仓合约的整体规模相比较)。此时,行为人要求进行交割。合约相对方对突如其来的交割要求没有准

---

① See Frank H. Easterbrook, *Monopoly, Manipulation, and the Regulation of Futures Markets*, 59 Journal of Business S103, S118 (1986).

② See Daniel R. Fischel & David J. Ross, *Should the Law Prohibit "Manipulation" in Financial Markets?*, 105 Harvard Law Review 503, 509 (1991).

③ See Frank H. Easterbrook, *Monopoly, Manipulation, and the Regulation of Futures Markets*, 59 Journal of Business S103, S118 (1986).

④ Ibid., S117 (1986).

备,无法进行交割,也找不到其他的交易对手来了结自己所持有的头寸,只能根据行为人的要价支付一大笔额外费用。"①我们可以看到,"头寸欺诈"在表现形式上与合法的交易行为根本没有什么不同,所不同的只是行为人的主观意图。并且,如前所述,如果将操纵定义为交易者对自己所持有头寸规模的隐瞒,不允许交易者对自己的头寸状况保密,那么事实上也就不可能存在"对市场中优势头寸的利用",也不可能存在"对市场供求状况变化的机敏的预见",因为利用这两项优势的市场环境已经不存在了。

（二）市场力量型操纵不构成欺诈

在市场力量型操纵中,有两种情况有可能被视为该种操纵类型中的欺诈因素,一种是行为人保密和隐瞒自己期现货头寸状况及交易策略的做法,另一种是市场力量型操纵活动最终造成的价格扭曲。然而在深入分析之下,我们可以发现,这两种情况都不能构成市场力量型操纵中的欺诈成分。

1. 对期现货头寸状况及交易策略的保密和隐瞒不构成欺诈

在市场力量型操纵的情形下,由于能够通过对市场力量的运用来获利,行为人不会让别人知道自己正在集中多大规模的头寸,并且确实很有可能会采取保密和隐瞒此种状况的策略,直到对于合约对手方而言已经太迟而无法进行交割。② 但是,行为人在积累期现货头寸阶段的活动并不以在市场上制造交易活跃的假象为目的,甚至需要尽量不造成市场的波动,而以一种尽可能不被其他交易者察觉的方式来进行。只有这样,他才能以尽量低的成本积累起大量的头寸。事实上,这与市场上任何一个想要建立大额期现货头寸的非操纵性交易者的做法没有任何不同。没有任何理性的交易者会想要向市场披露自己的头寸情况,因为如果此种披露要求付诸实施,就会在事实上剥夺交易者建立大额头寸的可能性,并且破坏市场的套期保值和价格发现功能。③ 欺诈行为的成立以当事人相应的披露义务的存在为前提,由于不可能向交易者施以此种不符合交易客

---

① See Frank H. Easterbrook, *Monopoly, Manipulation, and the Regulation of Futures Markets*, 59 Journal of Business S103, S106 (1986).

② See Comment, *Manipulation of Commodity Futures Prices—The Great Western Case*, 21 University of Chicago Law Review 94, 99 (1953).

③ See Jerry W. Markham, *Law Enforcement and the History of Financial Market Manipulation*, M. E. Sharpe, Inc., 2014, p. 210.

观规律的要求披露其期现货头寸状况及交易策略的义务,因此也很难将交易者不披露此类信息的行为视为欺诈。

从另一个角度来看,如果说保密和隐瞒头寸是行为人操纵市场的必须手段的话,那订立交易合同同样也是操纵的必须手段,那么是否可以将市场操纵定性为对合同工具的利用呢? 其中的谬误是显然的,这实际上是将合法行为与非法行为共同的必要手段定性为了非法行为。所谓对自己期现货头寸状况以及相关交易策略的保密和隐瞒是操纵与非操纵交易者共同的必要做法。从逻辑角度而言,必要条件不等于充分条件,更不等于充要条件。从交易实践角度而言,散布关于自己头寸的虚假信息可以使市场力量型操纵变得相对容易,但隐瞒或消极地不公开自己的头寸不等于积极地散布虚假信息,且法律也没有赋予交易者披露自己所持有头寸的义务,因而也就不可能将其定性为欺诈。

在信息型操纵中,行为人在制造和传播虚假信息前的建仓活动也是其操纵行为的组成部分,甚至是其最后能够获得操纵收益的必备手段,尽管这些建仓活动通常也是以一种隐秘的方式来进行的,但是从来不会有人将交易者的建仓活动本身视为欺诈。而市场力量型操纵中积累头寸阶段活动的性质,与信息型操纵中的建仓活动,在本质上都是一样的。特别是,在信息型操纵中,如果行为人只是完成了建仓,但是未制造和传播虚假信息,也未进行反向的平仓操作,那么明显不会构成欺诈。同样的,在市场力量型操纵中,如果行为人以对价格影响最小的方式秘密积累头寸,但是最后没有要求交割而是对冲掉了,那么明显也不会构成欺诈。因此,仅以先前积累头寸过程中的保密和隐瞒做法就认为市场力量型操纵活动构成欺诈的观点很明显是错误的。

在新近的 United States v. Radly 案中,初审法院对监管机构试图将被告的行为描述为欺诈的论点进行了反驳:"政府暗示,被告的行为是不合法的,因为他们'煞费苦心地向其他市场参与者以及未参与该计划的英国石油公司管理层隐瞒他们购买丙烷的真相'。虽然政府指控了被告企图隐瞒其行为的具体事例,但未能指控被告对其行为撒了谎。仅仅是隐瞒并不足以表明他们的行为不是合法的供求力量。"第五巡回法院在上诉审中也认为,被告可以向他人隐瞒他们的交易头寸,因为他们没有义务

"向来自其他交易对手的哪怕是最正式的质询披露他们的策略".[1] 通过该案,法院事实上认可了市场参与者在交易活动中隐瞒自己交易信息的做法的正当性,只要其没有主动撒谎即可。因此,在法理上,行为人隐瞒自己的持仓状况和交易策略等信息的做法也就不可能被认定为欺诈。

美国在修订后的《商品交易法》第 6 条(c)(1)中建立了欺诈操纵条款,但同时规定"商品期货交易委员会颁发的任何规则或规章均不得要求任何人向其他人披露对商品交易的市场价格、费率或水平可能有重要意义的非公开信息,但是为了使该人向该其他人作出的任何交易声明或与交易相关的声明在任何重大方面不致具有误导性,该人所应披露的必要信息除外".[2] 作为施行细则的 180.1 规则也作出相同的规定:"本条规定的任何内容均不得被解释为要求任何人向其他人披露对商品交易的市场价格、费率或水平可能有重要意义的非公开信息,但是为了使该人向该其他人作出的任何交易声明或与交易相关的声明在任何重大方面不致具有误导性,该人所应披露的必要信息除外。"商品期货交易委员会在对该规则进行说明的公报文件中指出,其并不打算通过制定该规则给市场参与者施加任何新的调查、注意或披露的积极义务。此外,其还明确了市场参与者隐瞒其合法占有的市场状况信息不构成对 180.1 规则的违反。[3] 因此,在不存在披露义务的情况下,仅仅是"沉默"(silence)或者声称"无可奉告"(no comment)也都不违反 180.1 规则。[4] 根据这些法律规定和监管规则,只有当交易者向他人作出的声明有误导性时,他才有相应的披露义务。如果交易者没有积极地制造误导性的信息,而仅仅只是消极地隐瞒与自己交易有关的非公开信息,就不构成欺诈。

2. 市场力量型操纵造成的价格扭曲也不构成欺诈

美国《商品交易法》第 6 条(c)(1)和 180.1 规则虽然没有给市场参与

---

[1]　United States v. Radly，659 F. Supp. 2d 803（S. D. Tex. 2009），aff'd，632 F. 3d 177（5th Cir. 2011）.

[2]　中国证券监督管理委员会组织编译:《美国商品交易法》,法律出版社 2013 年版,第 313页。

[3]　See Commodity Futures Trading Commission, *Prohibition on the Employment，or Attempted Employment，of Manipulative and Deceptive Devices and Prohibition on Price Manipulation*，76 Federal Register 41398，41402-41403（2011）.

[4]　Cf. Basic Inc. v. Levinson，485 U. S. 224（1988）.

者创设积极的披露义务,但是也同时指出"为了使该人向该其他人作出的任何交易声明或与交易相关的声明在任何重大方面不致具有误导性,该人所应披露的必要信息除外"。如前所述,在证券市场操纵领域,以欺诈路径规制市场操纵的原理在于,行为人通过操纵活动对价格的影响来制造市场假象,使其他市场参与者以为这样的价格是在真实的市场供求力量之下形成的,并且行为人未向市场披露市场价格已被操纵,即属于对重大事实的隐瞒,从而会造成对他人的误导。① 毫无疑问,市场力量型操纵也可能会造成价格扭曲,但此种情形是否会构成对他人的误导,进而产生积极的披露义务,则是一个值得讨论的问题。

事实上,在期货市场特有的市场力量型操纵领域,对此种情形的解释与证券市场操纵是不同的。著名学者费希尔和罗斯就这一问题提出了自己的见解,他们认为,在期货市场中,市场力量的积累可以通过故意行为来进行,②也完全可以通过无操纵故意的合法交易活动来实现。③ 而且作为经济理性人,任何多头交易者都希望尽可能多地获利。那么交易者一旦具备市场力量,不管是基于操纵故意还是无意间获得的,他当然都会利用该机会以高于竞争性价格的水平来要价。因此,在合约届期时出现的非竞争性价格也不能提供判断操纵的客观标准。也就是说,是否运用了市场力量,并非区分操纵性与非操纵性交易行为的客观标准,判断市场力量型操纵的关键还是行为人的意图。④

笔者同意,市场力量型操纵造成的价格扭曲不构成欺诈,但是并不赞同上述学者的论证理由。人为价格与欺诈理论之间的连接点是欺诈市场理论,该理论认为,操纵和欺诈的对象是整个市场,投资者因为信赖市场的真实性而交易,故只要存在人为价格,就说明相应投资者的损失即与该

---

① 参见高如星、王敏祥:《美国证券法》,法律出版社 2000 年版,第 288 页。

② 例如,交易者就某种特定商品秘密地买入大量的期货合约头寸和可交割现货供应,并寄希望于这么做能够让自己在合约届期时提高对空头方的要价,使空头方以高价对冲合约,或者以高价买入现货商品以履行其合约义务。

③ 例如,对市场看涨的交易者会买入大量的期货多头头寸,因为他认为供应会趋紧而价格会上涨。如果与可交割现货供应相比,他最终持有的头寸足够大,那么他在合约届期时就拥有了市场力量。突发事件对供应的冲击(例如农作物欠收或仓库失火),或者对需求的冲击(例如预期之外的大量商品出口),都有可能造成多头市场力量的出现。

④ See Daniel R. Fischel & David J. Ross, *Should the Law Prohibit "Manipulation" in Financial Markets?*, 105 Harvard Law Review 503, 544 (1991).

操纵和欺诈行为存在因果关系。[①] 需要特别指出的是,虽然通过欺诈市场理论我们可以在人为价格和欺诈之间建立推定关系,即只要存在人为价格,就推定市场参与者受到了欺诈,但是此种推定关系是一个可反驳的推定。只要能够证明市场参与者确实不是因为受到人为价格的误导才参与交易的,那么就可以推翻该推定。

笔者认为,要解决这一问题,需要从欺诈的实现原理入手,即受害者只有在其不知情的情况下才有可能被误导。在证券市场操纵领域,只要操纵者制造了不反映市场供求力量的虚假价格,且对此种情况予以隐瞒,就会使其他参与者误认为该价格是在没有操纵活动影响下形成的市场价格,并在受误导的情况下根据此行情进行交易。而在市场力量型操纵的情况下,操纵活动虽然也会造成市场价格扭曲,但此种情况是非常显著的,几乎等同于行为人昭告天下他正在操纵市场,而且行为人操纵目的的实现也完全不依赖于对他人的误导或欺骗。此种区别的原因在于市场力量型操纵与诸如信息型、交易型等操纵类型在实现机理上的不同。后两种操纵类型需要通过对他人的误导来实现操纵目的,而市场力量型操纵的实现完全不需要对他人的误导。

如前所述,行为人在期货和现货市场上积累头寸的活动并不以在市场上制造假象为目的,法律上也要求不能强制其披露自己正在买入大量期现货头寸的策略,因此行为人保密和隐瞒自己积累大额期现货头寸的做法不构成欺诈。而操纵者一旦积累起支配性的头寸,他只需要在合约届期时就这些合约发出大量交割通知,就可以逼迫缺乏可交割现货供应的合约对手方以高价对冲平仓。但是,此时合约对手方利益的受损并不是因为受到了操纵者制造的虚假或误导性信息的影响,甚至他们心里都很清楚自己正在受到操纵者的逼仓行为的损害。但由于操纵者具备垄断性的市场力量,以及期货合约交割条款的约束,他们无力摆脱此种状况,为避免违约的后果,只能以操纵者要求的高价来对冲平仓。此种市场高价也不会造成对其他交易者的误导,因为操纵者的逼空行为和市场上的逼空行情高度一致,也就是说行情是非常明显的。退一步来说,即使认为

---

① 参见李明良、李虹:《〈多德—弗兰克法〉期货市场反操纵条款研究》,载张育军、徐明主编:《证券法苑》第 5 卷,法律出版社 2011 年版,第 1203 页。

操纵者对此时的市场价格有披露义务,他事实上也已经披露了。其他交易者非常清楚市场的极端逼空行情,不可能再进入市场并将自己置于空头方的地位。如果有交易者这么做,只能说他是明知市场行情如此却仍然自甘冒险,而不能说是受到了行情的误导。因此,虽然市场力量型操纵会形成不反映市场供求力量的价格,但是所有人都知道此种价格是由逼仓活动造成的,没有人会被此种行情所误导,因而操纵者也就不可能构成欺诈。

在期货市场早期的 General Foods Corp. v. Brannan 案中,法院曾将操纵的属性描述为:"操纵或囤积案例中的通用判断标准是凭借传播谣言、隐藏头寸、违背明确的反操纵措施的欺骗和诡计,或其他形式的欺诈。"[1]然而,随着人们对以囤积和逼仓为代表的市场力量型操纵认识的深入,此种见解已经站不住脚。针对该案中法院的此种见解,美国商品期货交易委员会前主席菲利普·约翰逊先生尖锐地批评道:"对大量市场力量型操纵案例的分析似乎可以证明,被指控的操纵者使用的不是'诡计'和'欺骗'手段,而是公开而强力地使用原始的经济上的力量,就连受害者也都能痛苦地意识到这一点。"[2]利用市场力量本身并不存在欺诈,[3]市场力量型操纵也根本不需要通过欺诈的手段来实现。那些将市场力量型操纵定性为欺诈的观点,显然是缺乏对此种操纵手法的实现机理的正确认识。

因此,如前所述,美国虽然在修订后的《商品交易法》和相应的监管规则中建立了欺诈操纵条款,[4]但是依然保留了有关市场力量型操纵的特别规定,[5]并且特别规定新的欺诈操纵条款不影响既有的市场力量型操纵条款的效力。[6]而那些试图以单一欺诈操纵条款规制包括市场力量型操纵在内的所有操纵类型的做法,则成为反面的立法例。

---

[1]　General Foods Corp. v. Brannan,170 F. 2d 220 (7th Cir. 1948).

[2]　Philip McBride Johnson, *Commodity Market Manipulation*, 38 Washington and Lee Law Review 725, 763 (1981).

[3]　See Shaun D. Ledgerwood, James A. Keyte, Jeremy A. Verlinda & Guy Ben-Ishai, *The Intersection of Market Manipulation Law and Monopolization under the Sherman Act: Does It Make Economic Sense*, 40 Energy Law Journal 47, 60 (2019).

[4]　参见美国《商品交易法》第 6 条(c)(1)、(2),美国商品期货交易委员会 180.1 规则。

[5]　参见美国《商品交易法》第 9 条(a)(2)。

[6]　参见美国《商品交易法》第 6 条(c)(1)(B),美国商品期货交易委员会 180.1 规则(c)。

三、自我威慑理论无法解决市场力量型操纵问题

经济学上认为,如果市场参与者操纵市场的成本大于所得的收益,市场自身就有遏制操纵的功能,即在均衡状况下市场具有自我威慑性(self-deterring),则任何形式的监管介入都是没有必要的。[①] 如果市场力量型操纵具有自我威慑性,那么似乎就不需要立法禁止市场力量型操纵,欺诈操纵条款无法涵盖市场力量型操纵也就不是什么大的问题了,因而也就不需要并存的价格操纵条款。然而,事实并非如此。

（一）市场力量型操纵的自我威慑理论

市场力量型操纵的自我威慑理论由著名学者费希尔和罗斯提出。他们认为,交易者只有在他们认为有利可图的情况下才会试图去操纵市场价格,而有利可图的(成功的)操纵要求操纵者既能够造成相关期货合约价格的上涨,又能够以比其买入价格更高的价格卖出。[②] 如果操纵者能够秘密地积累足够的期货合约或者基础商品的可交割现货供应,以获得合约届期时的市场力量,那么他就有可能同时满足上述的两个条件。以秘密的方式买入能够让操纵者获得较好的买入价格,即将于合约届期时发生的逼仓情况不会反映在该价格上。而操纵者运用秘密买入所积累的市场力量所造成的逼仓情况,则能够让他以比买入价格更高的价格卖出。但他们认为,由于以下四方面的原因,在现实当中要成功实施此种操纵行为并没有那么容易。

第一,要想获得垄断性的市场力量,需要操纵者耗费巨额的资金。想要操纵市场的人需要买入足够数量的期货合约,并且可能还包括现货商品的库存,才能够获得市场力量。而对于某些商品,例如国债,这基本上是不可能的。对其他一些商品来说,初始的保证金要求就需要投入大量的资金,然而后续的追加保证金的要求,以及合约届期时购买交割商品,还需要巨额的资金。

第二,合约届期后未能处理掉的大量商品库存也会带来巨大的成本

---

① 参见孙秋鹏:《期货市场监管权配置研究:政府与交易所分权视角》,经济科学出版社2013年版,第67页。

② 费希尔和罗斯对此问题进行论述的时候主要是以多头操纵(多逼空)的情形为例进行说明。如果在空头操纵(空逼多)的情形下,操纵者就需要以比卖出价格更低的价格买入才能获利。

损耗。要在合约届期时造成市场价格上涨,操纵者必须要阻止市场供应。因为如果他允许存在竞争性的市场供应,那么他只能获得竞争性的市场价格。通过将供应阻挡在市场以外,操纵者才有可能以高价将期货合约或现货商品卖给空头方。但是必定也会有大量商品库存无法卖掉,这对于操纵者而言就是巨大的成本损耗。

第三,即使操纵者可以继续保留这些商品库存,他后续也不太可能获得高价卖出的机会。阻止市场供应能导致合约届期时价格上涨,是因为此时市场空头的需求是非弹性的,他们必须履行他们的合约义务。但在合约期届满之后,市场需求会变得有弹性得多。一些在期货合约条款下无法满足交割要求的其他等级的商品或相关的商品,在其他用途方面也许就是合约基础商品很好的替代品。此外,与合约空头不同,此种商品的其他潜在买家并不需要履行合约义务而在届期时买入商品,他们可以跨过此时期进行替代购买。因此,具备合约届期时获得高价的能力并不意味着合约届期后也具备此种能力。并且操纵者为处理商品库存的倾销行为有可能使市场价格降得更低。

第四,即使操纵者对其垄断性头寸能够使市场价格在合约届期时变得更高抱有信心(由于合约届期时的非弹性需求),但他也不能保证此价格真的能给他带来收益。预期以外的可交割现货供应的增长或需求的降低都有可能导致价格降得比预期的要低。这些情况即使在合约届期时没有发生,在合约届期后操纵者得以释放其头寸以前,也很有可能会发生。①

基于上述理由,费希尔和罗斯认为,实施市场力量型操纵的风险巨大、成本高昂,因此市场力量型操纵实际上具有自我威慑性,同时考虑到执行禁令也需要高昂的成本,因此不管交易者的意图如何,市场力量型操纵在法律上都不应该作为操纵行为而被禁止。②

(二)不能依靠自我威慑理论来解决市场力量型操纵问题

笔者认为,费希尔和罗斯所提出的市场力量型操纵自我威慑理论是有缺陷的,不能作为规制市场力量型操纵的指导。

---

① See Daniel R. Fischel & David J. Ross, *Should the Law Prohibit "Manipulation" in Financial Markets?*, 105 Harvard Law Review 503, 547-548 (1991).

② Ibid., 553 (1991).

首先,对市场力量型操纵具有自我威慑性的判断与期货市场的真实状况不符。费希尔和罗斯基于理论上的分析,认为市场力量型操纵的成本大于收益,得出了这种操纵形态具有自我威慑性的结论。但是,该结论与期货市场的真实状况也是不符的。不仅中国证监会近年来查处过市场力量型操纵案例[①],我国刑事司法领域也有过被定罪的市场力量型操纵案例[②],而且在期货市场发展早期,还存在着大量未被查处的恶意逼仓风险事件。而在美国期货市场,市场力量型操纵更是构成了操纵案件的主体。美国在 1936 年颁布施行《商品交易法》之后,虽然加强了对过度投机和操纵的打击力度,导致市场力量型操纵的发生频率降低,但市场力量型操纵在操纵案件整体中的高占比并没有改变。据统计,在《商品交易法》之下构成操纵的案件中,市场力量型操纵案件比例超过85%。[③] 可见,该理论对市场力量型操纵具有自我威慑性的判断与期货市场的真实状况明显不符。

其次,当操纵者选择适当的时机,并利用市场供应稀缺的情况时,就有可能降低市场力量型操纵的成本,并使其低于通过操纵活动所获得的收益。行为人要实施市场力量型操纵,本来需要依靠个人的财力来囤积现货或减少市场上的可交割现货供应。而当自然的或其他人为的原因直接就导致了交割市场现货供应的稀缺时,就会为行为人的操纵活动节省很多成本。例如,在农产品收获季之前的月份或其他现货供应量有限的时期,操纵的成本就会降低。这是因为在农事年结束,下一次收获季开始前,就会有自然的和几乎不可避免的现货供应萎缩的现象。[④] 最典型的例子就是芝加哥期货交易所的五月小麦期货合约。这个合约自从 1920 年代以来一直都是逼仓的目标,因为五月在传统上是旧小麦近乎消耗殆

① 参见甲醇 1501 合约操纵案,中国证监会行政处罚决定书(姜为)〔2015〕31 号;玉米淀粉 1601 合约操纵案,中国证监会行政处罚决定书(邹鑫鑫、刘哲)〔2020〕30 号;白糖 1801 合约操纵案,中国证监会行政处罚决定书(阮浩、嘉和投资、钟山)〔2021〕117 号。
② 参见姜为操纵证券、期货市场一审刑事判决书,(2016)川 01 刑初 100 号;姜为操纵证券、期货市场二审刑事裁定书,(2017)川刑终 70 号;远大石化、吴向东操纵期货市场一审刑事判决书,(2018)辽 04 刑初 55 号。
③ See Craig Pirrong, *Squeezes, Corpses, and the Anti-Manipulation Provisions of the Commodity Exchange Act*, 17 Regulation 52, 56 (1994).
④ See Philip McBride Johnson, *Commodity Market Manipulation*, 38 Washington and Lee Law Review 725, 748 (1981).

尽,而新小麦尚未收获的时节。"同样的事情年复一年地在几乎相同的时间发生,'五月逼仓'就像被标记在了芝加哥的日历上,如复活节或庆祝日一样令人熟悉。"①此外,自然灾害导致农作物减产,海外需求旺盛导致过量出口,国内商业用户需求旺盛导致过量消耗,运输线路中断或可用交通工具减少导致现货供应无法正常流入交割地,等等原因均有可能使得特定市场上的现货供应量稀少。此时,行为人只需要把资金集中于累积期货头寸,或者把主要的资金用于累积期货头寸,少部分资金用于移除市场中的可交割现货供应,即可实现市场力量型操纵的目的。由于期货合约交易本身采用的是杠杆交易机制,因此行为人并不需要非常大量的资金就能累积起巨量的或者支配性的期货头寸。

再次,当操纵者采用特定操纵手法或减损措施时,也能降低市场力量型操纵的成本,从而使操纵的成本低于收益。例如,行为人在实施多头市场力量型操纵时,通常会存在合约届期后未能处理掉的大量商品库存带来的巨大成本损耗问题,而通过价差交易(spread/straddle trade)则可以在一定程度上解决这个问题。价差交易方式又称为跨期交易、跨价交易,实际上是一种跨期的套利策略。其典型做法是同时执行两个交易,其中一个是买入在特定月份交割的合约,另一个是卖出在不同月份交割的该同种合约。②例如,在多头市场力量型操纵的情形中,行为人在其很可能要因为所持有的多头头寸而接受交割之前,通过在下一个月份的期货合约上建立空头头寸的方式,为其在逼仓月份所获得的现货商品找到出路,从而能够限制此种损失。此种做法的获利并不依赖于通常的价格上涨,而是依靠其增大这两个月份合约价差的能力。③在 Great Western Food Distributors v. Brannan 案中,行为人就是通过买入 12 月合约并卖空 1 月合约来进行价差交易,其获利来源于扩大这两个期货合约的价差,即提高 12 月合约价格或降低 1 月合约价格,或两者皆有。④空头市场力量型

---

① In re Frey, Comm. Fut. L. Rep. (CCH) ¶ 24, 578 (C. F. T. C. 1990).

② See Philip McBride Johnson & Thomas Lee Hazen, *Derivatives Regulation*, Wolters Kluwer Law & Business, 2004, p. 130.

③ See Comment, *Manipulation of Commodity Futures Prices—The Great Western Case*, 21 University of Chicago Law Review 94, 101 (1953).

④ Great Western Food Distributors v. Brannan, 201 F. 2d 476 (7th Cir.), cert denied, 345 U. S. 997 (1953).

操纵的情形则相反,行为人卖空被逼仓月份的合约,同时在下一个月份的期货合约上建立多头头寸,则其获利主要来自于缩小这两个月份合约价差的能力。除跨期套利外,还有蝶式套利(butterfly spread)、跨市套利(intermarket spread)等策略。① 与市场力量型操纵通常采用的激进交易方式相比,这些交易策略相对保守,但却可以用来对冲操纵的风险,从而在某种程度上降低操纵的成本。

　　最后,实施市场力量型操纵的行为人可能在机会主义心理支配下行事,而成本收益对比与成功概率未必会是其考虑的主要问题。但只要操纵行为存在,就会对市场造成经济损害,而无关其盈利或亏损。操纵行为对市场的损害是多方面的,例如制造的人为价格会被作为现货市场的报价基础,依赖于现货和期货价格之间合理对应关系的套期保值也无法完成,而向市场提供套期保值所必须的流动性的投机者则会受到与现货市场供求关系无关的风险的影响。一个因为获得无法处理掉的现货商品而失败的囤积行为,对市场的危害与成功的操纵行为是一样的,因为对市场经济功能的损害来自于其对市场价格机制的破坏,而非操纵者个人的获利或损失。② 在美国相关判例中,法院也清楚地阐明了这一点:"在对操纵的调查中,被指控的操纵者是否获利是根本无关的,因为不管他运作时盈利或亏损,操纵所造成的经济损害是一样大的。"③如果一个市场失去了其应有的经济功能,那么这个市场距离衰亡也就不远了,而期货立法和监管的目标正是要保护期货市场的经济功能。

　　可见,对市场力量型操纵的规制是必要的。费希尔和罗斯提出以放任的方式来处理这种操纵行为类型,并依靠市场本身来对其进行遏制,事实上是行不通的,会导致在这种操纵形态上存在着规制和监管的空白。

---

　　① See Philip McBride Johnson & Thomas Lee Hazen, *Derivatives Regulation*, Wolters Kluwer Law & Business, 2004, pp. 131-133. 相关金融原理的详细解说,可参见〔美〕帕特里克·J. 卡塔尼亚主编:《商品期货交易手册》,鹿建光、瞿秀芳译,中国对外经济贸易出版社 1990 年版,第 139 页以下;〔美〕理查德·J. 特维莱斯、弗兰克·J. 琼斯、本·沃里克编:《期货交易实用指南》,周刚、王化斌译,经济科学出版社 2000 年版,第 193 页以下;〔美〕乔治·克莱曼:《商品和金融期货交易指南》,王权、王正林、肖静译,中国青年出版社 2009 年版,第 56 页以下。

　　② See Comment, *Manipulation of Commodity Futures Prices—The Great Western Case*, 21 University of Chicago Law Review 94, 102 (1953).

　　③ Cargill, Inc. v. Hardin, 452 F. 2d 1154 (8th Cir. 1971), cert. denied, 406 U. S. 932 (1972).

对期货市场操纵的规制方案必须能够全面且有效地涵盖期货市场的各种操纵行为类型。

四、以单一欺诈操纵条款规制能源市场操纵的反面立法例

在美国能源市场,主要的监管机构是联邦能源管理委员会(FERC)和联邦贸易委员会(FTC),其中前者主要监管天然气和电力能源市场,后者主要监管原油、汽油和石油馏分产品市场。但是,当期货交易涉及能源市场操纵时,这两个机构与商品期货交易委员会(CFTC)的管辖权是重叠的。因此,对美国能源市场反操纵规则的研究,也是非常有意义的。通过美国 2005 年《能源政策法》(EPAct)和 2007 年《能源独立与安全法》(EISA),联邦能源管理委员会和联邦贸易委员会获得了类似于证券交易委员会(SEC)的反欺诈操纵权力。而且,这两部法律中只有欺诈操纵条款。据此,我们可以考察和评价,这种单一的欺诈操纵条款立法方案在商品和期货市场操纵规制领域的科学性。

(一)美国 2005 年《能源政策法》及相关监管规则

美国 2005 年《能源政策法》第 315 条和第 1283 条通过对《天然气法》(NGA)第 4A 条和《联邦电力法》(FPA)第 222 条的修改,分别授予了联邦能源管理委员会在天然气和电力能源领域的反操纵权力。根据这两个法律条文的授权,联邦能源管理委员会分别制定了 1c.1 规则和 1c.2 规则作为施行细则。

根据 2005 年《能源政策法》第 315 条,《天然气法》中增加了新的第4A 条:"对于联邦能源管理委员会管辖权下的天然气买卖或运输服务买卖,任何实体违反联邦能源管理委员会为维护公共利益或者保护天然气费缴纳人制定的必要规则和条例,直接、间接地使用或者利用任何操纵、欺诈手段或计谋,均属违法(如同 1934 年《证券交易法》第 10 条(b)中所使用的措辞一样)。本条中的任何内容都不应被解释为创设了一项私人诉权。"根据第 1283 条,《联邦电力法》第 222 条中也加入了新的内容:"(a)一般规定。对于联邦能源管理委员会管辖权下的电力能源买卖或传输服务买卖,任何实体违反联邦能源管理委员会为维护公共利益或者保护电费缴纳人制定的必要或适当规则和条例,直接、间接地使用或者利用任何操纵、欺诈手段或计谋,均属违法(如同 1934 年《证券交易法》第

10 条(b)中所用的措辞一样)。(b) 不存在私人诉权。本条中的任何内容
都不应被解释为创设了一项私人诉权。"

联邦能源管理委员会制定的 1c.1 规则是上述《天然气法》第 4A 条的
施行细则:"(a) 对于联邦能源管理委员会管辖权下的天然气买卖或运输
服务买卖,任何实体直接、间接地,(1) 使用或利用任何手段、骗局或者伎
俩进行欺诈;(2) 对为使在陈述时的情况下不致误导所需的重大事实作
不实陈述,或者遗漏了对此等所需重大事实的陈述;或(3) 任何构成或者
可能构成欺诈、欺骗的行为、做法或者业务经营。(b) 本条中的任何内容
都不应被解释为创设了一项私人诉权。"而 1c.2 规则是上述《联邦电力
法》第 222 条的施行细则:"(a) 对于联邦能源管理委员会管辖权下的电
力能源买卖或传输服务买卖,任何实体直接、间接地,(1) 使用或利用任
何手段、骗局或者伎俩进行欺诈;(2) 对为使在陈述时的情况下不致误导
所需的重大事实作不实陈述,或者遗漏了对此等所需重大事实的陈述;或
(3) 任何构成或者可能构成欺诈、欺骗的行为、做法或者业务经营。
(b) 本条中的任何内容都不应被解释为创设了一项私人诉权。"

(二) 美国 2007 年《能源独立与安全法》及相关监管规则

美国 2007 年《能源独立与安全法》第 811 条和第 812 条授予了联邦
贸易委员会在原油、汽油和石油馏分产品市场的反操纵权力。根据这两
个法律条文的授权,联邦贸易委员会制定了 317.3 规则作为施行细则。

2007 年《能源独立与安全法》第 811 条规定:"对于联邦贸易委员会
管辖权下以批发方式进行的原油、汽油或石油馏分产品买卖,任何人违反
联邦贸易委员会为维护公共利益或者保护美国公民制定的必要或适当规
则和条例,直接、间接地使用或者利用任何操纵、欺诈手段或计谋,均属违
法。"第 812 条规定:"任何人向联邦部门或机构报告原油、汽油或石油馏
分产品批发价格相关信息的行为如果满足以下条件的,均属违法(1) 此
人知道,或理应知道该信息是虚假或误导性的;(2) 根据法律该信息被要
求报告;且(3)此人想要让虚假或误导性的数据影响该部门或机构以统计
和分析原油、汽油或石油馏分产品市场为目的编制的数据。"

联邦贸易委员会制定的 317.3 规则是上述法律的施行细则:"对于以
批发方式进行的原油、汽油或石油馏分产品买卖,任何人直接、间接从事
以下任何一项活动,均属非法:(a) 故意地从事或意图从事成为或会成为

对任何人的欺诈或欺骗——包括作出有关重要事实的任何不真实的声明——的任何行为、做法或业务经营;或(b) 故意不声明能使此人的声明在当时情况下不具有误导性的重要事实,而此种遗漏会扭曲或可能扭曲任何此等产品的市场状况。"

(三) 单一的欺诈操纵条款无法有效规制市场力量型操纵

由于美国 2005 年《能源政策法》和 2007 年《能源独立与安全法》对联邦能源管理委员会和联邦贸易委员会的反操纵授权都是全新的,且法律条文的措辞和表述都直接模仿了 1934 年《证券交易法》第 10 条(b),而由这两个机构制定的监管规则也都直接模仿了证券交易委员会的 10b-5 规则,因此在适用上,对这些新的反操纵条款的解释都可以直接参照上述的证券法规则及相应的判例。① 也就是说,此种反操纵立法方案事实上只禁止欺诈型操纵。甚至可以认为,尽管有些类似 10b-5 的监管规则的名称暗示其主要处理操纵问题,但是"操纵"这个词只出现在了规则的标题上,而非规则本身,因此这些规则事实上只禁止欺诈。② 由于在这两个机构监管的能源市场领域,并不存在反价格操纵的监管框架,所以根据这些法律和监管规则所确立的就是以单一欺诈操纵条款规制市场操纵的监管框架。③

我们在前面已经说过,欺诈操纵条款的适用范围是欺诈型操纵。而市场力量型操纵与欺诈型操纵的区别是非常明显的:首先,两种操纵类型在操纵手段上没有交集。一个交易者不需要制造或传播任何虚假或误导

---

① See Allan Horwich, *Warnings to the Unwary: Multi-Jurisdictional Federal Enforcement of Manipulation and Deception in the Energy Markets after the Energy Policy Act of 2005*, 27 Energy Law Journal 363, 385-392 (2006); Robert Feinschreiber & Margaret Kent, *Wholesale versus Retail Delineation and the Petroleum Market Manipulation Rules*, 10 Corporate Business Taxation Monthly 31, 32-36 (2009); Theodore A. Gebhard & James F. Mongoven, *Prohibiting Fraud and Deception in Wholesale Petroleum Markets: The New Federal Trade Commission Market Manipulation Rule*, 31 Energy Law Journal 125, 136-154 (2010).

② See Matthew Evans, *Regulating Electricity-Market Manipulation: A Proposal for a New Regulatory Regime to Proscribe All Forms of Manipulation*, 113 Michigan Law Review 585, 592-596 (2015).

③ 与之不同的是,欧盟《能源市场完整性与透明度条例》(REMIT)中既包含反欺诈操纵的表述,也包含反价格操纵的表述。See Shaun D. Ledgerwood & Dan Harris, *A Comparison of Anti-Manipulation Rules in U. S. and EU Electricity and Natural Gas Markets: A Proposal for a Common Standard*, 33 Energy Law Journal 1, 23 (2012).

性消息,仅仅依靠其拥有的垄断性市场力量就能实现囤积或逼仓的效果;而即使一个交易者的头寸没有大到足以让他能够运用市场力量,他也可以通过制造或传播虚假或误导性消息影响市场价格。其次,两种操纵类型在造成价格影响的机制上非常不同。市场力量型操纵是通过在市场中制造障碍,使增加可交割现货供应的成本上升,只有头寸足够大的交易者通过交割(或接受交割)过量的现货供应,才能成功实施此种操纵;与之相对的,欺诈型操纵并不直接通过操纵者的头寸规模或交易行为发生作用,而是依靠对市场信息的扭曲。[①] 因此,欺诈操纵条款并不能用于规制市场力量型操纵。在对这两部法律及相关监管规则文本的解读上,可以认为由此构成的规制框架事实上是忽视了市场力量型操纵,从而放弃了对市场力量型操纵的监管。然而,市场力量型操纵正是包括能源在内的商品期货市场中特别重要的操纵行为类型,在如此重要的领域留下法律规制的漏洞,显然是不妥当的。

如果此种立法的目的是要以欺诈操纵条款来规制包括市场力量型操纵在内的所有操纵行为类型,则同样也是不妥当的。试图用通常用于描述欺诈操纵的概括性措辞(catch-all phrase)来同时指代这两种类型,或者试图在法律上运用反欺诈操纵的一般性条款(common term)来同时规制这两种类型,都会是一种不妥当且非常危险的做法。[②] 这样做不仅会给市场参与者施加一种不符合交易客观规律的披露义务,而且还会破坏市场价格的形成机制。[③] 如果要通过此种立法方案来达到规制市场力量型操纵的目的,事实上会付出不成比例的代价。而且,在执法和司法中,必定要将交易者保密和隐瞒自己期现货头寸状况及交易策略的做法牵强附会为欺诈。

随着对期货市场各种操纵形态的实现机理的研究逐渐深入,越来越多人意识到不能以反欺诈操纵的路径来规制市场力量型操纵。例如,有学者对以欺诈来涵盖所有操纵行为类型的做法的合理性表达了怀疑:"将

---

① See Craig Pirrong, *Energy Market Manipulation: Definition, Diagnosis, and Deterrence*, 31 Energy Law Journal 1, 5-6 (2010).

② Ibid., 6, 13 (2010).

③ See Daniel R. Fischel & David J. Ross, *Should the Law Prohibit "Manipulation" in Financial Markets?*, 105 Harvard Law Review 503, 509, 545 (1991).

欺诈作为归责基础是存在问题的。某些操纵行为似乎并非来自欺诈,而是来自对市场力量的运用。"①而针对那些有可能试图根据这些法律中的反欺诈条款来查处市场力量型操纵的做法,有学者更是态度鲜明地指出:"由于市场力量型操纵不会通过欺诈和欺骗来扭曲价格,因此任何此类执法行动很可能都需要曲折的逻辑推理,来将市场力量的方形钉打进欺诈和欺骗的圆形孔里。"②这个比喻正是对以欺诈来解释市场力量型操纵的扭曲逻辑的鲜明写照。总之,作为两种操纵类型的基础,"市场力量"与"欺诈"是非常不同的东西,最好能够对它们予以清晰区分。由于市场力量型操纵中并不包含欺诈因素,因此单一的欺诈操纵条款并不能有效规制市场力量型操纵,事实上会导致在该领域的监管漏洞。

第五节　市场操纵二元规制体系对我国的启示

对欺诈理论与市场操纵二元规制体系的理论探讨与比较法考察,最终目的是要回到我国期货市场操纵立法的发展方向上。欺诈操纵的引入是否具有可能性与必要性,期货市场的二元规制体系应当如何构建、怎样适用,都是我们需要认真研究的问题。

一、单一价格操纵条款所面临的问题

通常认为,我国关于期货市场操纵的立法和理论主要是基于价格操纵的。价格的"人为性"是价格操纵路径下操纵行为判断的核心。而判断人为价格的困难之处就在于,需要在市场中找出不受操纵影响的竞争性价格作为操纵判断的标准。但问题在于,一旦操纵活动发生,就会在市场中引起一连串的反应,而不可能假定操纵未发生并计算出不存在操纵活动时的市场价格。于是,对人为价格的判断必须依赖于替代的价格标准。但是,这些被作为标准的价格本身也可能是异常或是受到操纵行为影响

① Rosa M. Abrantes-Metz, Gabriel Rauterberg & Andrew Verstein, *Revolution in Manipulation Law: The New CFTC Rules and the Urgent Need for Economic and Empirical Analyses*, 15 University of Pennsylvania Journal of Business Law 357, 364 (2013).
② Craig Pirrong, *Energy Market Manipulation: Definition, Diagnosis, and Deterrence*, 31 Energy Law Journal 1, 12 (2010).

的。因而,必然会产生对选取这些价格作为比较标准的正当性的质疑。[①]
此外,并非与参照系发生偏离就一定能证明存在人为价格。这种方法实
际上是要求被审查的期货合约价格必须与被作为参照系的其他时期、其
他市场或其他品种合约的价格走势一致。然而,"特定时期、特定市场中
交易的特定合约的价格都是由当时特殊的市场条件所决定的"显然更有
说服力。由于上述原因,即使监管机构依靠大量价格数据,通过参照系比
较等经济分析方法作出证明,其证明逻辑在实践中仍然非常容易因为受
到攻击而无法成立。在价格操纵的规制框架之下,除了人为价格要件外,
还必须证明行为人具备影响价格的能力、制造人为价格的特殊故意,以及
操纵行为与人为价格之间的因果关系。[②] 这些要件的证明同样也很不容
易。美国期货市场过去所采用的就是这样一种以单一的价格操纵条款为
核心的反操纵立法体系。有学者在总结了美国期货市场执法经验后指
出,在经典价格操纵规制路径之下对操纵案件的执法难度之高,是导致监
管失败的主要原因,以至于使操纵成为一种"无法起诉的罪行"。[③] 可见,
以单一价格操纵条款作为期货市场反操纵规则的立法模式会极大地限制
监管机构的执法能力,这也是美国最终进行立法改革的根本原因。

二、将欺诈纳入我国期货市场操纵规制基础的可能性

(一)操纵对象:交易价格、交易量或市场行情

在我国,期货市场操纵的对象究竟是交易价格、交易量或市场行情,
过去在不同的法律中存在着不同的界定。甚至在同一部规章中针对不同
操纵行为类型也有不同的规定。而这种立法现象事实上蕴含了在我国期
货市场反操纵立法中引入欺诈操纵形态的可能性。

我国《期货交易管理条例》第 70 条规定:"任何单位或者个人有下列
行为之一,操纵期货交易价格的,责令改正,没收违法所得,并处违法所得

[①]　See Shaun D. Ledgerwood & Paul R. Carpenter, *A Framework for the Analysis of Market Manipulation*, 8 Review of Law and Economics 253, 289 (2012).

[②]　In re Cox, [1986-1987 Transfer Binder] Comm. Fut. L. Rep. (CCH) ¶ 23, 786 (CFTC Jul. 15, 1987); Frey v. CFTC, 931 F. 2d 1171 (7th Cir. 1991).

[③]　See Jerry W. Markham, *Manipulation of Commodity Futures Prices—The Unprosecutable Crime*, 8 Yale Journal on Regulation 281, 283, 356 (1991).

1 倍以上 5 倍以下的罚款;没有违法所得或者违法所得不满 20 万元的,处 20 万元以上 100 万元以下的罚款:(一) 单独或者合谋,集中资金优势、持仓优势或者利用信息优势联合或者连续买卖合约,操纵期货交易价格的;(二) 蓄意串通,按事先约定的时间、价格和方式相互进行期货交易,影响期货交易价格或者期货交易量的;(三) 以自己为交易对象,自买自卖,影响期货交易价格或者期货交易量的;(四) 为影响期货市场行情囤积现货的;(五) 国务院期货监督管理机构规定的其他操纵期货交易价格的行为。"这一规定的文字表述颇值得玩味。从第一句冒号前的内容来看,操纵行为的对象在整体上是被界定为了"期货交易价格",但从具体列举的前四种行为类型来看,只有第一种行为的操纵对象是"期货交易价格",而第二和第三种行为的操纵对象既包括"期货交易价格"也包括"期货交易量"。第四种行为的目的被表述为"影响期货市场行情",但所谓"期货市场行情"除了期货交易价格以外,是否包括期货交易量或其他指标,并不明确。作为对具体列举的兜底性规定,第五种被表述为"国务院期货监督管理机构规定的其他操纵期货交易价格的行为",严格来说,如果国务院期货监督管理机构根据此项授权对其他操纵行为类型进行补充规定,所规定的只能是操纵期货交易价格的行为,而不能是操纵期货交易量或其他指标的行为。

在中国证监会发布的《关于〈期货交易管理条例〉第七十条第五项"其他操纵期货交易价格行为"的规定》中,所补充规定的操纵对象同样不统一。例如,第 2 条对虚假申报操纵进行了规定:"不以成交为目的,频繁申报、撤单或者大额申报、撤单,影响期货交易价格或者期货交易量,并进行与申报方向相反的交易或者谋取相关利益的,构成操纵。"第 3 条对蛊惑操纵进行了规定:"编造、传播虚假信息或者误导性信息,影响期货交易价格或者期货交易量,并进行相关交易或者谋取相关利益的,构成操纵。"第 4 条对抢帽子操纵进行了规定:"对合约或合约标的物作出公开评价、预测或者投资建议,影响期货交易价格或者期货交易量,并进行与其评价、预测或者投资建议方向相反的期货交易的,构成操纵。"第 5 条对逼仓操纵进行了规定:"在临近交割月或者交割月,利用不正当手段规避持仓限制,形成持仓优势,影响期货交易价格的,构成操纵。"第 6 条又是一个兜底条款:"任何单位或者个人不得以其他方式操纵期货交易价格。"我们可以看出,其中第 2 条、第 3 条、第 4 条的操纵对象既包括"期货交易价格"也包括"期货交易量",而第 5 条、第 6 条的操纵对象只有"期货交易价格"。

不同的是,我国《刑法》第 182 条第 1 款规定:"有下列情形之一,操纵证券、期货市场,情节严重的,处五年以下有期徒刑或者拘役,并处或者单处罚金;情节特别严重的,处五年以上十年以下有期徒刑,并处罚金:(一)单独或者合谋,集中资金优势、持股或者持仓优势或者利用信息优势联合或者连续买卖,操纵证券、期货交易价格或者证券、期货交易量的;(二)与他人串通,以事先约定的时间、价格和方式相互进行证券、期货交易,影响证券、期货交易价格或者证券、期货交易量的;(三)在自己实际控制的账户之间进行证券交易,或者以自己为交易对象,自买自卖期货合约,影响证券、期货交易价格或者证券、期货交易量的;(四)以其他方法操纵证券、期货市场的。"与《期货交易管理条例》和中国证监会补充规定中操纵对象的不统一相比,《刑法》在形式上将操纵对象统一表述为既包括交易价格也包括交易量。

2019 年修订的《证券法》在第 55 条将操纵行为对市场的影响表述为包括"证券交易价格或者证券交易量"。为了改变先前法规中对操纵对象表述不一致的状况,《期货和衍生品法》在第 12 条第 2 款规定:"禁止以下列手段操纵期货市场,影响或者意图影响期货交易价格或者期货交易量……"也就是说,将操纵行为的对象表述为"期货交易价格或者期货交易量",这样与《刑法》和《证券法》的表述也统一了。

(二)理论基础:价格影响抑或欺诈市场

操纵行为的对象应该只是"交易价格",还是既包括"交易价格"也包括"交易量",抑或是"市场行情",这一概念范围之前不仅在立法上不统一,在理论上也是存在争议的。而且,操纵行为对市场的影响究竟是什么,对这一问题的不同界定,事实上也隐含着在规制市场操纵的理论基础上的差异。

有学者主张应当采用经典的人为价格理论,在立法上将市场操纵的对象统一规定为期货交易价格。具体而言,此种观点认为期货市场具有价格发现与风险管理两大功能,只有操纵行为形成"人为价格"才会破坏期货市场的经济功能。如果期货市场价格被人为地干预而无法自然形成,则其价格发现的功能随即丧失;同时由于该价格与现实供需紧密相关,此时持有现货商品或者金融基础资产的投资者也无从避险,致使期货市场风险管理功能丧失。因此,基于操纵行为扭曲了期货市场的价格信号进而威胁到期货市场风险管理基础的情况,对操纵行为施加处罚才具有正当性。境外成熟期货市场的立法例与司法实践在认定期货市场操纵行为时多强调"人为价格"的核心地位。因此,为避免操纵对象混淆影响统一执法,其建议将期货市场操纵行为的操纵对象明确为"期货交易价格"。[①]

如前所述,《期货交易管理条例》作为我国期货市场现行的主要监管规范,对操纵对象的立法表述存在着形式逻辑上的混乱。对于此种混乱背后的原因,有观点认为是因为在立法上没有很好地对价格操纵和市场操纵进行区分——所谓价格操纵是指操纵行为导致或可能导致期货价格的异常;而市场操纵的着眼点没有限定在价格单方面,还包括引起或可能引起交易量的异常。据此,其主张将期货市场操纵界定为"任何人(政府、期货交易所等履行监管职能的主体除外)以在期货或期权合约上获利或减少损失为动机,通过人为抬高、降低、维持期货或期权市场价格,可能给市场供求带来误导性信号,从而导致市场交易量异常变动或出现人为价格的行为"。[②]

还有研究者的相关研究已经开始深入到了这些概念背后所代表的不同理论基础,其认为,"操纵期货交易价格"是一个相对狭义的概念,它一般指传统上的通过创造一个人为价格来操纵期货交易价格的行为;"操纵期货交易量"一般只是操纵期货交易的一种手段和外在表现形式,其背后往往有其他交易目的;"操纵期货市场"是一个相对宽泛的概念,它一般指任何使用操纵手段或者欺诈手段操纵或者意图操纵期货交易的行为,它包括操纵期货交易价格行为、操纵期货交易量行为、基于信息的操纵行为

---

① 参见杜惟毅、张永开:《期货市场操纵行为的类型及认定标准研究》,载黄红元、徐明主编:《证券法苑》(第9卷),法律出版社2013年版,第751页。相似观点,参见程红星、王超:《美国期货市场操纵行为认定研究》,载曹越主编:《期货及衍生品法律评论》(第1卷),法律出版社2018年版,第100页;王超:《期货市场信息型操纵的法律界定》,载许多奇主编:《互联网金融法律评论》2018年第1辑,法律出版社2018年版,第201页。
② 参见胡光志、张美玲:《我国期货市场操纵立法之完善——基于英美的经验》,载《法学》2016年第1期,第84—85页。

以及基于欺诈的操纵行为等。因此,从拓宽我国期货反操纵立法的适用范围、提高我国期货监管机关执法效率以及立法前瞻性考虑,建议我国期货反操纵立法统一采用"操纵期货市场"的表述,并对"操纵期货市场"行为根据其不同特点和构成要件作不同分类。[①]

笔者认为,在价格操纵的路径下,操纵行为的结果要件是人为价格,而行为人的意图则是制造人为价格,因此操纵对象就应当相应地被表述为"交易价格"。交易量的变动并非行为人的最终目的所在,行为人也不能通过交易量的变动直接获得操纵收益。对交易量的影响只是行为人为实现价格影响所运用的一种手段,[②]或者是在价格操纵认定框架之下证明行为人具备影响价格的能力的证据之一。[③] 单纯对交易量的操纵并不构成操纵认定的决定性因素,所谓"人为交易量"也并非价格操纵的构成要件。因此,"交易量"本身不应该被表述为价格操纵条款中与"交易价格"并列的操纵对象之一。

在欺诈操纵的路径下,对操纵进行规制和证明的逻辑在于,行为人通过操纵性或欺骗性的手段对他人造成了误导,即欺诈。从该角度出发,操纵活动对各种市场行情要素的影响都会产生虚假信息,从而可能造成对其他市场参与者的误导。市场行情主要由交易价格和交易量组成,但不限于这两方面,还包括其他所有能够影响市场参与者交易决策的要素。因此,操纵活动对包括"交易价格""交易量"在内的"市场行情"所造成的影响本身虽然并非欺诈操纵的构成要件,但却是行为人所采用的欺诈性手段和相关性要求的证据。

我国有关期货市场反操纵的立法、监管规则在多处将"交易价格"和"交易量"并列,作为操纵行为的对象,并以价格操纵的规制框架来进行处理。这是不合理的,因为交易量本身不应该被设定为价格操纵的构成要件之一。但是换一个角度来看,包括"交易量"等在内的"市场行情"影响作为欺诈操纵认定所依据的重要因素,已经被我国期货市场反操纵的立

[①]　参见上海期货交易所《"期货法"立法研究》课题组编著:《"期货法"立法研究》,中国金融出版社 2013 年版,第 705 页。

[②]　同上。

[③]　参见程红星、王超:《美国期货市场操纵行为认定研究》,载曹越主编:《期货及衍生品法律评论》(第 1 卷),法律出版社 2018 年版,第 100 页。

法和监管规则所注意到,其实隐含着将欺诈作为操纵行为归责基础的可能。我国《期货和衍生品法》的官方释义将操纵期货市场定义为,行为人不当影响期货交易的交易价格、交易量,人为制造了市场假象,扭曲了交易价格形成机制和市场供求关系的行为。[①] 其中"人为制造了市场假象"的表述,表明立法机关也认可操纵行为的欺诈属性。因此,完全可以对我国期货市场反操纵条款进行重新梳理,将这些要素从既有的价格操纵条款中分离出来,构建新的欺诈操纵条款,同时也能够使价格操纵条款的内容更加合理化。

三、建立我国期货市场操纵的二元规制体系

价格操纵理论将操纵界定为故意影响市场价格的行为,毫无疑问,如果将操纵对象界定为期货交易价格,那么显然可以将价格操纵理论作为此种立法模式的理论基础。但是,这两者之间并非唯一对应的关系。因为根据欺诈操纵理论,行为人的操纵活动造成市场价格扭曲,实际上就会向市场注入虚假的价格信息,并造成对其他市场参与者的误导,因而构成对他人的欺诈。因此,操纵交易价格既包含价格操纵的理论路径,也包括欺诈操纵的理论路径。只不过在前者的证明框架下,需要将人为价格作为一个单独的要件进行证明。而在后者的证明框架下,操纵行为对市场价格的影响以及行为人不披露的行为结合起来造成了对其他市场参与者的误导,在不需要通过参照系比较方法对人为价格进行证明的情况下,欺诈理论就可以构成查处此种操纵行为的正当性理论基础。

但是,与交易价格不同,交易量并不直接与行为人的利益挂钩,交易量的变动也并非行为人操纵市场所要达到的目的。所有操纵行为都是影响或者意图影响市场价格的行为,但并非所有操纵行为都包含有对市场交易量的影响。这也就是为什么,价格操纵条款可以被作为市场操纵的兜底性条款,而交易量的变动并不包含在价格操纵条款的证明要件中的原因。虽然对交易量的考察有时对于证明操纵者的操纵能力有帮助,但是交易量在价格操纵的规制框架下并非必须证明的要件。事实上,交易

---

① 参见王瑞贺、方星海主编:《中华人民共和国期货和衍生品法释义》,法律出版社 2022 年版,第 22 页。

量的变动只有被其他市场参与者注意到,并且受误导据此作出有利于操纵者持仓的交易决定时,才会使操纵者从操纵活动中受益。也就是说,操纵交易量其实是一种误导其他市场参与者的手段,其背后所代表的其实是对欺诈操纵的证明要求。

在经济学上,著名学者阿克洛夫和席勒教授提出了"欺骗均衡"的概念:"如果我们身上存在某个可以被人利用的弱点,从而能给欺骗者带来超额利润,那么在欺骗均衡中,一定会有某个欺骗者利用这个弱点获得这种利润。……在这一均衡机制的影响下,所有能获得超额利润的欺骗机会都不会被放过。"[①]"如果人们并不是完美的,那么自由竞争市场将不仅为我们提供所需和所求,同样也为欺骗行为提供方便。整个市场将陷入欺骗均衡之中。"[②]无可否认,期货市场的参与者存在着易受欺骗的弱点,而期货市场又是一个典型的自由竞争市场,那么在欺骗均衡的条件下,一定会有犯罪者以欺诈这种低成本的方式来操纵市场。这不仅为法律和监管的介入提供了正当性,也为以欺诈理论来规制市场操纵提供了可能性。

我国期货市场操纵的规制框架与美国在《多德—弗兰克华尔街改革与消费者保护法》前的规制框架非常类似,也是一种以单一的价格操纵条款为核心的反操纵立法体系。但是,由于价格操纵框架之下对市场操纵的证明要求非常高,所带来的直接后果就是监管难度上升,执法效率下降。有学者对《多德—弗兰克华尔街改革与消费者保护法》实施前后的美国商品期货交易委员会的执法情况进行了统计,发现在该法实施以前,执法行动的数量和民事罚款及赔偿的金额都维持在较低的水平;而在该法实施以后,执法行动的数量立刻呈现适度的上涨,民事罚款及赔偿的增长虽然相对滞后于执法行动(因为从开始执法行动到最终定案并处罚通常有若干年的时间差),但是却呈现了陡然上涨的情况。[③] 这说明该法的实施极大地增强了商品期货交易委员会的执法能力,进而大大提升了执法行动的成功率。

---

① 〔美〕乔治·阿克洛夫、罗伯特·席勒:《钓愚:操纵与欺骗的经济学》,张军译,中信出版社 2016 年版,第 4 页。

② 同上书,第 236 页。

③ See Gary E. Kalbaugh, *Derivatives Law and Regulation*, Carolina Academic Press, 2018, p. 486.

　　比较法上,除了美国以外,还有其他一些国家的反操纵立法中同时包含了价格操纵和欺诈操纵的因素。例如 2014 年 4 月 16 日以前作为欧盟有关市场操纵框架性规定的是《欧洲议会与欧盟理事会第 2003/6/EC 号指令》第 1 条第 2 款,[①]其中第(a)目是价格操纵条款,规定"市场操纵"指符合以下情况的交易或交易指令:发出或可能发出关于金融工具的供应、需求或价格的虚假或误导性信号,或;一人或多人串通确保一项或数项金融工具的价格,导致该价格处于异常或人为的水平;但是,达成交易或发出交易指令的人能够证明其如此行为的理由是合法的并证明此等交易或交易指令符合所涉受监管市场的公认市场惯例的除外。第(b)目是欺诈操纵条款,规定采用虚假手段或任何其他形式的欺骗或诡计开展的交易或签发的交易指令属于市场操纵。[②]

　　2014 年 4 月 16 日,欧盟通过了《欧洲议会与欧盟理事会第 596/2014 号条例》。该条例废止并取代了前述《欧洲议会与欧盟理事会第 2003/6/EC 号指令》,同时也废止了欧盟委员会第 2003/124/EC 号、第 2003/125/EC 号、第 2004/72/EC 号等相关解释或实施指令。[③] 该条例第 12 条第 1 款第(a)目是价格操纵条款,规定市场操纵行为包括进行交易、下达交易指令或进行其他任何行为:(i) 发出或可能发出关于金融工具、相关现货商品合约或基于排放配额的拍卖产品的供给、需求或价格的虚假或误导性信号;(ii) 使或可能使一种或多种金融工具、相关现货商品合约或基于排放配额的拍卖产品的价格处于异常或人为的水平;除非进行交易、下达交易指令或进行其他任何行为的人能够证明此类交易、指令或行为是出于正当理由并符合根据该条例第 13 条确定的公认市场惯例。第(b)目是欺诈操纵条款,规定市场操纵行为也包括使用虚假手段或任何其他形式欺骗或诡计进行交易、下达交易指令或进行任何其他行为,影响或可能影

----

　　① 在 2014 年 4 月 16 日以前,欧盟关于市场操纵的监管框架主要由三个层次组成:第一层次是《欧洲议会与欧盟理事会第 2003/6/EC 号指令》;第二层次是旨在实施前述指令的《欧盟委员会第 2003/124/EC 号指令》;第三层次是《市场滥用指令实施指引》(CESR/04-505b)。

　　② 中国证券监督管理委员会组织编译:《欧盟证券监管法规汇编》,法律出版社 2013 年版,第 113 页。

　　③ 《欧洲议会与欧盟理事会第 596/2014 号条例》中有关市场操纵及行为类型的规定主要体现在第 12 条和附件 I。2015 年 12 月 17 日,欧盟通过了《欧盟委员会第 2016/522 号授权条例》,对前述 596/2014 号条例作出补充规定。其中的第 4 条和附件 II 构成了对第 596/2014 号条例附件 I 的细化规定。

响一种或多种金融工具、相关现货商品合约或基于排放配额的拍卖产品的价格。[①]

此外,还有德国《有价证券交易法》第 20a 条第(1)款第 1 句,规定禁止以下行为:1. 对市场形势(行情)进行虚假或误导性陈述,从而极大影响了对某种金融工具的评价,或者在违反现有法规的情况下隐瞒市场行情,而这些陈述或隐瞒很容易影响某种金融工具的境内交易所价格及市场价格,或者能影响某种金融工具在欧盟其他成员国或《欧洲经济区协定》其他缔约国有组织市场上的价格;2. 实施交易或签发买进或卖出委托,企图对金融工具的供求、交易所价格、市场价格发出虚假或误导性信号,或人为操纵价格水平;3. 从事其他欺诈行为,企图影响某种有价证券在境内的交易所价格及市场价格,或者影响其在欧盟其他成员国或《欧洲经济区协定》其他缔约国有组织市场上的价格。[②]

笔者主张,为提升监管机构的执法能力,在我国期货市场操纵立法和执法中没有必要坚持单一的价格操纵规制框架,而应当建立欺诈操纵与价格操纵并存的二元规制体系。构成欺诈操纵只需要证明行为人具备主观意图,并且在客观上使用了操纵性或欺诈性的手段,而无需证明操纵行为造成了人为价格。欺诈操纵条款作为期货市场反操纵的一般性条款,就其能够有效发挥作用的操纵行为类型而言,能够极大地降低操纵行为的认定难度和执法成本,同时提升监管效率。但与此同时,也必须承认欺诈操纵条款存在局限性,对其无法有效涵盖的市场力量型操纵等操纵行为类型,必须保留对价格操纵路径的适用。也就是说,应当将价格操纵条款作为期货市场反操纵的兜底性条款。在法律适用上,两种反操纵条款可以择一适用,也可以同时适用而提出两个并行诉求。总之,在市场操纵的规制领域,欺诈理论属于价格操纵理论之外的"另辟蹊径",它不能完全取代价格操纵理论,但在很多情况下是更好地处理操纵问题的捷径。只有欺诈操纵路径和价格操纵路径并行,才能更全面、高效地实现对市场操纵行为的规制。

[①] 刘春彦、林义涌、张景琨编译:《欧盟市场滥用行为监管法律法规汇编》,中国金融出版社 2020 年版,第 30 页。

[②] 中国证券监督管理委员会组织编译:《德国证券法律汇编》,法律出版社 2016 年版,第 363—367 页。

　　此外,在现行《期货和衍生品法》的规范框架之下,也可以通过法律解释达到同样的目的。该法第 6 条规定:"期货交易和衍生品交易活动,应当遵守法律、行政法规和国家有关规定,遵循公开、公平、公正的原则,禁止欺诈、操纵市场和内幕交易的行为。"其中"禁止欺诈"的表述即可构成一般性的反欺诈规则,并且将欺诈型操纵纳入其涵盖范围。法律对三种违法行为的列举并不是为了格式化现实中存在的违法行为。当某项具体的违法活动符合多个被禁止的违法行为特征时,监管者自然可以选用更趁手的法律条款来对其进行规制,毕竟"不管白猫黑猫,抓住老鼠就是好猫"。"禁止欺诈"的规定不应只是因为没有具体的条文相对应,而成为这部法律中的摆设。既然法律中写入了这样的一般性反欺诈条款,那它就应当是可以通过解释而获得适用的规则,经由案例的不断发展和充实,也许也能成为规制各种具有欺诈特征的违法行为的有力武器。

第三章 期货市场操纵的法定形态与构成要件

第一节 期货市场操纵的两种法定形态

一、两种法定形态概述

在我国先前《期货交易管理条例》的反操纵规则之下,市场操纵行为必须具备结果要件。[①] 因此,该条例只能规范实际造成了价格影响的操纵行为。在比较法上,美国、新加坡、欧盟的期货市场反操纵规则均将意图操纵形态纳入法律的调整范围,[②]是监管机构查处市场操纵活动的有力武器。因此,我国《期货和衍生品法》吸收了比较法上的成功经验,在第12条第2款规定:"禁止以下列手段操纵期货市场,影响或者意图影响期货交易价格或者期货交易量……"从而将意图操纵形态也纳入法律的规制范围。在比较法上,为了与意图操纵(attempted manipulation)相区分,普通操纵又被称为实际操纵(actual manipulation)。[③] 通过新的反操纵规则,我国《期货和衍生品法》同时规范了操纵和意图操纵两种形态。

然而,新的反操纵条款所涵盖的不同操纵形态应当如何理解,特别是不同的操纵形态的构成要件和认定方法应该是怎样的,仍有待明确。期

[①] 参见《期货交易管理条例》第70条。

[②] 参见美国《商品交易法》第6条(c)、第9条(a)(2),商品期货交易委员会180.1、180.2规则;新加坡《证券期货法》第206、208条,《商品交易法》第43、46条;《欧洲议会与欧盟理事会第596/2014号条例》第15条。

[③] See Philip McBride Johnson, *Commodity Market Manipulation*, 38 Washington and Lee Law Review 725, 746 (1981); Rosa M. Abrantes-Metz, Gabriel Rauterberg & Andrew Verstein, *Revolution in Manipulation Law: The New CFTC Rules and the Urgent Need for Economic and Empirical Analyses*, 15 University of Pennsylvania Journal of Business Law 357, 410 (2013).

货市场操纵的构成与认定在很大程度上是一个与执法和司法实践紧密联系的领域。就这个问题而言,理论研究不可能只凭想象来确定其构成要件,更不可能只凭想象来获得每个要件的认定方法。正如一个著名操纵案例中法官所指出的,"操纵的技巧和方法只被人类的创造力所限制"。[①]实践中存在各种各样的操纵方法,只有在操纵案件现实地出现以后,通过对案件的分析,才能够掌握一种可能的操纵模式。而只有通过对大量案例的归纳总结,才能抽象出对于认定操纵具有法律上意义的要件,以及证明各要件规律性的方法。这些理论总结和方法归纳,也只有不断重复地运用到新的案件的具体条件中,才能得到检验和改进。总体而言,针对这两种操纵形态,在法律的解释和适用上仍需深入研究。

二、实际操纵形态的构成要件

操纵,通常被定义为一种故意制造人为价格(artificial price)的行为。[②] 要证明存在操纵,需要满足一定的构成要件。理论上来说,由于操纵比意图操纵至少多了结果要件,因此其应当是构成要件最完整的操纵形态。如果仅从《期货和衍生品法》第 12 条第 2 款"禁止以下列手段操纵期货市场,影响……期货交易价格或者期货交易量……"的表述来看,构成操纵似乎只需要两个构成要件:(1) 使用了法律所列举的操纵手段;(2)影响了期货交易价格或者期货交易量。对于采用了类似立法技术的《证券法》第 55 条,即有观点主张作此种理解。[③]《期货和衍生品法》的官方释义则选择对此问题不予明确。[④] 笔者认为,对"操纵"形态构成要件的归纳不能局限于法条的字面意思。

事实上,在该法颁布以前的《期货交易管理条例》时代,期货市场各种操纵行为类型共通的构成要件体系一直以来就是不明确的。由于理论上缺乏共识,最高人民法院发布的关于审理期货纠纷案件的两个司法解释

---

① Cargill, Inc. v. Hardin, 452 F. 2d 1154 (1971), cert. denied, 406 U. S. 932 (1972).

② General Foods Corp. v. Brannan, 170 F. 2d 220 (7th Cir. 1948); In re Hohenberg Bros. , [1975-1977 Transfer Binder] Comm. Fut. L. Rep. (CCH) ¶ 20, 271 (CFTC Feb. 18, 1977).

③ 参见程合红主编:《〈证券法〉修订要义》,人民出版社 2020 年版,第 112 页。

④ 参见王瑞贺、方星海主编:《中华人民共和国期货和衍生品法释义》,法律出版社 2022 年版,第 22 页以下。

均未涉及市场操纵问题。① 我国期货市场从 20 世纪 90 年代初开始起步，但直到 2012 年，中国证监会才作出了第一份针对期货市场操纵案件的行政处罚决定，所以我国证监会关于期货市场操纵案件的执法经验也比较少，且对操纵的构成要件问题一直保持了模糊处理的做法。具体而言，近年来证监会的处罚决定书逐渐形成了固定的风格，其中的事实认定部分主要由"当事人实际控制或使用的涉案账户情况"和"当事人操纵期货合约价格情况"两部分组成。② 对操纵的证明通过描述性的语言被笼统地涵盖在"当事人操纵期货合约价格情况"的小标题之下，似乎意味着操纵的构成要件包括"操纵行为"和"价格影响"。③

就期货市场操纵的构成要件而言，现行框架存在的问题主要体现在以下方面。一方面，若按照中国证监会的行政处罚决定书的体例，以"操纵行为"和"价格影响"作为要件来认定"操纵"，事实上存在循环定义的问题，且无法揭示宽泛的"操纵行为"之下各要件的特征、证明要求以及如何在逻辑上组合起来构成操纵。另一方面，若按照《期货和衍生品法》的字面表述，以"操纵手段"和"价格影响"作为要件来认定操纵，则事实上会遗漏一些必要的构成要件。一是操纵能力。例如《期货和衍生品法》将囤积操纵表述为"为影响期货市场行情囤积现货"，并未要求对可交割现货的支配性控制，也未要求行为人持有支配性期货头寸，从而导致在具体案件中该项规则的宽泛适用。④ 此外，在信息型操纵和交易型操纵的规定中也部分存在类似的问题。二是操纵意图。通过对中国证监会处罚决定书的深入分析，可以发现一些有趣的细节。例如，部分处罚决定明确提及了

---

① 参见《最高人民法院关于审理期货纠纷案件若干问题的规定》（2003 年发布，2020 年修订）、《最高人民法院关于审理期货纠纷案件若干问题的规定（二）》（2010 年发布，2020 年修订）。

② 参见甲醇 1501 合约操纵案，中国证监会行政处罚决定书（姜为）〔2015〕31 号；胶合板 1502 合约操纵案，中国证监会行政处罚决定书（陶赐、傅湘南）〔2016〕5 号；聚氯乙烯 1501 合约操纵案，中国证监会行政处罚决定书（刘增铖）〔2016〕119 号；普麦 1601 合约操纵案，中国证监会行政处罚决定书（廖山焱）〔2017〕58 号；玉米淀粉 1601 合约操纵案，中国证监会行政处罚决定书（邹鑫鑫、刘哲）〔2020〕30 号；纤维板 1910 合约操纵案，中国证监会行政处罚决定书（黄鑫、蒋君、徐卫）〔2021〕100 号；白糖 1801 合约操纵案，中国证监会行政处罚决定书（阮浩、嘉和投资、钟山）〔2021〕117 号。

③ 在《期货交易管理条例》第 70 条的规范之下，各种操纵行为的构成均需要具备结果要件。因此该条例之下针对操纵案件的行政处罚决定可以为《期货和衍生品法》下实际操纵形态的构成要件问题提供一个实践的视角。

④ 参见甲醇 1501 合约操纵案，中国证监会行政处罚决定书（姜为）〔2015〕31 号。

对当事人主观意图的认定,[①]甚至一些当事人提出自己不具备操纵意图的抗辩后,证监会还专门做出回应,说明认定其具备操纵意图的理由。[②]但是,其他处罚决定中则未提及操纵意图的认定问题。三是因果关系。例如,有的案件中当事人提出的抗辩理由是,期货合约价格的变动是对该种商品市场行情的反映,自己所做的交易只是顺势而为,这实际上是认为,期货合约价格的变动与自己的交易行为之间不存在因果关系,证监会也对此种抗辩做出了回应。[③] 但是,在其他处罚决定书中也从未讨论过因果关系问题。如果类似操纵意图或因果关系这样的因素并非操纵行为的构成要件,那么欠缺这些因素应当不会影响操纵行为的认定,但事实证明并非如此。

期货市场操纵案件缺乏明确构成要件的现状,以及处罚决定书中笼统和模糊的处理方法,会导致不同案件执法的尺度不一,降低处罚决定的严谨性。科学、合理、明确的构成要件体系,则有助于改善我国期货市场操纵案件的执法。期货市场操纵一般形态的构成要求究竟是怎样的,在法律条文的文字表述之外是否还蕴含着其他要件,各要件应该如何认定,又是如何通过一定逻辑关联起来构成操纵的,值得深思。在价格操纵的理论框架下,针对期货市场操纵的构成问题,从中外行政执法和司法案例出发归纳的要件体系与法条的简单表述有较大不同,存在着三要件和四要件两种观点。三要件方面,有的研究者们将操纵的构成要件归纳为操

---

① 参见硬麦 105 合约操纵案,中国证监会行政处罚决定书(胶南粮库、刘玉江)〔2012〕15号;天然橡胶 1010 合约操纵案,中国证监会行政处罚决定书(海南大印集团有限公司、海南龙盘园农业投资有限公司、海南万嘉实业有限公司等 6 名责任人)〔2013〕67 号;甲醇 1501 合约操纵案,中国证监会行政处罚决定书(姜为)〔2015〕31 号;聚氯乙烯 1501 合约操纵案,中国证监会行政处罚决定书(刘增铖)〔2016〕119 号;普麦 1601 合约操纵案,中国证监会行政处罚决定书(廖山焱)〔2017〕58 号;纤维板 1910 合约操纵案,中国证监会行政处罚决定书(黄鑫、蒋君、徐卫)〔2021〕100 号;白糖 1801 合约操纵案,中国证监会行政处罚决定书(阮浩、嘉和投资、钟山)〔2021〕117 号。

② 参见甲醇 1501 合约操纵案,中国证监会行政处罚决定书(姜为)〔2015〕31 号;聚氯乙烯 1501 合约操纵案,中国证监会行政处罚决定书(刘增铖)〔2016〕119 号;普麦 1601 合约操纵案,中国证监会行政处罚决定书(廖山焱)〔2017〕58 号;纤维板 1910 合约操纵案,中国证监会行政处罚决定书(黄鑫、蒋君、徐卫)〔2021〕100 号;白糖 1801 合约操纵案,中国证监会行政处罚决定书(阮浩、嘉和投资、钟山)〔2021〕117 号。

③ 参见聚氯乙烯 1501 合约操纵案,中国证监会行政处罚决定书(刘增铖)〔2016〕119 号。

纵能力、操纵意图和人为价格;^①而有的研究者将其归纳为操纵意图、人为价格和因果关系。^② 四要件方面,有的研究者将操纵的构成要件归纳为操纵能力、操纵意图、人为价格和因果关系;^③有的研究者将其归纳为操纵行为、操纵意图、人为价格和因果关系;^④但也有研究者将其归纳为操纵意图、人为价格、操纵行为和操纵能力。^⑤

在美国,经过多年判例法的检验和改进,最终在 Cox 案中提出的分析框架要求商品期货交易委员会证明四项构成要件,包括:被告有能力影

---

① See William D. Harrington, *The Manipulation of Commodity Futures Prices*, 55 St. John's Law Review 240, 252 (1981); Linda N. Edwards & Franklin R. Edwards, *A Legal and Economic Analysis of Manipulation in Futures Markets*, 4 Journal of Futures Markets 333, 338, 343 (1984).

② See Craig Pirrong, *Commodity Market Manipulation Law: A (Very) Critical Analysis and a Proposed Alternative*, 51 Washington and Lee Law Review 945, 960 (1994).

③ See Philip McBride Johnson, *Commodity Market Manipulation*, 38 Washington and Lee Law Review 725, 732-762 (1981); Albert S. Kyle & S. Viswanathan, *How to Define Illegal Price Manipulation*, 98 The American Economic Review 274, 277 (2008); Craig Pirrong, *Energy Market Manipulation: Definition, Diagnosis, and Deterrence*, 31 Energy Law Journal 1, 7 (2010); Shaun D. Ledgerwood & Paul R. Carpenter, *A Framework for the Analysis of Market Manipulation*, 8 Review of Law and Economics 253, 258 (2012); 马卫锋、黄运成:《期货市场操纵的认定:美国经验及其启示》,载《上海管理科学》2006 年第 2 期,第 80 页;温观音:《如何认定期货操纵》,载《人民司法》2008 年第 11 期,第 72—74 页;温观音:《美国期货法上的反操纵制度研究》,载《河北法学》2009 年第 7 期,第 161—163 页;上海期货交易所"期货法"立法研究"课题组编著:《"期货法"立法研究》,中国金融出版社 2013 年版,第 643—644、648—655 页;侯幼萍、程红星:《期货立法基础制度研究——金融期货的视角》,立信会计出版社 2014 年版,第 219—222 页;程红星、王超:《美国期货市场操纵行为认定研究》,载曹越主编:《期货及衍生品法律评论》(第 1 卷),法律出版社 2018 年版,第 85—88 页;大连商品交易所法律与合规监督部:《美国期货市场操纵相关立法沿革及实施效果研究》,载蒋锋、卢文道主编:《证券法苑》(第 24 卷),法律出版社 2018 年版,第 331 页。

④ See Rosa M. Abrantes-Metz, Gabriel Rauterberg & Andrew Verstein, *Revolution in Manipulation Law: The New CFTC Rules and the Urgent Need for Economic and Empirical Analyses*, 15 University of Pennsylvania Journal of Business Law 357, 369-370 (2013); 马太广、杨娇:《论股指期货市场操纵及其中的投资者权益保护》,载顾功耘主编:《场外交易市场法律制度构建》,北京大学出版社 2011 年版,第 212—213 页;杜惟毅、张永开:《期货市场操纵行为的类型及认定标准研究》,载黄红元、徐明主编:《证券法苑》(第 9 卷),法律出版社 2013 年版,第 742—748 页;王超:《期货市场信息型操纵的法律界定》,载许多奇主编:《互联网金融法律评论》(2018 年第 1 辑),法律出版社 2018 年版,第 203—206 页。

⑤ 参见上海期货交易所"境外期货法制研究"课题组编著:《美国期货市场法律规范研究》,中国金融出版社 2007 年版,第 118 页;袁开洪:《商品期货市场操纵的监管:美国 CFTC 的经验和借鉴》,载《金融与经济》2007 年第 12 期,第 67 页;巫文勇:《期货与期货市场法律制度研究》,法律出版社 2011 年版,第 279—281 页。

响市场价格;这样做的特定意图;人为价格的存在;该人为价格由被告所造成。① 而在 Frey v. CFTC 案中,第七巡回法院也对证明操纵的四项构成要件进行了概括和总结,包括:影响价格的能力;人为价格的存在;因果关系;意图。② 也就是说,判例法所确立的构成要件与前述四要件中的第一种是相同的,这四个要件也是期货市场操纵构成要件最完整的形态。

由于因果关系要件很大程度上可以被包含在操纵能力要件中一并得到证明,③因此操纵最重要的构成要件主要是操纵能力、操纵意图和人为价格这三项,这就是前述三要件中第一种的由来。虽然如前所述,我国证监会在行政处罚决定书中并未明确操纵的构成要件,但是其执法部门在对已处罚案件进行解析时,也借鉴了美国期货市场操纵的监管经验,将操纵的构成要件归纳为操纵意图、操纵能力和人为价格。④ 这正是我们在前面归纳出来的三项最重要的构成要件。三要件和四要件的差别主要在于是否要将因果关系要件单列。可见,美国期货市场多年执法经验所形成的构成要件体系是对操纵案件非常有益的分析和认定工具。笔者主张,借鉴比较法的经验,应当将期货市场操纵的构成要件归纳为操纵能力、操纵意图、人为价格和因果关系这四项。

三、意图操纵形态的构成要件

在世界范围内,很多国家期货市场法律中的反操纵条款都同时规范操纵和意图操纵。典型的立法例,例如美国《商品交易法》第 9 条(a)(2)规定:"下列人的下列行为应属重罪,可单处或并处不高于 100 万美元的罚款或 10 年以下(含)监禁,并承担控诉费用:任何人操纵或意图操纵州际商业中的任何商品市场价格、在任何注册实体或按其规则进行远期交割的任何商品的价格,或任何互换的价格;对任何该等商品囤积或意图囤

---

　　① In re Cox, [1986-1987 Transfer Binder] Comm. Fut. L. Rep. (CCH) ¶ 23, 786 (CFTC Jul. 15, 1987).

　　② Frey v. CFTC, 931 F. 2d 1171 (7th Cir. 1991).

　　③ See Craig Pirrong, *Commodity Market Manipulation Law: A (Very) Critical Analysis and a Proposed Alternative*, 51 Washington and Lee Law Review 945, 968 (1994); Benjamin E. Kozinn, *The Great Copper Caper: Is Market Manipulation Really a Problem in the Wake of the Sumitomo Debacle?*, 69 Fordham Law Review 243, 260 (2000).

　　④ 参见中国证券监督管理委员会行政处罚委员会编:《证券期货行政处罚案例解析》(第 1 辑),法律出版社 2017 年版,第 152—154 页。

积；……"①由于意图操纵形态在《期货和衍生品法》中才被规定下来，因此我国证监会尚缺乏此种操纵形态的执法经验。从构成要件看，如果说我国先前《期货交易管理条例》中规定的操纵是结果违法的话，在《期货和衍生品法》同时规定操纵和意图操纵形态后，操纵就既包括了结果违法，也包括了行为违法。②

意图操纵，指的是那种故意实施的但没有造成人为价格的操纵行为。在 Hohenberg Bros. 案中，监管机构指出："意图操纵只是一个不成功的操纵——也就是说，所实施的行为没有造成人为价格。""意图操纵只要求具备影响商品市场价格的意图，以及促成该意图的某种显著的行为。"③可见，意图操纵其实是一种操纵未遂的情形。④ 构成意图操纵只需要两项构成要件：影响价格的意图和促成该意图的显著行为。从我国《期货和衍生品法》第 12 条第 2 款"禁止以下列手段操纵期货市场……意图影响期货交易价格或者期货交易量"的表述来看，我国法律上所规定的意图操纵的构成要件也是相同的，包括：(1) 操纵意图；(2) 通过一定手段实现该意图的行为。其中，后者既包括已经实施了操纵行为，亦包括已经实施了必要的准备行为。⑤ 需要注意的是，国内有学者将比较法上的意图操纵解读为与"确定已经实施或正在实施操纵行为"相对应的一种情形，即认为所谓"意图操纵"是只形成了意图而未付诸任何行动的情形。⑥ 此种解读是不准确的，并不符合此种操纵形态的本意。

意图操纵的两个构成要件的证明难度显然要低于操纵的四个构成要件。因此，意图操纵形态入法最大的意义就在于降低执法和司法过程中

---

①　中国证券监督管理委员会组织编译：《美国商品交易法》，法律出版社 2013 年版，第 373—375 页。

②　参见程红星主编：《中华人民共和国期货和衍生品法释义》，中国金融出版社 2022 年版，第 34 页。

③　In re Hohenberg Bros. ，[1975-1977 Transfer Binder] Comm. Fut. L. Rep. (CCH) ¶ 20，271 (CFTC Feb. 18，1977).

④　参见王瑞贺、方星海主编：《中华人民共和国期货和衍生品法理解与适用》，法律出版社 2022 年版，第 22 页；程红星、王超：《美国期货市场操纵行为认定研究》，载曹越主编：《期货及衍生品法律评论》(第 1 卷)，法律出版社 2018 年版，第 81 页。

⑤　参见王瑞贺、方星海主编：《中华人民共和国期货和衍生品法理解与适用》，法律出版社 2022 年版，第 22 页。

⑥　参见张国炎：《期货交易与期货违法违规的防范与处罚》，中国检察出版社 1999 年版，第 105 页。

的证明难度。在美国,为了避免对人为价格要件的证明,监管机构在很多案件中都是以意图操纵来进行指控的。[①] 例如,在 Amaranth Natural Gas Commodities Litigation 案中,美国商品期货交易委员会因为难以证明存在人为价格,最终指控的就是行为人意图操纵市场价格。[②] 尤其是对信息型操纵案件而言,更多的是基于意图操纵而提起。因为即使没有人为价格的产生,也能够以意图操纵追究向市场注入信息并进行了相关交易的行为人的责任。[③]

四、讨论框架

意图操纵的构成要件中,操纵行为要件可以直接根据《期货和衍生品法》第 12 条第 2 款中列举的具体操纵行为类型进行认定,操纵意图要件则是与实际操纵共通的构成要件。与之相对的,构成实际操纵的操纵能力、操纵意图、人为价格和因果关系等四个要件则是操纵构成要件最完整的形态。因此,下面笔者着重讨论这四项要件。

与从法律条文字面表述出发得出的构成要件相比,此种构成要件体系更全面,且具备更为严谨的逻辑依据。在操纵构成最完整的四个要件中,操纵能力是前提,解决的是具备什么样特征的行为人需要被纳入审查范围的问题;操纵意图是关键,解决的是如何区分合法与非法行为的根本标准问题;人为价格是结果,解决的是对市场造成了什么样的影响才会被归责的问题;因果关系是纽带,解决的是如何在行为与结果之间建立联系,最终构成操纵的问题。

---

① See Ronald H. Filler & Jerry W. Markham, *Regulation of Derivative Financial Instruments（Swaps，Options and Futures）：Cases and Materials*, West Academic Press, 2014, p. 523; Jerry W. Markham, *Law Enforcement and the History of Financial Market Manipulation*, M. E. Sharpe, Inc., 2014, pp. 198-199, 391; 上海期货交易所《"期货法"立法研究》课题组编著:《"期货法"立法研究》,中国金融出版社 2013 年版,第 653、671 页;大连商品交易所法律与合规监督部:《美国期货市场操纵相关立法沿革及实施效果研究》,载蒋锋、卢文道主编:《证券法苑》(第 24 卷),法律出版社 2018 年版,第 335 页;程红星、王超:《美国期货市场操纵行为认定研究》,载曹越主编:《期货及衍生品法律评论》(第 1 卷),法律出版社 2018 年版,第 92 页。

② In re Amaranth Natural Gas Commodities Litigation, 730 F. 3d 170 (2013).

③ 参见程红星、王超:《美国期货市场操纵行为认定研究》,载曹越主编:《期货及衍生品法律评论》(第 1 卷),法律出版社 2018 年版,第 86 页;王超:《期货市场信息型操纵的法律界定》,载许多奇主编:《互联网金融法律评论》2018 年第 1 辑,法律出版社 2018 年版,第 205 页。

第二节　操纵构成的前提:操纵能力

一、操纵能力的界定及意义

操纵能力,即行为人影响市场价格的能力。操纵能力要件要求证明,行为人通过相关手段,使自己具备了影响价格的能力。具体而言,行为人的操纵能力可以来自:(1) 行为人对可交割现货供应的控制;(2) 行为人期货合约头寸的相对和绝对规模;或者(3) 行为人影响公开市场的特定方式,包括通过市场交易活动本身,以及通过互联网或其他媒介传播有关期货或相关现货的虚假信息等。[①] 之所以将操纵能力而非操纵行为作为操纵的构成要件之一,是因为操纵行为作为一个上位概念,本身即属于需要认定的对象,会存在循环定义的问题。此要件也比单纯的操纵手段要件的证明要求更进一步。如果行为人事实上不具备影响价格的能力,即使其行为在形式上符合市场操纵手段的特征,且市场价格发生了变动,也不能认定其构成操纵。例如,交易者所累积的期货头寸占市场开放头寸比例很小,囤积的现货数量也很少,而在合约届期时要求交割的行为;再例如,在日成交量上千手的合约市场上,以递升方式出价但每次只有一两手买单,总共只有几手买单的连续交易行为;还有,建立期货头寸后,在几乎没有人阅读的个人社交账号上发布与期货价格相关的虚假消息,而未被其他媒体转载传播的行为,等等。可见,不管在市场力量型操纵、交易型操纵还是信息型操纵中,行为人影响价格的能力对于操纵的认定而言都是必要的。

对操纵能力的要求可以起到对案件的筛选功能,即排除那些虽然符合操纵行为模式但是对市场不可能造成价格影响的交易者的责任。如果行为人不具备操纵能力,则不需要对操纵意图或人为价格等要件作进一步的考察。此外,操纵能力要件对操纵意图要件的认定也具有一定意义。通常假定,如果一个人有足够的力量来进行操纵,那么他也就能够认识到

[①]　See Technical Committee of the International Organization of Securities Commissions, *Investigating and Prosecuting Market Manipulation* 14 (2000), https://www.iosco.org/library/pubdocs/pdf/IOSCOPD103.pdf,最后访问时间:2022 年 9 月 1 日。

自己在做什么,而他通过此种能力来为自己谋取利益的行为就可以提供对意图的侧面证明。① 当然,这种证明是不充分的,还需要结合其他证据进行综合认定。

二、市场力量型操纵中的操纵能力

操纵的构成要件最初是基于对市场力量型操纵案件的分析和归纳而形成的,该背景对影响价格的能力这一要件而言影响最大。理论上对这个构成要件的分析和讨论最初都是以市场力量型操纵为对象的,也就是说,市场力量型操纵是分析操纵能力这一要件的经典模型。

(一) 操纵能力的经典分析模型

在市场力量型操纵的语境下,行为人的操纵能力来自其对市场的垄断性力量。在这一分析框架下,操纵类似于通过行使垄断能力来定出在真正的自由竞争环境中无法实现的价格的做法。② 在正常竞争的情况下,没有任何交易者可以运用其经济力量决定市场价格的运行方向和水平。因为有太多的其他竞争对手在市场上行使独立判断,任何单个交易者的影响都被其他人的交易活动所中和。市场趋势因此取决于在各个独立交易者个人见解基础上所形成的市场共识。要创造不平衡的竞争,行为人就有必要获得其他交易者不可比拟的经济力量,即要实现对其他交易者履行义务所必需的条件的有效控制。通过对可交割现货供应的控制可以防止其他交易者获得现货商品用于交割,对期货合约某一方向头寸的控制则可以有效地迫使其他交易者以对冲期货合约为目的与支配方进行交易,从而赋予支配方设定对冲价格的能力。③ 需要注意的是,法律所要打击的是故意制造此种垄断性力量并加以利用从而操纵市场的行为,而不是那些因为自然的商业原因而处于垄断性地位并因此获得市场优势的人。④

---

① See Thomas A. Hieronymus, *Manipulation in Commodity Futures Trading: Toward a Definition*, 6 Hofstra Law Review 41, 46 (1977).

② See Philip McBride Johnson, *Commodity Market Manipulation*, 38 Washington and Lee Law Review 725, 730 (1981).

③ Ibid., 732-733 (1981).

④ See Linda N. Edwards & Franklin R. Edwards, *A Legal and Economic Analysis of Manipulation in Futures Markets*, 4 Journal of Futures Markets 333, 343-344 (1984).

从市场力量型操纵出发的定义将操纵界定为"通过对供应或需求的支配来消除现货商品和/或期货合约市场中有效的价格竞争,且利用此种支配地位故意造成人为的高或低的价格"。[①] 据此,在市场力量型操纵中,行为人要具备影响价格的能力需要两项条件:一是对可交割现货供应的支配性控制,二是持有支配性的期货头寸。市场力量型操纵主要有囤积和逼仓两种类型,对可交割现货供应的控制是对其中的囤积的特有要求。而在逼仓的情形下,行为人需要控制的可交割现货供应相当于已经因为其他原因被从市场中移除了。从这个意义上来说,囤积是市场力量型操纵中最为完整的行为模式。

(二) 对可交割现货供应的支配性控制

要认定行为人具备对可交割现货供应的支配性控制,首先需要计算可交割现货供应的范围,这又包括其物理上和时间上的计算范围;其次还需要明确行为人控制可交割现货供应所达到的程度。

1. 可交割现货供应的物理范围

空头的交割能力实质上是一个成本问题,因为只要付出的成本足够大,总能获取足够的现货用于交割。[②] 如果对可交割现货供应的物理范围不加以限制,则实际上就赋予了行为人操纵期货市场的自由。可交割现货供应的物理范围究竟有多大,理论上有多种计算方法。第一种是将其解释为技术上已被认证的可供交割的商品数量减去商业交易者用于加工或运输而不能被空头用于交割的商品数量。这是最狭窄的可交割现货供应范围。第二种是除了已认证的可交割现货供应之外,还包括那些在交割地虽然可以但是还没有被认证用于交割的商品。在此种情况下,位于交割地的那些不属于技术意义上的可交割现货供应,但是通过确定等级和制作仓单就可以认证为可交割现货供应的商品也被包括在内。第三种是将虽然不位于交割地,但是不需要异常的市场成本即可流入交割地的商品也包括在内。在此种情况下,已准备运入交割地并被认证的商品

[①]　Philip McBride Johnson, *Commodity Market Manipulation*, 38 Washington and Lee Law Review 725, 730 (1981).

[②]　See Richard D. Friedman, *Stalking the Squeeze: Understanding Commodities Manipulation*, 89 Michigan Law Review 30, 54 (1990).

也可以被解释为可交割现货供应的一部分。[1]

在确定可交割现货供应的物理范围时,首先,位于期货合约所指定的交割地点,并且符合相关合约市场规则,已经检验合格可供交割的现货商品,这些构成了可交割现货供应的基本组成部分。其次,对于期货合约项下并且交割时没有溢价或折价的现货商品,如果处在允许交割的地点并且合格,则其也将被包括在可交割供应的计算范围之内。但如果符合交割要求的合格商品已经不可撤回地被承诺用于另一个目的(例如用于企业出口销售或者工厂加工),而且不可能及时地被替换成其他存货,则不能被计算在内。再次,如果期货合约允许交割那些不属于合格等级的现货商品,或者允许交割来自基本交割地以外的同样等级的商品,空头的交割成本就会显著高于在基本交割地交割合格等级商品的成本。当这些等级外的或外地的现货可用于交割时,需要根据空头为了履行期货合约而交割那些现货商品时所承担的额外费用的数额来决定是否将其纳入可交割供应的范围。如果空头交割这些现货商品时存在经济障碍,则不能将其纳入可交割现货供应的范围。[2] 例如,当空头需要用价格较高的"优等"现货商品来进行交割,或者引入的外地现货商品达到可交割状态需要高额的附加费用时,这就会导致空头需要付出的交割费用大大高于当地库存的"合格"等级的现货商品供应。

2. 可交割现货供应的时间范围

计算可交割现货供应的时间范围,通常是以被指控的操纵活动存在的日期为准,一般需要确定在当天和交割期的剩余期间内空头可用的现货商品数量。如果有证据表明空头拖延安排用于履行交割义务的现货供应,特别是当这些安排不会引起大量额外费用的情况下,则可能需要把那些在被指控操纵的日期之前存在的,可以被空头获得的现货商品也纳入可交割现货供应范围中,即使当指控的操纵发生时,他们已经无法得到这

① See Thomas A. Hieronymus, *Manipulation in Commodity Futures Trading: Toward a Definition*, 6 Hofstra Law Review 41, 48-49 (1977).

② See Philip McBride Johnson, *Commodity Market Manipulation*, 38 Washington and Lee Law Review 725, 733-736 (1981).

些存货。[1]

3. 可交割现货供应的控制程度

要构成囤积，需要确定行为人对可用于交割的现货供应的控制是否充分到空头为了履行合约只能从该行为人处采购货物或者在期货市场与该行为人进行对冲的程度。[2] 如果空头在行为人控制之外有足够的现货商品以供应期货合约的交割，则行为人在合约对冲时就无法强制实行人为价格，空头也不会去支付这个价格，反而可能会采购并交割现货。[3] 因此，行为人对可交割现货供应的控制应当达到占据市场"支配性"地位的程度。

《期货和衍生品法》将囤积操纵表述为"为影响期货市场行情囤积现货"，并未要求对可交割现货的支配性控制，从而为更为宽泛的解释留下了空间。这在我国证监会查处的甲醇 1501 合约操纵案中有所体现。在该案中，执法部门认为："姜为实际控制的欣华欣作为国内最大的甲醇贸易商，对甲醇现货价格有直接影响力。姜为利用欣华欣在现货市场的优势地位囤积现货，造成市场甲醇现货需求旺盛的假象，降低市场对'甲醇1501'合约可供交割量的预期，以期影响期货市场价格，最终实现盈利目的。欣华欣提供的甲醇现货库存变化情况显示，2014 年 10 月至 11 月，欣华欣甲醇账面库存余额从 17 万吨增加至 42 万吨，增长 247%，库存增长量明显高于同期。进入 12 月份，因欣华欣短缺资金卖出部分甲醇库存，仍持有近 30 万吨库存。无论与往年同期相比，或是与以前月份相比，甲醇库存量均明显大幅增长，显示欣华欣在 2014 年 11 月期间积极做多甲醇期货的同时，通过囤积现货反作用于期货价格。"[4] 可见，证监会执法部门将行为人通过囤积现货，造成现货需求旺盛的假象，降低市场对可交割现货供应量的预期，以期影响期货市场价格的行为也纳入了囤积操纵的范畴。我国证监会执法部门作出此种解释的理由在于："在当今生产全

---

[1]　See Philip McBride Johnson, *Commodity Market Manipulation*, 38 Washington and Lee Law Review 725, 741-742 (1981).

[2]　Ibid., 742 (1981).

[3]　Cargill, Inc. v. Hardin, 452 F.2d 1154 (8th Cir. 1971), cert. denied, 406 U.S. 932 (1972).

[4]　甲醇 1501 合约操纵案，中国证监会行政处罚决定书（姜为）〔2015〕31 号。

球化、贸易全球化时代,完全控制现货市场的供给并不现实。现实中,囤积者并不需要,也不可能完全控制现货市场供给,来达到影响期货价格的程度。一般来讲,只要囤积现货数量占到市场总交易量的较大比重,或者行业龙头的正常贸易量占到较大比重时,即可认为囤积对市场的正常供给已经能产生显著影响,能够影响投资者对市场供需情况的判断。这种情形下,现货市场的囤积行为已经可以较为明显地反作用于期货价格。在操纵过程中,囤积现货主要是在短期内制造市场需求旺盛的假象,或者影响空头的交割能力,推动期货价格上涨。"[1]

笔者认为,此种宽泛的解释并不可取。任何个体交易者现货库存的膨胀都必定会对市场供求和预期造成一定的影响。现货库存的膨胀是否构成囤积操纵中行为人影响价格的能力,必须放在市场整体的格局中进行考察。与其他操纵手段不同的是,市场力量型操纵并不需要通过假象来欺骗其他交易者,而是通过对自己在期现货市场上原始的经济力量的运用来强行决定价格。[2] 而且此种操纵能力的运用系于期货合约中的现货交割条款。在市场的整体格局之下,如果在行为人控制的现货供应以外,市场上还有足够的现货商品可供空头用于交割行为人持有的未平仓期货合约,那么行为人对合约的平仓价格就没有真正的影响能力。特别是在该案中,当事人还卖出了 12 万吨左右的甲醇现货,因此认定其构成囤积操纵的合理性是存疑的(但不影响当事人使用的其他手段构成操纵)。

(三) 持有支配性的期货头寸

在期货市场上,有两种方法可以了结期货合约义务:一种是对冲平仓,另一种是交割现货。如果其他的市场参与者可以绕过行为人的要求并在别处履行他们的义务,则行为人不可能会具有真正的影响价格的能力。所以,试图通过囤积手段操纵市场的行为人会阻断除了经过他以外的所有平仓途径,这需要通过实际同时控制可交割现货供应和未平仓的

---

[1]　中国证券监督管理委员会行政处罚委员会编:《证券期货行政处罚案例解析》(第 1 辑),法律出版社 2017 年版,第 158 页。

[2]　See Philip McBride Johnson, *Commodity Market Manipulation*, 38 Washington and Lee Law Review 725, 763 (1981).

期货合约来实现。[①] 如果行为人只控制了可交割现货供应,而在行为人之外市场上还有人持有大量与其同向的未平仓期货合约,那么其他的市场参与者完全可以将自己持有的期货合约与这些人进行对冲平仓,而不必被行为人强制以高价对冲。因此,支配性的期货头寸也是构成行为人影响价格能力的必备因素。这一点对于逼仓而言也是适用的,因为除了造成市场上可交割供应短缺的原因不同以外,逼仓与囤积的实现机理都是基本相同的。所以,逼仓同样需要行为人获得支配性的期货头寸,从而迫使其他市场参与者以行为人设定的高价,与行为人进行对冲平仓。当然,固定、统一化的指标有可能会随着违法行为、违法手段的不断翻新而面临"滞后性",个案之间需结合具体案情、案件主客观方面、对相关期货合约的影响、操纵时段等综合判定持仓等相关量化指标。[②]

针对囤积操纵,我国《期货和衍生品法》将此种操纵手段表述为"为影响期货市场行情囤积现货",未要求行为人持有支配性期货头寸,对该种行为模式的表述不够完整。[③] 与之相比,《最高人民法院、最高人民检察院关于办理操纵证券、期货市场刑事案件适用法律若干问题的解释》第1条将囤积操纵表述为"通过囤积现货,影响特定期货品种市场行情,并进行相关期货交易的",相对要更加合理一些,但仍然是存在不足的。

针对逼仓操纵,值得注意的是,由于期货合约中包含有交割条款,因此法律实际上是要求合约的双方当事人做好履行的准备的。而当交易者坚持进行交割时,也就很难将有意识的交割行为与具备非法意图的操纵行为区分开来。[④] 尽管在交割月的后期,利用卖方不需要交割的预期而故意持有大量期货头寸,有可能构成逼仓操纵。但这往往看起来很像普通的市场行为,如果实施监管,就会出现证明方面的问题,以及对正常市

---

①　See Philip McBride Johnson, *Commodity Market Manipulation*, 38 Washington and Lee Law Review 725, 746 (1981).

②　参见中国证券监督管理委员会行政处罚委员会编:《证券期货行政处罚案例解析》(第1辑),法律出版社2017年版,第153页。

③　参见叶林主编:《期货期权市场法律制度研究》,法律出版社2017年版,第169页;钟维:《关于〈中华人民共和国期货法(草案)〉的修改建议》,载彭冰主编:《金融法苑》(第105辑),中国金融出版社2021年版,第7页。

④　See M. Van Smith, *Preventing the Manipulation of Commodity Futures Markets: To Deliver or Not to Deliver?*, 32 Hastings Law Journal 1569, 1581, 1588 (1981).

场行为进行惩罚的风险。操纵者一般不可能给出有关自己意图的直接证据,因此主观意图往往必须通过其行为来确定。但在许多情况下,保持未平仓头寸是在市场正常价格调整机制下可预期的一种做法,也可能是由于交易者未能及时对冲其套期保值头寸造成的。事实上,在不给市场运作造成过高成本的情况下,逼仓行为难以从日常市场行为中筛选出来。[①]行为人实现逼仓操纵的关键,在于使自己所持有的期货头寸规模比可交割的现货供应规模要大。[②] 在实践中,行为人通常会采取分仓或者其他不正当手段规避限仓规定,来使自己的期货持仓远远大于可交割的现货库存。因此,我国《期货和衍生品法》通过行为外观来进行区分,即行为人通过"在交割月或者临近交割月,利用不正当手段规避持仓限额,形成持仓优势的",才构成逼仓操纵。

例如,在玉米淀粉1601合约操纵案中,2015年12月14日开始,当事人账户组持多仓连续19个交易日超过交易所的持仓限额,且连续14个交易日超仓比例高于100%。2015年12月14日至2016年1月14日,账户组持多仓占市场多头比例始终在40%以上,最高持有多仓16,270手,超仓11,770手;最高持仓占比达到99.82%。2015年12月17日至12月30日,账户组买持仓规模始终超过厂库最大仓单量,2015年12月10日至2016年1月12日,账户组买持仓规模始终超过厂库卖持仓规模。在交割月内,账户组利用持仓优势,在2016年1月11至13日,逼使空方接受账户组的报价,按照账户组的价格平仓。[③]

再如,在白糖1801合约操纵案中,按照《郑州商品交易所期货交易风险控制管理办法》(2017年8月)规定的"交割月前一个月第16个日历日"(本案即2017年12月16日)开始,非期货公司会员及客户最大单边持仓手数从25,000手降低到5,000手。涉案账户组持仓占比从2017年10月9日至12月15日逐步提高,并对交易合约价格产生重大影响。2017年12月16日至2018年1月15日,受交易所交易规则的影响,以及

① See Note, *The Delivery Requirement: An Illusory Bar to Regulation of Manipulation in Commodity Exchanges*, 73 Yale Law Journal 171, 178 (1963).
② See Comment, *Manipulation of Commodity Futures Prices—The Great Western Case*, 21 University of Chicago Law Review 94, 99 (1953).
③ 玉米淀粉1601合约操纵案,中国证监会行政处罚决定书(邹鑫鑫、刘哲)〔2020〕30号。

交易所对涉案账户组采取日常监管措施的情况下,该合约价格逐步下跌,但涉案账户组仍然高比例违规持仓,其持仓量大幅高于交易所单边持仓最大限额。2017 年 10 月之后,涉案账户组在该合约买方向持续增仓。其中,11 月 9 日至 11 月 28 日,涉案账户组买仓量持续超过 160,000 手。与此相比,历史上白糖期货单合约最大交割量为 35,000 手,近五年白糖仓单及有效预报合计最大量为 92,000 张。而操纵期间,交易所白糖仓单及有效预报合计最大量仅为 58,386 张(2018 年 1 月 5 日);2018 年 1 月 15 日(合约最后交易日)白糖仓单及有效预报合计仅为 58,206 张,实际注册白糖仓单 52,594 张。而涉案账户组买仓量最大时已达 167,089 手,其中投机仓 147,192 手,是实际可交割仓单的约 2.8 倍。在 2017 年 10 月 9 日至 2018 年 1 月 12 日的操纵期间,涉案账户组买持仓量远超过白糖期货可供交割量,而涉案账户组维持其持仓优势直至交割月,合约空头因无法准备足量货物进行交割,因此大量空头客户提前平仓,致使该合约价格异常波动。[①]

三、交易型和信息型操纵中的操纵能力

值得注意的是,操纵的四个构成要件最初是基于对市场力量型操纵案件的分析和归纳而形成的。这一分析框架在实践中也被应用于一些不涉及市场力量的其他操纵类型,而这些应用过程实际上是对这四个构成要件适用性的解释和检验的过程。其中,最主要的是操纵能力要件,因为这个构成要件最初是以市场力量型操纵为基本模型归纳出来的。因此,在适用于交易型操纵、信息型操纵等其他操纵行为类型时,需要对这个构成要件的具体要求进行相应的解释,以使之能够符合这些操纵类型的具体情况。[②]

（一）交易型操纵中的操纵能力

在交易型操纵的语境下,行为人的操纵能力来自其通过交易行为影响市场价格的能力。交易型操纵又区分为虚假交易型操纵和真实交易型操纵。其中,诸如约定交易操纵、洗售操纵等虚假交易型操纵属于非竞争

---

① 白糖 1801 合约操纵案,中国证监会行政处罚决定书(阮浩、嘉和投资、钟山)〔2021〕117 号。

② 参见叶林主编:《期货期权市场法律制度研究》,法律出版社 2017 年版,第 175 页。

性交易。由于行为人已经自己约定或确定了交易的时间、价格、方式等交易要素,实际上不是通过连续竞价、集合竞价等公开的集中交易方式达成的交易。[①] 而期货市场是典型的竞争性市场,竞争性市场假定每个参与者是完全平等的,所有参与者通过竞争性的交易活动从而形成市场价格。由于非竞争性交易活动不存在市场竞争,实际上人为地制造了虚假的期货交易价格或者交易量等,因而也就无法全面、真实地反映市场信息。与约定交易操纵、洗售操纵等非竞争性交易手段类似,虚假申报操纵这种虚假交易型操纵也会制造虚假的行情。虽然在行为人撤单前可能会有少数订单成交,但这并不能改变其通过大量的报撤单行为造成了虚假行情的事实。真实交易型操纵是行为人基于操纵意图所进行的真实交易行为。虽然行为人所从事的是竞争性交易,但由于其是在操纵意图支配下所实施的行为,因此此种活动属于市场正常供求力量以外的因素,因此也会向市场注入额外的信息。在交易型操纵中,作为手段的交易行为通过两种方式作用于市场:一种是交易行为本身对市场价格的影响,另一种是交易行为给其他市场参与者造成的虚假印象。两种作用相结合,对市场价格造成的影响才达到行为人最终目的所要达到的变动幅度。这两方面都需要相关交易活动具备一定的广度和深度。因此,交易型操纵中行为人影响价格的能力取决于相关交易行为的规模和市场占比。

《期货和衍生品法》将连续交易操纵表述为"单独或者合谋,集中资金优势、持仓优势或者利用信息优势联合或者连续买卖合约",已经在法律条文中明示了对于操纵能力要件的要求。其中,资金优势,是指行为人为买卖合约所集中的资金相对于市场上一般交易者所能集中的资金具有数量上的优势。执法人员可以对行为人在行为期间动用的资金量及其所占相关合约的成交量的比例、同期市场交易活跃程度以及交易者参与交易状况等因素综合地分析判断,认定行为人是否具有资金优势。持仓优势,是指行为人持有合约相对于市场上一般交易者具有数量上的优势。执法人员可以对行为人在行为期间持仓总量及其所占相关合约的市场持仓总量的比例、同期相关合约的交易者持仓状况等因素综合分析判断,认定行

---

① 参见王瑞贺、方星海主编:《中华人民共和国期货和衍生品法释义》,法律出版社 2022 年版,第 24—25 页。

为人是否具有持仓优势。信息优势,是指行为人相对于市场上一般交易者对相关合约及其相关事项的重大信息具有获取或者了解更易、更早、更准确、更完整的优势。其中的重大信息,是指能够对具有一般市场知识的理性交易者的交易决策产生影响的事实或评价。[1] 针对法律上对连续交易操纵中行为人操纵能力的明确规定,我国证监会查处的纤维板1910合约操纵案提供了一个认定的范例。就信息优势而言,涉案期间,大连商品交易所纤维板指定交割仓库共有5家,奔牛库是历史上交割量最大的交割仓库,纤维板交割量常年占5家仓库总交割量90%以上。黄鑫时任奔牛库期货专员,负责大连商品交易所电子仓单系统期货交割业务。黄鑫在2019年9月25日左右提前获悉奔牛库纤维板1910合约可交割仓单的关键信息,多次打听天津全程物流配送有限公司纤维板交割预报数量,因而较普通投资者具有信息优势。就持仓优势而言,2019年8月13日大连商品交易所公布纤维板1910合约注册标准仓单为48手,之后无新增注册仓单。2019年10月9日,纤维板1910合约共有104手多头头寸,其中常州雷硕和常信装饰期货账户合计持有102手,显著大于48手可交割仓单数量。因此,当事人具有持仓优势。[2]

虚假申报操纵被表述为"不以成交为目的,频繁或者大量申报并撤销申报",也包含了对操纵能力要求的表述。其中,对于是否"频繁",可结合行为人撤单次数及其占同期市场总撤单次数比例、各次撤单的时间间隔等综合判断。对于是否"大量",可结合行为人涉案期间单笔撤单量、撤单总量、撤单总量占申报总量比例、撤单量占同时段市场总撤单量比例、特定时段撤单量占申报量比例等综合判断。[3] 在秦鑫虚假申报操纵案中,当事人秦鑫先后在纯碱、动力煤等6个品种、9个合约上存在62次大额报撤单并反向成交行为,影响期货交易价格及期货交易量。[4]

约定交易操纵被表述为"与他人串通,以事先约定的时间、价格和方

---

[1] 参考《中国证券监督管理委员会证券市场操纵行为认定指引(试行)》第17—19条。

[2] 纤维板1910合约操纵案,中国证监会行政处罚决定书(黄鑫、蒋君、徐卫)〔2021〕100号。

[3] 参见《〈关于期货交易管理条例第七十条第五项"其他操纵期货交易价格行为"的规定〉起草说明》,载中国证券监督管理委员会网站,http://www. csrc. gov. cn/csrc/c101902/c1039207/content. shtml,最后访问时间:2022年9月1日。

[4] 中国证监会湖北监管局行政处罚决定书(秦鑫)〔2022〕4号。

式相互进行期货交易",洗售操纵被表述为"在自己实际控制的账户之间进行期货交易",对操纵能力的相关要求则没有被明确表述在条文中。

除了法律条文的明确要求之外,对交易型操纵中行为人操纵能力的认定,通常可以考察行为人的资金实力,被怀疑操纵期间的交易量(占比)、成交量(占比)、成交金额(占比)和持仓量(占比)等情况,这些均为体现其操纵能力的因素。以下为我国证监会处罚案例中的一些具体认定方法。

在硬麦105期货合约操纵案和螺纹钢1107期货合约操纵案中,被怀疑操纵的期货合约当天均只有当事人在进行交易,因此其交易量实际占到该合约当天交易量的100%,显然具有影响价格的能力。[①]

在天然橡胶1010期货合约操纵案中,2010年10月11日,当事人相互交易和自买自卖合计56手,占当日该合约总成交量的55.45%。10月12日,当事人共交易21手,占当日该合约总成交量的80.77%,总成交金额的80.75%。10月13日,当事人相互交易148手,占当日该合约总成交量的75.51%,总成交金额的75.63%。[②]

在焦炭1209合约操纵案中,2012年9月7日、10日、11日和12日,当事人之间的成交量占该合约9月所有成交量的96%。[③]

在甲醇1501合约操纵案中,当事人在2014年11月14日至12月16日期间,买持仓占市场总买持仓比从30.75%升至最高的76.04%,最高持仓多达27,517手,形成明显持仓优势。[④]

在胶合板1502期货合约操纵案中,2014年12月19日至31日,当事人控制的账户每个交易日买方向交易占市场买方向交易量的比例最低为43%,最高为96%,平均为75%;9个交易日多头持仓占市场单边持仓的比例最低为85%,最高为95%,平均持仓占同方向市场持仓比例为88%;在9个交易日内,账户之间的相互交易量占当日总成交量比例最低为

① 硬麦105合约操纵案,中国证监会行政处罚决定书(胶南粮库、刘玉江)〔2012〕15号;螺纹钢1107合约操纵案,中国证监会行政处罚决定书(宝尔胜、黄君称)〔2012〕22号。
② 天然橡胶1010合约操纵案,中国证监会行政处罚决定书(海南大印集团有限公司、海南龙盘园农业投资有限公司、海南万嘉实业有限公司等6名责任人)〔2013〕67号。
③ 焦炭1209合约操纵案,中国证监会行政处罚决定书(厦门宝拓资源有限公司、陈云卿、苏新)〔2014〕35号。
④ 甲醇1501合约操纵案,中国证监会行政处罚决定书(姜为)〔2015〕31号。

15％,最高为65％,平均为44％。[①]

在聚氯乙烯1501合约操纵案中,截至2014年10月22日收盘,当事人账户组共持有该合约空单19,696手(占当日市场空单持仓总量的59.15％)。2014年10月23日9：00：03至9：04：55,当事人7个账户的买进平仓委托量占同方向市场委托量的81.41％,委托金额占同方向市场委托金额的81.20％,成交量占同方向市场成交量的82.27％,成交金额占同方向市场成交金额的82.09％。9：02：14至9：02：17,当事人6个账户的卖出开仓委托量占同方向市场委托量的90.20％,委托金额占同方向市场委托金额的89.90％,成交量占同方向市场成交量的96.65％,成交金额占同方向市场成交金额的96.58％。9：02：50至9：11：21,当事人账户组卖出开仓委托30,035手,占同方向市场委托量的91.42％;委托金额803,436,250元,占同方向市场委托金额的91.38％。其中成交29,035手,占同方向市场成交量的92.74％;成交金额777,966,275元,占同方向市场成交金额的92.73％。[②]

在普麦1601合约操纵案中,2015年11月9日至24日,涉案账户组持有该合约17手,买持仓量占单边市场总持仓量的比例为68％,持仓优势明显。11月25日至12月23日,通过连续买入,涉案账户组持仓量逐日放大到317手,买持仓量占单边市场总持仓量比例不断提高,最低为73.08％,最高达到99.68％,其中买持仓量占比超过90％的有13个交易日。11月25日至12月23日,涉案账户组之间共有9个交易日存在自买自卖的行为,共成功对倒222手合约(双边),对倒成交量占当日整个市场成交量的最小值为10.67％,最高值达到72.84％,占期间合约总成交量的比例为25.64％。[③]

在玉米淀粉1601合约操纵案中,自2015年12月14日超仓后至2016年1月15日共计24个交易日,账户组持续买卖玉米淀粉合约,累计买成交和卖成交分别是25,522手、31,893手,各占市场同期累计成交量的比例为26.35％、32.92％。其中,账户组买成交量占市场成交量比例

---

① 胶合板1502合约操纵案,中国证监会行政处罚决定书(陶旸、傅湘南)〔2016〕5号。
② 聚氯乙烯1501合约操纵案,中国证监会行政处罚决定书(刘增铖)〔2016〕119号。
③ 普麦1601合约操纵案,中国证监会行政处罚决定书(廖山焱)〔2017〕58号。

在 20％以上的有 11 个交易日,买成交量占比在 30％以上的有 6 个交易日,最高达到 100％。账户组在 9 个交易日存在自买自卖行为:账户组自买自卖量占账户组买成交量比例在 30％以上的有 6 个交易日,自买自卖量占账户组买成交量比例在 60％以上的有 4 个交易日,其中 2016 年 1 月 4 日及 2016 年 1 月 12 日均达到 100％,2015 年 12 月 31 日达到 99.93％;自买自卖量占市场成交量的比例在 10％以上的有 5 个交易日,自买自卖量占比在 25％以上的有 3 个交易日,最高达到 56.16％。[①]

在白糖 1801 合约操纵案中,2017 年 10 月 9 日至 2018 年 1 月 12 日,涉案账户组连续交易该合约,买仓量最高升至 167,089 手,买仓占比最高升至 65.15％,期间买仓占比超过 40％的有 38 个交易日,占期间总交易日数的 55.07％,持仓优势明显。涉案账户组在连续交易扩大持仓优势的同时,为了维持持仓优势,还存在频繁自买自卖进行倒仓、分仓的行为。2017 年 10 月 9 日至 12 月 29 日,涉案账户组共有 38 个交易日存在账户间的倒仓行为,占期间总交易日数的 63.33％,累计倒仓成交 47,805 手(单边)。[②]

（二）信息型操纵中的操纵能力

在信息型操纵的语境下,行为人的操纵能力来自于其向市场注入信息影响市场价格的能力。其中,蛊惑操纵是通过制造市场假象实现的,而市场假象则会影响其他交易者的决策,从而影响市场价格。要制造所谓的市场假象,有两种途径可以实现:一种是制造有关市场定价因素的虚假信息,如虚假的关于国家政治经济政策、相关产业状况、市场供需情况、突发重大事件的消息,以影响他人对商品合约价值的判断;另一种是制造虚假的交易信息,如虚假的价格变动、交易量、持仓量信息,使他人对市场行情和趋势产生误判,以影响他人交易决策。第一种是蛊惑操纵最典型的情形。而在第二种情形下,实施蛊惑操纵的行为人通常也同时违反了如实记录和报告市场交易数据的要求。在抢帽子操纵中,行为人向市场注入的不一定是虚假或误导性信息,而是对相关期货交易或者合约标的物的交易作出公开评价、预测或者投资建议,目的是通过利用自身影响力向

---

① 玉米淀粉 1601 合约操纵案,中国证监会行政处罚决定书（邹鑫鑫、刘哲）〔2020〕30 号。

② 白糖 1801 合约操纵案,中国证监会行政处罚决定书（阮浩、嘉和投资、钟山）〔2021〕117 号。

市场注入此种信息,以配合自己在期货市场上的交易活动,进而盈利。

《期货和衍生品法》将蛊惑操纵表述为"利用虚假或者不确定的重大信息,诱导交易者进行期货交易",将抢帽子操纵表述为"对相关期货交易或者合约标的物的交易作出公开评价、预测或者投资建议,并进行反向操作或者相关操作",只在前者中部分体现了操纵能力方面的要求。认定信息型操纵者的操纵能力时,通常需要信息的重大性、散布信息的方式、散布信息主体的身份等情况。首先,最重要的是信息的重大性,是指该信息可能影响或易于影响期货市场价格,且会被理性人认为对于其决定是否在期货市场进行特定交易具有重要意义。[①] 信息对于市场而言越重大,对市场价格的影响能力越强。[②] 其次,散布信息的方式对评估其影响价格的能力也很重要,散布的范围越广、渠道越正式、传播效率越高,则影响价格的能力就越强。最后,散布信息主体的身份对其影响价格的能力也有影响,该主体的身份越权威,则所发布信息影响价格的能力就越强。

第三节　操纵构成的关键:操纵意图

一、操纵意图的界定及意义

虽然《期货和衍生品法》关于操纵一般形态的表述中未包含对行为人意图的要求,但是,操纵意图在市场操纵证明中十分重要。不存在无意图的操纵责任,仅仅以影响价格的方式交易也不会构成操纵。由于一些操纵性的结果也可能基于偶然和无意识的行为产生,如果对意图要件不作要求,许多人会因其偶然或无意识的交易行为而承担责任。[③] 对操纵意

---

① 参见美国《商品交易法》第 4c 条(a)(4)、《期监会规章》第 1.59 节(a)(5)。

② 对于具有重大性的信息,我国《期货和衍生品法》第 14 条对期货交易内幕信息的列举可以作为例子:(1)国务院期货监督管理机构以及其他相关部门正在制定或者尚未发布的对期货交易价格可能产生重大影响的政策、信息或者数据;(2)期货交易场所、期货结算机构作出的可能对期货交易价格产生重大影响的决定;(3)期货交易场所会员、交易者的资金和交易动向;(4)相关市场中的重大异常交易信息;(5)国务院期货监督管理机构规定的对期货交易价格有重大影响的其他信息。

③ See Rosa M. Abrantes-Metz, Gabriel Rauterberg & Andrew Verstein, *Revolution in Manipulation Law: The New CFTC Rules and the Urgent Need for Economic and Empirical Analyses*, 15 University of Pennsylvania Journal of Business Law 357, 375-376 (2013).

图要件的强调在很多判例中均有所体现。例如,在 Great Western Food Distributors v. Brannan 案中,法院指出:"当事人在交易中的意图是应受惩罚的囤积行为的决定性要素。无意识的囤积是有可能出现的,不应受到取消交易权的惩罚。"①在 Volkart Bros., Inc. v. Freeman 案中,法院认为所谓逼仓有可能只是市场拥塞的结果,因此要求原告必须证明被告"通过有计划的行动故意造成了逼仓的结果"。② 不管是操纵还是意图操纵,对操纵意图的证明要求都是相同的。③

　　虽然构成操纵需要具备操纵意图,然而对操纵意图的内涵应当如何理解,却是一个难题。最核心的问题就是,究竟是要求行为人必须特别地故意去制造人为价格(特殊故意),才能构成操纵;还是要求行为人仅仅故意实施了一个会导致人为价格的行为(一般故意),就能构成操纵。④ 两者的差别在于,特殊故意中行为人故意的内容必须指向人为价格,即具备制造人为价格的意识并追求此种结果的发生;而一般故意中行为人故意的内容指向的是某项行为,即行为人是故意实施此项行为,虽然该行为会导致人为价格,但并不要求对行为人预见并追求人为价格结果的心理状态进行证明。

　　美国判例法上对此问题的讨论持续了很长时间,且过程中的相关意见存在着模糊和反复。在早期的 Volkart Bros., Inc. v. Freeman 案中,法院指出:"'操纵'这个词不仅仅意味着对一些人可能认为的不合理的高价格的指控……必须有制造不反映供求力量的价格的企图;其行为必须'以制造价格扭曲为目的'。"⑤这似乎是将操纵意图的内容指向了人为价格。但是在 Cargill, Inc. v. Hardin 案中,法院认为,操纵证明的目标在

---

①　Great Western Food Distributors v. Brannan, 201 F. 2d 476 (7th Cir.), cert denied, 345 U.S. 997 (1953).

②　Volkart Bros., Inc. v. Freeman, 311 F. 2d 52 (5th Cir. 1962).

③　In re Hohenberg Bros., [1975-1977 Transfer Binder] Comm. Fut. L. Rep. (CCH) ¶ 20, 271 (CFTC Feb. 18, 1977).

④　See Benjamin E. Kozinn, *The Great Copper Caper: Is Market Manipulation Really a Problem in the Wake of the Sumitomo Debacle?*, 69 Fordham Law Review 243, 262-263 (2000).

⑤　Volkart Bros., Inc. v. Freeman, 311 F. 2d 52 (5th Cir. 1962).

于发现被告"是否故意实施了导致不能反映基本供求力量的价格的行为"。[①] 这又是将操纵意图的内容指向了行为。在 Hohenberg Bros. 案中,监管机构在试图解释"操纵"的含义时,似乎是说如果行为人故意地实施某项行为,就表现出了操纵的故意,即使其对产生的人为价格事实上没有故意:"市场操纵已经被定义为故意实施的导致人为价格的行为,而该价格不能反映基本的供求力量。"[②] 这句话的表述与 Cargill, Inc. v. Hardin 案中法官对这一问题的表述是相近的。但监管机构在 Hohenberg Bros. 案中的解释并没有止步于此,其进一步解释道:"对违反法律的操纵行为的判定,需要判定当事人实施了以影响某种(由供求力量决定的)商品的市场价格为目的的行为,且此种行为或做法造成了人为价格的结果。"[③] 虽然在该案中监管机构对该问题似乎同时存在支持不同观点的两种表述,且造成了一定的混乱,[④] 但学理上一般认为,对该案中监管机构意见的公正和完整的解读是,故意的内容必须与制造人为价格相关联,而不仅仅是故意从事某项交易,该交易随后产生了非故意的人为价格。[⑤] 虽然有一定的曲折,[⑥] 但这一问题最终在 Indiana Farm Bureau Coop. Ass'n Inc. 案得到了澄清。在该案中,监管机构指出,"要对意图要件进行证明",必须证明行为人"具有影响市场价格从而使其变动趋势不反映合理供求力量的企图或明确目的"。[⑦] 根据该案最终确立的判例法规则,作为操纵构成要件的意图,并非是指故意实施某项行为(该行为导致了人为价格)的一般故意,而是指行为人必须具备制造人为价格的特殊故意。也就是说,故意的内容应当是指向价格而非行为。

此外,需要特别指出的是,操纵意图并不包含行为人的目的或动机。

---

① Cargill, Inc. v. Hardin, 452 F. 2d 1154 (8th Cir. 1971), cert. denied, 406 U. S. 932 (1972).

② In re Hohenberg Bros. , [1975-1977 Transfer Binder] Comm. Fut. L. Rep. (CCH) ¶ 20, 271 (CFTC Feb. 18, 1977).

③ Ibid.

④ See Benjamin E. Kozinn, *The Great Copper Caper: Is Market Manipulation Really a Problem in the Wake of the Sumitomo Debacle?*, 69 Fordham Law Review 243, 263 (2000).

⑤ See Philip McBride Johnson, *Commodity Market Manipulation*, 38 Washington and Lee Law Review 725, 756-757, 765-766 (1981).

⑥ Ibid. , 757-758, 766 (1981).

⑦ In re Indiana Farm Bureau Coop. Ass'n Inc. , [1982-1984 Transfer Binder] Comm. Fut. L. Rep. (CCH) ¶ 21, 796 (CFTC Dec. 17, 1982).

操纵的目的可能是利益输送或避税,如 Deepak 在芝加哥期货交易所通过 424 笔事先约定的、非竞争性交易,以向 Meera 非法转移资金;可能是营利,如 Optiver 通过复杂的交易操纵石油期货价格盈利;也可能是掩盖损失,如巴克莱通过操纵基准利率(LIBOR 和 EUROBI)操纵期货市场价格,以掩盖期货市场的投资损失。[①] 但是,在证明构成市场操纵的操纵意图要件时,并不需要对行为人的操纵动机进行证明。[②] 反过来说,对盈利等动机的证明也不能替代对操纵意图的证明。[③]

二、操纵意图的直接证据

对操纵意图的直接证明,既包括对直接证据的运用,也包括对间接证据的运用。虽然,操纵意图要件可以通过直接证据来予以证明,但是可资利用的直接证据在实践中是非常少的。从已有的案例来看,实践中能用到的直接证据主要有以下几种。

第一,当事人的自认及询问笔录。在硬麦 105 合约操纵案中,刘玉江在证监会调查时承认,为了规避直接"对敲",就通过青岛田丰的期货账户,从胶南粮库转移给得利斯 1 手持仓。[④] 在焦炭 1209 合约操纵案中,涉案人员询问笔录显示,2012 年 9 月 7 日、10 日、11 日和 12 日,陈云卿打电话给苏新,商议交易方式和价格,操作方式是由陈云卿操作上海桐润国泰君安期货账户、由苏新操作厦门宝拓国泰君安期货账户,两者之间交易该合约,每次的交易委托价格按市场现货价格确定,每次单边成交 20 手该合约。[⑤] 在聚氯乙烯 1501 合约操纵案中,刘增铖在接受调查询问时,已间接承认他有意将该合约价格维持在跌停板上并打压该合约价格。[⑥]

---

① 参见牛广济、张啸尘:《金融危机后美国金融衍生品市场最新违法特点的实证研究及启示——以 CFTC 监管案件为视角》,载黄红元、徐明主编:《证券法苑》(第 8 卷),法律出版社 2013 年版,第 354—378 页。

② In re DiPlacido, 2008 WL 4831204 (CFTC 2008), aff'd in pertinent part, DiPlacido v. Commodity Futures Trading Comm'n, 364 Fed. Appx. 657, 2009 WL 3326624 (2d Cir. 2009), Comm. Fut. L. Rep. ¶ 31, 434, cert. denied, 130 S. Ct. 1883 (2010).

③ In re Hohenberg Bros. , [1975-1977 Transfer Binder] Comm. Fut. L. Rep. (CCH) ¶ 20, 271 (CFTC Feb. 18, 1977).

④ 硬麦 105 合约操纵案,中国证监会行政处罚决定书(胶南粮库、刘玉江)〔2012〕15 号。

⑤ 焦炭 1209 合约操纵案,中国证监会行政处罚决定书(厦门宝拓资源有限公司、陈云卿、苏新)〔2014〕35 号。

⑥ 聚氯乙烯 1501 合约操纵案,中国证监会行政处罚决定书(刘增铖)〔2016〕119 号。

　　第二,当事人的邮件、聊天记录或其他交流记录。在纤维板 1910 合约操纵案中,黄鑫与蒋君、徐卫共同交流该合约的仓单信息,沟通决策,商讨具体交易细节,联合交易该合约。特别是黄鑫的聊天记录显示,"逼到个 150 再拿 20% 的违约金""104 的单边,102 个在我手上,我不平哪来成交……把结算价做上去,还能拿 20% 违约金,结算价做到 110 附近"。[①]在 Great Western Food Distributors v. Brannan 案中,法官采纳的证据显示,被告的一位官员曾对政府调查人员说,该公司对 1947 年 12 月鸡蛋期货的行动的意图是要提高 12 月合约的价格,从而扩大 12 月和 1 月鸡蛋期货的价差,而该公司在那些合约中持有价差头寸。[②]

　　第三,当事人签署的书面协议。在白糖 1801 合约操纵案中,根据阮浩与嘉和投资签订的《合作投资协议》,阮浩负责投资决策、提供部分账户和资金,嘉和投资提供账户和大部分资金,组织员工实施操盘行为,双方共担风险,并按照协议约定的比例承担亏损、分享收益,具有合谋操纵的共同故意。因此,证监会认定阮浩和嘉和投资主观上存在互相配合、彼此作用,并利用账户组集中资金优势买卖该合约的共同故意。[③] 在 Sydney Maduff 案中,被告之间签订的购买足量期货合约以制造人为价格的协议,就被作为了证明其具有操纵故意的直接证据。[④]

三、操纵意图的间接证据

　　通常而言,在操纵案件中对操纵意图的证明必定经常是基于间接证据,而非直接证据,且相关推论和证明几乎总是来自对每个案件情形的全面分析。操纵的每一个要件都需要在特定的事实背景下进行检查,并且法院经常会从这些事实的整体中推断出操纵意图。此外,某些特定形式的行为还会引起监管机构和法院的特别关注。[⑤]

---

① 纤维板 1910 合约操纵案,中国证监会行政处罚决定书(黄鑫、蒋君、徐卫)〔2021〕100号。

② Great Western Food Distributors v. Brannan, 201 F. 2d 476 (7th Cir.), cert denied, 345 U. S. 997 (1953).

③ 白糖 1801 合约操纵案,中国证监会行政处罚决定书(阮浩、嘉和投资、钟山)〔2021〕117号。

④ In re Sydney Maduff, 24 Agric. Dec. 1456 (1965).

⑤ See Philip McBride Johnson, *Commodity Market Manipulation*, 38 Washington and Lee Law Review 725, 759 (1981).

（一）市场力量型操纵案件

我国证监会在市场力量型操纵案件中通过间接证据认定操纵意图的典型案例是甲醇1501合约操纵案。在该案中，根据当事人姜为的询问笔录，其存在维持期货交易价格以保护多头持仓进入交割月的主观故意，且通过其控制的42个期货账户连续交易，以实现稳定建仓价格的目的。但姜为后来提出，其做多的理由是看好甲醇价格的后续走势，并希望通过期货市场低价建仓并最终交割现货。证监会认为，在实际建仓过程中，姜为大量建仓，形成持仓优势后，先是通过连续交易的方式稳住价格，保证交易活跃及买入氛围。2014年12月12日至16日，价格下跌后，姜为又通过分仓买入的形式来稳定建仓价格，实现其对甲醇1501合约价格的控制和影响。[①] 一般来讲，理性投资者都会尽可能地买便宜的货物，将货物以尽可能高的价格卖出。而本案中，甲醇现货价格持续下跌，正常来讲，通过现货市场买入甲醇折算后的成本低于通过期货市场买入甲醇合约的成本时，考虑经济性原则，理性投资者应该平掉期货市场的多头仓位，选择通过现货市场买入货物。而本案恰巧相反，临近交割月，当通过期货市场买入甲醇合约的成本高于通过现货市场时，姜为控制账户组多头持仓仍然增仓或维持较大持仓，其交易行为明显不符合经济性，市场操纵意图明显；现货市场囤积甲醇的数量不断攀升，也进一步印证其主观意图。[②] 因此，证监会最终实际上主要是通过当事人的行为等间接证据来推断出其具有操纵的故意。

在市场力量型操纵中，会引起监管机构和法院特别关注的一种行为模式是"埋尸"（burying the corpse），这是指行为人为了逼仓空头而对可交割现货供应进行控制（或将现货供应阻止在市场之外），在交割期之后又以显著低于自己在期货市场所达成的价格将这些商品处理掉的情形。[③] 在Cargill, Inc. v. Hardin案中，被告以每蒲式耳2.27美元至2.28—1/4美元的价格来平仓其5月小麦期货的头寸，随后又以2.28—

---

① 甲醇1501合约操纵案，中国证监会行政处罚决定书（姜为）〔2015〕31号。

② 参见中国证券监督管理委员会行政处罚委员会编：《证券期货行政处罚案例解析》（第1辑），法律出版社2017年版，第153页。

③ See Philip McBride Johnson, *Commodity Market Manipulation*, 38 Washington and Lee Law Review 725, 761 (1981).

1/4 美元的高价向剩余的空头提供小麦仓单供其交割。然而,在 6 月 4 日和 6 月 13 日之间,被告在现货市场以每蒲式耳 2.10 美元至 2.13 美元的价格出售"旧小麦",比他在期货市场上与空头平仓的价格,以及 5 月下旬空头交割的价格,每蒲式耳要低 18 美分。[①]

在通常较难认定的市场力量型操纵中,为了使自己的获利最大化,操纵者的行为通常会具有一些与其意图相关联的特征,这可以帮助判断一个大型多头交易者的行为是否是基于操纵的意图。第一,操纵者会接受异常大量的交割商品,但同时也会对其所持头寸大量进行对冲。这是因为囤积者必须接受大量商品的交割,以便抬高交割的边际成本。囤积者接受的交割量比市场上通常会发生的交割量,以及操纵期间其他交易者接受的交割量都要大。第二,在被囤积的合约届期之后,操纵者会立即出售大量的商品,但竞争性的交易者不会这样做。这是因为竞争性的交易者通常宁可在人为的高价上对冲其持有的期货头寸,也不愿接受交割那些他们明知价格马上会下跌的商品。换句话说,操纵者承受着"埋尸"的负担,且他必须接受大部分(很可能是全部)交割。虽然操纵者接受了大量交割,但他也必须在合约届期以前卖出一些期货合约以赚取利润。由于存在"埋尸"效应,如果他在剩余的头寸上也接受交割,事实上就会遭受损失。[②] 多头在期货市场上买入或威胁接受交割他已经买入或拥有的商品,最后的对冲通常来说就不是善意的,其目的只是阻止他人履行。[③] 这些特征都可以将操纵性交易者与竞争性交易者的行为区分开来,并且成为操纵意图的行为证据。

（二）交易型操纵案件

我国证监会在交易型操纵案件中通过间接证据认定操纵意图的典型案例是天然橡胶 1010 合约操纵案。在该案中,在 2010 年 10 月 11 日、12 日、13 日交易该合约过程中,海南龙盘园与海南万嘉使用相同的电脑 IP 地址;双方在非常接近的时间内以价格、数量相同但交易方向相反的方式

① Cargill, Inc. v. Hardin, 452 F. 2d 1154 (1971), cert. denied, 406 U. S. 932 (1972).

② See Craig Pirrong, *Commodity Market Manipulation Law: A (Very) Critical Analysis and a Proposed Alternative*, 51 Washington and Lee Law Review 945, 957-958 (1994).

③ See Edward T. McDermott, *Defining Manipulation in Commodity Futures Trading: The Futures "Squeeze"*, 74 Northwestern University Law Review 202, 213-215 (1979).

进行申报并成交;在交易前后,海南龙盘园、海南万嘉与海南大印及海南大印的关联公司存在较为频繁的资金往来;相关当事人笔录显示,海南龙盘园与海南万嘉约定,由海南万嘉高买,海南龙盘园高卖。上述事实说明,两家公司在抬高期货合约价格上存在合谋,具有主观上的共同故意。① 该案中证监会依据的当事人笔录属于认定共同故意的直接证据,而当事人使用的电脑 IP 地址、交易行为模式、资金往来情况等均属于间接证据。

在交易型操纵中,会引起监管机构和法院特别关注的一种行为模式是"递升"(step-up)订单,这是一种订单数量和价格都不断爬升的交易下单模式。在 Cargill, Inc. v. Hardin 案②中,法院发现被告在1963年5月软红冬小麦期货合约最后交易日的最后15分钟内,在明知当时可用于空头交割的现货小麦严重短缺的情况下,在期货价格只有 2.20 美元时,在以下价格水平发出了递升订单:

200,000 蒲式耳在 2.27 美元
200,000 蒲式耳在 2.27-1/4 美元
300,000 蒲式耳在 2.27-1/2 美元
400,000 蒲式耳在 2.27-3/4 美元
500,000 蒲式耳在 2.28 美元
390,000 蒲式耳在 2.28-1/4 美元

在被告的递升订单中,最低价格比当时的市场价格高7美分,而订单越大价格也越高。法院没有直接宣布这样的做法是非法的,而是将其定性为"极不寻常的市场行为"。显然,递升订单在操纵案件中会吸引监管机构或法院的注意,但是并不一定会导致对操纵故意的认定。这可能是操纵的一种迹象,监管机构或法院据此会作出进一步的调查,也可能会将其作为认定操纵故意的间接证据,但在认定时需要综合考虑案件的全部事实和细节。

(三)信息型操纵案件

在信息型操纵案件中,也可以将对行为人主观方面的证明转换为对

<hr>

① 天然橡胶1010合约操纵案,中国证监会行政处罚决定书(海南大印集团有限公司、海南龙盘园农业投资有限公司、海南万嘉实业有限公司等6名责任人)〔2013〕67号。
② Cargill, Inc. v. Hardin, 452 F. 2d 1154 (1971), cert. denied, 406 U.S. 932 (1972).

客观方面的证明。在一些客观因素得到证明的情况下,可以推断出行为人具备操纵意图。从执法实践经验来看,为认定信息型操纵的行为人制造人为价格的特殊故意,需要证明的是:第一,行为人明知该信息具有虚假性或误导性;第二,行为人实施了散布或传播该信息的行为。[①] 通过此种证明对象上的转换,就可以降低对信息型操纵中行为人操纵意图要件的证明难度。

例如,在 Ralph W. Moore 案中,被告通过新闻媒体散布虚假信息,影响了猪油期货合约的市场价格。被告主张其散布的新闻备忘录所载消息是真实的,并未误导任何人。但法院调查发现,农业部对猪油并无需求,也没有计划增加预算采购猪油,更没有证据证明猪油产量不足。事实上,农业部的购买计划主要是以花生油为重点。而且证据显示,在农业部部长陈述或者农业部顾问委员会的报告中并未提及“猪油”二字,也无任何公开声明或者众所周知的猪油采购事项,被告也从未从政府官员那里获得任何私人消息,因此被告并无合理的依据证明其散布的消息的真实性。此外,被告将四位官员的名字放在备忘录中,具有误导性,因为这些官员都没有为此备忘录做过保证或背书。被告之所以这么做,目的在于使备忘录具有使人信赖的外观。被告有意制造此消息,并无任何其他合理依据,因此其对该消息虚假性和误导性显然是明知的。[②]

再如,在 Reuben Earl McGuigan 案中,被告先行持有特定谷物和棉花期货合约头寸,然后寄送大量的电报、信件及传单给美国各地的期货交易者,大力吹嘘这两种期货合约的投资价值,力劝对这两种期货合约进行投资。经法院调查发现,被告所寄送的推荐函中所做的分析均属不实,而且其明知不实并有意使其散布至全国,目的是希望藉由其它交易者的参与买卖,而影响该期货合约的市场价格,因此属于不法操纵行为。[③]

---

① 有观点认为,除了这两项要件外,还应要求不实信息足以影响交易价格。参见杜惟毅、张永开:《期货市场操纵行为的类型及认定标准研究》,载黄红元、徐明主编:《证券法苑》(第9卷),法律出版社 2013 年版,第 745 页。笔者认为,这实际上已经是对操纵能力的证明要求了。

② In re Ralph W. Moore, 9 Agric. Dec. 1299 (1950), aff'd, 191 F. 2d 775 (D. C. Cir.), cert. denied, 342 U. S. 860 (1951).

③ In re Reuben Earl McGuigan, 5 Agric. Dec. 249 (1946).

四、不经济行为推定

在操纵认定过程中,监管机构和法院往往会将明显与商业利益相悖的、高度不寻常的市场行为与行为人的操纵意图联系起来。[①] 通过此种不经济行为推定方法,可以大大降低对行为人操纵意图的认定难度。

(一)不经济行为推定的原理

不经济行为理论的渊源是美国谷物期货管理局(GFA)在《谷物期货法》时代向美国国会提交的报告中对操纵概念的理解。[②] 1926 年,作为对参议院要求调查小麦期货价格波动的决议的回应,谷物期货管理局向国会报告:"数个大型专业投机者的巨量交易,外加公众交易者的鲁莽参与,是造成此种对谷物市场不利的价格大幅波动的主要原因。"但是,谷物期货管理局还报告,没有证据表明对价格造成如此剧烈影响的交易行为构成操纵。谷物期货管理局得出该结论的基本理由,是由农业部部长所做的对"建设性"投机和操纵的区分。根据其观点,"建设性"投机是指"在合理评价当前和未来的影响供求关系的条件的基础上,同时没有以一种加大或人为加速预期市场结果的方式进行的交易"。换言之,建设性投机者期望从价格变动中产生利润,但是预期的价格变动是外部因素作用的结果,而非由投机者本身的交易引起的。而操纵者是指"主要基于相信自己具备通过大量交易形成有利于获得盈利的暂时性市场条件的能力而进行交易的人"。谷物期货管理局采纳的基本立场是,即使交易者的交易活动导致"不寻常的价格变动",如果他们是基于"个体交易者对于合理价值的善意判断"进行交易,那么就不构成操纵。可见,美国谷物期货管理局明确地将其有关操纵的立场集中在交易者的行为和意图,而不是产生的价格上。其基本观点是,只要行为人从事交易的原因或者交易的获利不取决于该交易行为对价格的影响,则其从事的影响价格的交易行为不构成

---

① See Rosa M. Abrantes-Metz, Gabriel Rauterberg & Andrew Verstein, *Revolution in Manipulation Law: The New CFTC Rules and the Urgent Need for Economic and Empirical Analyses*, 15 University of Pennsylvania Journal of Business Law 357, 377 (2013).

② 美国《谷物期货法》于 1922 年通过,为了执行该法的有关规定,美国农业部内建立了谷物期货管理局,负责该法赋予的日常监管职能。1936 年,《谷物期货法》被《商品交易法》取代。参见〔美〕杰瑞·W. 马卡姆:《商品期货交易及其监管历史》,大连商品交易所本书翻译组译,中国财政经济出版社 2009 年版,第 24—25 页。

操纵,即便此种交易行为影响价格的效果是显著的,或者即便其知道该交易有可能影响价格。在此种定义下,交易形式后的意图是操纵有别于其他交易行为的关键因素。当交易者对获利的期望主要是来自于对其交易行为会影响市场的预期时,操纵就产生了。[①]

不经济行为理论将操纵定义为一种不经济或不合理的行为,这提供了认定操纵的一种新思路。不同于要求法院判断操纵所导致的价格是否"人为"或者"不合理",该定义的重点在于判断交易者的行为是否合理。因此,不经济行为理论事实上将操纵意图定位为操纵的核心构成要件。通常而言,意图的客观迹象是存在的,某些行为本身可能就体现出了操纵意图。例如,当一个持有位于交割地的现货供应的交易者放弃在那里销售商品的机会,反而将商品运走并以更低的价格出售时,操纵的强烈迹象就出现了。发现此类行为的原则是理性交易者通常"试图尽可能廉价买入并且尽可能高价卖出"。[②] 因此,如果交易者不是通过对于交易而言所必须的低买高卖方式来执行交易,那么他可能不是投资者或投机者,其目的只是影响价格。虽然,任何购买大量商品的尝试都可能会使市场价格上涨,但理性的交易者会追求使自己的交易活动对价格的影响最小化,因为这能让他得到最佳的价格。而当交易者按照旨在增强价格影响的方式来执行交易时,即为操纵意图的迹象。[③]

不经济行为理论的意义并不在于为操纵提供一个完美的定义方式,而在于为操纵意图提供一个高效可行的识别及认定方法。不经济行为推定的原理在于,操纵实际上是一种预期盈利取决于其对所交易商品价格产生的影响的行为,甚至,行为人对价格的影响往往是其在期货市场上进行某些交易的唯一理由。[④] 如果行为人不存在通过自己行为扭曲市场价格的预期,事实上就不会以此种不经济的方式进行交易。[⑤] 当行为人以

---

① See Wendy Collins Perdue, *Manipulation of Futures Markets: Redefining the Offense*, 56 Fordham Law Review 345, 357-360 (1987).

② In re David G. Henner, 30 Agric. Dec. 1151 (1971).

③ See Wendy Collins Perdue, *Manipulation of Futures Markets: Redefining the Offense*, 56 Fordham Law Review 345, 395-396 (1987).

④ See Linda N. Edwards & Franklin R. Edwards, *A Legal and Economic Analysis of Manipulation in Futures Markets*, 4 Journal of Futures Markets 333, 345 (1984).

⑤ See Richard D. Friedman, *Stalking the Squeeze: Understanding Commodities Manipulation*, 89 Michigan Law Review 30, 59 (1990).

不经济的方式进行交易时,即可推定其具备操纵意图。此种方法与交易者的真实意图基本是相符的,且能够将某些特定行为与操纵意图联系起来,因而具有可操作性。从实践来看,大多数操纵行为中总有部分内容在事后看来是"不经济的"。[1]

(二) 不经济行为推定的适用

在市场力量型操纵中可以发现许多符合不经济行为特征的做法。第一,无需求却大量囤积现货以减少可交割供应的行为。在 Peto v. Howell 案中,行为人持有大量芝加哥期货交易所 1931 年 7 月玉米期货的多头头寸,在保持其支配性期货头寸的同时,到交割日积累了可交割供应的 97% 和全美可见供应[2]的 90%。[3] 行为人囤积现货的做法会造成大量资金闲置和浪费,尤其是事后还需要进行亏损处理,显然是不经济的。第二,将可交割供应由交割地点运走后又亏损卖出的行为。在 Landon v. Butler 案和 Tyson Foods, Inc. 案中,行为人均将大量的可交割商品运出交割地点,之后又以亏损卖出的方式加以处理。[4] 商品的可交割现货供应以交割日在交割地所储存的现货商品为准,行为人通过将大量的现货商品运出交割地以减少可交割现货供应,之后又亏损售卖的行为显然是不经济的。第三,通过虚假的出口运输而使商品闲置的行为。在 Leist v. Simplot 案 和 Merrill Lynch, Pierce, Fenner & Smith, Inc. v. Curran 案中,行为人通过虚假的出口运输方式使车厢一直载货或者部分载货。[5] 而亏损的货物运输或者让货运列车停靠而不卸货正常来说是没有利润的,除非行为人期望通过占据列车车厢使空头无法交割,从而对价格产生影响。因此,这种不经济的行为可以作为推定其存在操纵意图的证据。第四,对现货根本无需求却等待交割的行为。在 Compania Salvadorena De Cafe 案中,在对现货根本无任何需求的情况下,行为人却

① See Robert C. Lower, *Disruptions of the Futures Market: A Comment on Dealing with Market Manipulation*, 8 Yale Journal on Regulation 391, 392 (1991).

② 全美可见供应,除芝加哥当地的可交割供应外,还包括美国其他地方达到交割等级的现货供应。

③ Peto v. Howell, 101 F. 2d 353 (1938).

④ In re Landon v. Butler, 14 Agric. Dec. 429 (1955); In re Tyson Foods, Inc., Not Reported in F. Supp. 2d (2004).

⑤ Leist v. Simplot, 638 F. 2d 283 (1980), aff'd sub nom. Merrill Lynch, Pierce, Fenner & Smith, Inc. v. Curran, 456 U. S. 353 (1982).

一直等待交割的行为即值得怀疑。[①] 因为接受现货交割需要一系列准备工作,不但有仓储安排及费用负担等问题存在,而且还需要考虑再卖出时候的费用问题。

在交易型操纵中也可以发现许多符合不经济行为特征的做法。真实交易型操纵例如,在 David G. Henner 案中,被告持有芝加哥期货交易所1968 年 11 月硬壳鸡蛋 59％的多头合约。在交易日结束前的几秒钟,被告买入八个合约,另外还以高价向一份合约出价,在收市后允许的一分钟延长期内被另一位交易员接受。行为人有意支付超出自己所必须支付数额的费用,这样出价的目的是提高收盘价格以吸引第二天的买家,使他能以较高价格对冲。因此,可以认定其具有操纵意图。[②] 在 Diplacido 案中,行为人故意违反交易所买卖报价规则,持续报出比均衡价格更高或者更低价格的行为,不具有正常的、明显的商业或经济合理性,因此显示出其具有影响电力期货价格的故意。[③] 在虚假交易型操纵中,例如硬麦 105合约操纵案,胶南粮库、青岛田丰、得利斯的硬麦 105 合约交易均由刘玉江一人操作;胶南粮库、青岛田丰、得利斯在进行交易后,原有的持仓未发生变化,其交易行为即被认为明显非理性。[④]

在跨市场操纵中,当把被指控的操纵性交易行为与行为人跨市场的持仓及操作结合起来看时,就能更清晰地看出其表面上不经济但实际上以营利为目的的交易结构。典型的情形就是,对行为人而言存在巨大利益的合约品种与被操纵的价格相关联。例如,在 Zenith-Goodley Co. 案中,当时根据美国《农业市场法》,牛奶价格与纽约商品交易所的 A 级黄油价格挂钩。行为人在 5 天的时间内以每磅 84 美分或更高的价格买入了在该交易所交易的 97％的 A 级黄油。行为人愿意付出比通常更高的价格来购买黄油,是因为这样能够拉抬牛奶价格,从而使其能够在相关交

---

① In re Compania Salvadorena De Cafe,〔1982-1984 Transfer Binder〕Comm. Fut. L. Rep. (CCH) ¶ 21, 886, (CFTC Oct. 26, 1983).

② In re David G. Henner, 30 Agric. Dec. 1151 (1971).

③ In re DiPlacido, 2008 WL 4831204 (CFTC 2008), aff'd in pertinent part, DiPlacido v. Commodity Futures Trading Comm'n, 364 Fed. Appx. 657, 2009 WL 3326624 (2d Cir. 2009), Comm. Fut. L. Rep. ¶ 31, 434, cert. denied, 130 S. Ct. 1883 (2010).

④ 硬麦 105 合约操纵案,中国证监会行政处罚决定书(胶南粮库、刘玉江)〔2012〕15 号。

易中获取高额盈利。①

　　但是,在信息型操纵中,行为人仅需要通过在市场上散布有利于自己所持头寸的信息即可影响价格,进而获利。因此,信息型操纵的成本很低,且通常不包含不经济行为,在对操纵意图要件进行证明的时候也难以适用不经济行为推定方法。

　　(三)不经济行为推定的效果

　　通过不经济行为推定来认定操纵意图的过程是通过其在证明责任方面的效果来实现的。不经济行为推定由于其证明责任规则的属性,并不属于直接证明的范畴,而是通过对不经济行为这一基础事实的证明,来间接地获得对操纵意图这一推定事实的认定。② 需要注意的是,原告在这一过程中仍然需要承担初始的证明责任,而不可直接将证明责任分配给被告。例如,针对逼仓操纵,有观点认为,如果不对交割要求的运用进行控制,就会造成对逼仓尝试的鼓励,因此对期货合约的交割应当限于交易者为善意的情形,并且应当由该交易者对自己坚持交割的善意进行证明。③ 此种观点显然是不合理的,因为在期货合约中包含有实物交割条款的情况下,要求进行交割就是交易者的正当权利。交易者行使正当权利的行为应当被认为是非操纵性的,其要求进行交割的意图也应当被认为是善意的。只有被证明存在不经济行为时,才能够推定行为人具有操纵意图。

　　通过不经济行为推定规则认定的事实应当是可以通过证明来反驳的。具体而言,有关不经济行为的证明应当就足以对操纵意图相关事实构建一个表面上确凿的证据,在这之后将证明责任转移给被告,被告需要对此种行为具有合理性和非操纵性的理由进行解释和证明。将证明责任转移给被告的理由是,面对此种可疑行为,被告处于提供可以解释他自己行为的证据的最佳位置。需要重点说明的是,根据不经济行为理论,在证明责任转移后,被告需要证明的不是价格是"正常"的,而是要证明他的行为即使在不考虑对价格影响的情况下也是正当的或是经济上合理的。通

---

　　①　In re Zenith-Goodley Co. , 6 Agric. Dec. 900 (1947).

　　②　参见钟维:《论民法中的推定规范》,载《东方法学》2015 年第 6 期,第 51 页。

　　③　See Note, *The Delivery Requirement: An Illusory Bar to Regulation of Manipulation in Commodity Exchanges*, 73 Yale Law Journal 171, 182-185 (1963).

常看来可疑的行为可能有合理的解释,例如交易者可能有不寻常的义务或者需求;同样的,不寻常的市场条件也可能导致不寻常的交易行为,例如在迅速变化的市场中进行跳跃式出价可能就是必须的;此外,不经济的交易行为可能仅仅是反映了错误的判断,有时候交易者会作出错误的决定,但如果只是个错误的话就不是非法行为。但有时也会出现模糊和边缘性的情况,被告的动机可能是混合且复杂的。在处理此类行为合法性存疑的情况时,应该按照有利于允许该交易行为开展的方式解决,如果行为有助于促成合法的商业目的,最好还是以市场化的方式来解决,而不必进行监管介入。[1]

第四节　操纵构成的结果:人为价格

一、人为价格的界定及意义

通常认为,针对价格操纵的规制基础即价格影响。我国《期货和衍生品法》中"影响期货交易价格"的表述,最主要的认定要求就是要证明市场上存在人为价格。人为价格,通常被定义为不能反映正常或基本的市场供求力量的价格。[2] 例如,在 Indiana Farm Bureau Coop. Ass'n Inc. 案中,美国商品期货交易委员会认为,人为价格是指"没有反映作用于被审查的特定合约之上的市场或经济供求力量的价格。用经济学的语言来说,就是一种非均衡价格"。[3] 人为价格也是操纵区别于意图操纵的最重要的结果要件。

虽然,我国《期货和衍生品法》中还包含着"或者期货交易量"的表述,理由是,"在交易价格不变的情况下,交易量发生了重大变化,反映在行情报价上也是一个极为重要的市场信号,即向产业客户传递不同的市场信

---

① See Wendy Collins Perdue, *Manipulation of Futures Markets: Redefining the Offense*, 56 Fordham Law Review 345, 400-401 (1987).

② Cargill, Inc. v. Hardin, 452 F. 2d 1154 (8th Cir. 1971), cert. denied, 406 U. S. 932 (1972); In re Hohenberg Bros. , [1975-1977 Transfer Binder] Comm. Fut. L. Rep. (CCH) ¶ 20, 271 (CFTC Feb. 18, 1977).

③ In re Indiana Farm Bureau Coop. Ass'n Inc. , [1982-1984 Transfer Binder] Comm. Fut. L. Rep. (CCH) ¶ 21, 796 (CFTC Dec. 17, 1982).

息,误导其他期货交易者,影响期货市场功能。随着电子化交易技术不断发展,高频交易会制造极大的交易量,影响其他市场的下单行为和交易行为。特别是在结算价考虑交易量,进行加权平均计算的情况下,交易量可能会对结算价产生较大的影响,进而产生一系列的连锁反应"。[①] 但是,笔者认为,对期货交易量的影响不能成为与人为价格要件同等地位的证明要求,甚至其可能存在的范围都是比较有限的。对交易量的影响一般只是市场操纵的一种手段和外在表现形式,[②] 即通过制造交易活跃的假象引诱其他市场参与者进行交易,其最终目的仍然是使市场价格向自己期望的方向和水平发生变动。在结算价考虑交易量进行加权平均计算的情况下就更是如此,因为结算价格也属于期货交易价格。在比较法上,美国已有判例显示,通过成交量或交易量的认定仅能证明行为人可能有影响市场的力量或能力,但不一定构成操纵。[③] 事实上,如前所述,对交易量的考察甚至仅仅能够证明交易型操纵中行为人影响价格的能力。[④] 而在信息型操纵中,行为人所投入的资金相对较小,往往并不占据资金或持仓优势,其对市场交易量的影响通常相对较小,且操纵活动获得成功也并不一定需要很大的交易量。[⑤] 在市场力量型操纵中,行为人通过自身在期货和现货市场上的支配性地位,或者利用可交割现货供应不足的状况,就能够迫使合约对手方以自己设定的高价进行对冲平仓,而不需要对交易量造成影响,因为市场力量型操纵根本不需要市场假象来帮助实现。此外,由于操纵意图要件的内涵是行为人对造成操纵结果的故意,而市场力量型操纵的行为人的唯一目的就是通过自身所具备的垄断性力量来强行决定市场价格,那么影响期货交易量要如何纳入行为人的操纵意图中

[①] 王瑞贺、方星海主编:《中华人民共和国期货和衍生品法理解与适用》,法律出版社 2022年版,第 23 页。

[②] 参见上海期货交易所《"期货法"立法研究》课题组编著:《"期货法"立法研究》,中国金融出版社 2013 年版,第 705 页。

[③] 参见程红星、王超:《美国期货市场操纵行为认定研究》,载曹越主编:《期货及衍生品法律评论》(第 1 卷),法律出版社 2018 年版,第 100 页。

[④] 有观点认为,期货交易量仅构成成交量。参见程红星主编:《中华人民共和国期货和衍生品法释义》,中国金融出版社 2022 年版,第 33—34 页。根据官方释义,期货交易量不仅包括达成交易的量,还包括下达或者撤销申报的期货交易指令数量。参见王瑞贺、方星海主编:《中华人民共和国期货和衍生品法释义》,法律出版社 2022 年版,第 23 页。

[⑤] 参见王超:《期货市场信息型操纵的法律界定》,载许多奇主编:《互联网金融法律评论》(2018 年第 1 辑),法律出版社 2018 年版,第 201 页。

呢？事实上，所有操纵类型的行为人的最终目的都是造成价格影响，而与
交易量无关。

此外，需要特别指出的是，虽然行为人通过操纵活动能够使市场价格
向有利于自己持仓的方向运动，从而盈利，但行为人是否获利并非操纵的
构成要件。[1] 即使没有获利，操纵也是非法的。在我国证监会查处的甲
醇 1501 合约操纵案、聚氯乙烯 1501 合约操纵案、普麦 1601 合约操纵案、
玉米淀粉 1601 合约操纵案等行政处罚案例中，操纵活动的最终结果都是
导致行为人亏损，但是这并没有影响对当事人操纵行为的认定。[2] 其中，
证监会还在聚氯乙烯 1501 合约操纵案中特别指出，"操纵的认定不以盈
利或亏损为前提"。[3] 在 Cargill, Inc. v. Hardin 案中，美国法院更是清
楚地阐述了理由："在对操纵的调查中，被指控的操纵者是否获利是根本
无关的，因为不管他运作时盈利或亏损，操纵所造成的经济损害是一样
大的。"[4]

二、以参照系比较方法认定人为价格

对人为价格的认定传统上采用的是参照系比较方法。具体操作方法
是，通过选取其他一些价格作为标准，再将被审查的期货合约的实际价格
与之进行对比，如果被审查的期货合约价格偏离了该价格水平，则证明存
在人为价格。[5] 我国证监会执法部门将操纵定义为"有目的地促使价格
偏离正常供求力量作用下的价格水平的操作或交易，其核心在于行为的
不正当性"。[6] 此种定义方式中其实就隐含着要找出一个代表正常供求
力量作用下的价格水平，再将被审查的期货价格与之进行比较的要求。

---

[1]　参见王瑞贺、方星海主编：《中华人民共和国期货和衍生品法释义》，法律出版社 2022 年版，第 23 页。

[2]　甲醇 1501 合约操纵案，中国证监会行政处罚决定书（姜为）〔2015〕31 号；聚氯乙烯 1501合约操纵案，中国证监会行政处罚决定书（刘增铖）〔2016〕119 号；普麦 1601 合约操纵案，中国证监会行政处罚决定书（廖山淼）〔2017〕58 号；玉米淀粉 1601 合约操纵案，中国证监会行政处罚决定书（邹鑫鑫、刘哲）〔2020〕30 号。

[3]　聚氯乙烯 1501 合约操纵案，中国证监会行政处罚决定书（刘增铖）〔2016〕119 号。

[4]　Cargill, Inc. v. Hardin, 452 F. 2d 1154 (1971), cert. denied, 406 U. S. 932 (1972).

[5]　参见王瑞贺、方星海主编：《中华人民共和国期货和衍生品法释义》，法律出版社 2022 年版，第 23 页。

[6]　中国证券监督管理委员会行政处罚委员会编：《证券期货行政处罚案例解析》（第 1 辑），法律出版社 2017 年版，第 152 页。

在实践操作中,被用来作为价格标准的参照系很多,但可以归为两大类型:一种是以期货价格作为参照系,另一种是以现货价格作为参照系。

(一) 以期货价格作为参照系

以期货价格作为参照系,就是将被审查的期货合约价格与其他作为参照系的期货合约价格进行比较,以确定是否存在人为操纵等异常状况。在已有的案例中,被作为参照系的期货价格包括被审查的期货合约前后临近月份合约的价格、与被审查的期货合约价格走势相近的其他品种合约的价格、被审查期货合约历史上相同月份合约的价格、被审查期货合约历史上不同月份之间的合约的价差、其他市场交易的与被审查期货合约同种或走势相近的合约价格,等等。

1. 以临近月份合约的价格作为参照系

这种方法是将被审查的期货合约的价格与其前后临近月份合约的价格进行比较,以判断是否存在异常。我国证监会和美国监管机构在执法中都使用过这个参照系。

在天然橡胶 1010 合约操纵案中,中国证监会将怀疑受操纵的天然橡胶 1010 合约与天然橡胶 1011 合约的价格进行了比较。其中,天然橡胶 1010 合约 2010 年 10 月 13 日结算价 30,050 元/吨,较 2010 年 10 月 12 日上涨 815 元,涨幅达 2.79%。而天然橡胶 1011 合约结算价 30,080 元/吨,较 10 月 12 日上涨 755 元,涨幅为 2.57%。根据期货合约价格生命周期规律,天然橡胶 1010 合约已临近交割,其价格应当趋近现货价格,涨幅应该小,天然橡胶 1011 合约应当比天然橡胶 1010 合约涨幅大。该案情况恰恰相反,天然橡胶 1010 合约比天然橡胶 1011 合约涨幅大。[1]

在甲醇 1501 合约操纵案中,中国证监会将怀疑受操纵的甲醇 1501 合约与甲醇 1506 合约的价格进行了比较。其中,2014 年 12 月 3 日甲醇 1501 合约的价格较 11 月 14 日上涨 8.9%,而同期甲醇 1506 合约的价格则下跌了 6.16%。[2]

在胶合板 1502 合约操纵案中,中国证监会将怀疑受操纵的胶合板 1502 合约与胶合板 1503 合约价格进行了比较。其中,胶合板 1502 合约

---

① 天然橡胶 1010 合约操纵案,中国证监会行政处罚决定书(海南大印集团有限公司、海南龙盘园农业投资有限公司、海南万嘉实业有限公司等 6 名责任人)〔2013〕67 号。

② 甲醇 1501 合约操纵案,中国证监会行政处罚决定书(姜为)〔2015〕31 号。

收盘后结算价格从 2014 年 12 月 19 日的 114.15 元/张上升到 12 月 31 日的 129.4 元/张,上涨幅度为 13.35%,而同期胶合板 1503 合约价格仅上涨 6.05%。[①]

在玉米淀粉 1601 合约操纵案中,中国证监会将怀疑受操纵的玉米淀粉 1601 合约与玉米淀粉 1605 合约的价格进行了比较。玉米淀粉 1601 合约的结算价由 2015 年 12 月 8 日的 2188 元/吨最高涨至 2015 年 12 月 18 日的 2299 元/吨,玉米淀粉 1601 合约与 1605 合约间的价差由 2015 年 12 月 8 日的 130 元/吨,扩大到 2015 年 12 月 31 日的 221 元/吨。[②]

在纤维板 1910 合约操纵案中,中国证监会将怀疑受操纵的纤维板 1910 合约与纤维板 1911 合约的价格进行了比较。2019 年 9 月 26 日至 10 月 21 日,纤维板 1910 合约结算价从 62.5 元/手上涨至 111.85 元/手,涨幅为 78.96%。2019 年 10 月 14 日,纤维板 1910 合约与纤维板 1911 合约结算价偏离度为 40.01%。[③]

在白糖 1801 合约操纵案中,中国证监会将怀疑受操纵的白糖 1801 合约与白糖 1805 合约、1809 合约的价格进行了比较。2017 年 10 月 9 日至 12 月 11 日,白糖 1801 合约结算价由 6,063 元/吨上涨至 6,529 元/吨,上涨 466 元/吨,涨幅 7.69%。同期,可比白糖 1805 合约和 1809 合约分别上涨 4.74% 和 4.47%,涨幅偏差分别达 2.95% 和 3.22%。[④]

在 David G. Henner 案中,监管机构将怀疑受操纵的 11 月鸡蛋合约的价格与 10 月、12 月合约的价格进行了比较,发现在被审查的操纵行为发生的那天,10 月、12 月合约的价格均未发生类似于 11 月合约价格上涨的情形,还发现 10 月、12 月合约与被审查的 11 月合约的价差高达 1.5 美元。考虑到当时并没有任何消息足以导致 11 月合约价格走势产生如此大差异的情况下,监管机构认定 11 月合约的价格存在异常。[⑤]

[①]　胶合板 1502 合约操纵案,中国证监会行政处罚决定书(陶旸、傅湘南)〔2016〕5 号。

[②]　玉米淀粉 1601 合约操纵案,中国证监会行政处罚决定书(邹鑫鑫、刘哲)〔2020〕30 号。

[③]　纤维板 1910 合约操纵案,中国证监会行政处罚决定书(黄鑫、蒋君、徐卫)〔2021〕100 号。

[④]　白糖 1801 合约操纵案,中国证监会行政处罚决定书(阮浩、嘉和投资、钟山)〔2021〕117 号。

[⑤]　In re David G. Henner, 30 Agric. Dec. 1151 (1971).

2. 以和该合约价格走势相近的其他品种合约的价格作为参照系

这种方法是将被审查的期货合约价格与和该期货合约价格走势相近的其他品种期货合约的价格进行比较,以判断是否存在异常。我国证监会和美国监管机构在执法中都使用过这个参照系。

在甲醇 1501 合约操纵案中,中国证监会将怀疑受操纵的甲醇 1501 合约价格与原油期货合约价格进行了比较。其中,2014 年 12 月 3 日甲醇 1501 合约的价格较 11 月 14 日上涨 8.9%,而同期与该合约价格高度关联的原油近月期货合约价格下跌 14.5%。[①]

在普麦 1601 合约操纵案中,中国证监会将怀疑受操纵的普麦 1601 合约价格与强麦 1601 合约价格进行了比较。在 2015 年 11 月 25 至 12 月 23 日的操纵期间内,普麦 1601 合约结算价从 2,361 元/吨上涨至 2,659 元/吨,涨幅 12.62%,而与之类似的强麦 1601 合约仅上涨 4.98%。[②]

在 Great Western Food Distributors v. Brannan 案中,被怀疑的操纵行为发生在 1947 年 12 月。监管机构指出,新鲜鸡蛋与冷冻鸡蛋现货和期货相比通常都有合理且稳定的溢价,并且在新鲜鸡蛋价格急剧下跌的时候,冷冻鸡蛋现货和期货价格同样也会下跌。1932 年至 1947 年间的统计数据表明,在 12 月冷冻鸡蛋期货结束交易的时候,新鲜鸡蛋对其平均有每打约 4 美分的溢价,而 1947 年的这一数值为 0.5 美分。此外,在这 14 年里(1942 年和 1943 年因缺乏足够的统计数据而被排除在外),每当新鲜鸡蛋价格急剧下跌时,冷冻鸡蛋期货价格的走势都是相同的。在 1947 年 12 月的最后两周,每打新鲜鸡蛋的价格下跌了约 7.5 美分。然而在同一时期,冷冻鸡蛋期货价格先是下跌了 2.25 美分,然后又上升了 1 美分,最后收在比新鲜鸡蛋低 0.5 美分的位置。法院认为,这两方面的证据都证明了 1947 年 12 月冷冻鸡蛋期货的价格异常的高。[③]

3. 以历史上相同月份合约的价格作为参照系

这种方法是将被审查的期货合约价格与历史上相同月份期货合约的

---

① 甲醇 1501 合约操纵案,中国证监会行政处罚决定书(姜为)〔2015〕31 号。

② 普麦 1601 合约操纵案,中国证监会行政处罚决定书(廖山淼)〔2017〕58 号。

③ Great Western Food Distributors v. Brannan, 201 F. 2d 476 (7th Cir.), cert denied, 345 U. S. 997 (1953).

价格进行比较,以判断是否存在异常。我国证监会在执法中尚未使用过这个参照系。

在 Vincent W. Kosuga 案中,指控方证明,在 1956 年 2 月 15 日,芝加哥期货交易所 3 月洋葱期货的收盘价是 1.16 美元,而在 3 月 15 日的最低价却剧烈跌至仅有 10 美分,即下跌了 91%,创下交易所有史以来的最低记录(在前 12 年间 3 月洋葱期货在最后交易日的最低价格也有 43 美分)。而统计显示,前 8 年 3 月洋葱期货的价格波动都很小。其中仅有两年下跌过,且都比 1956 年的下跌幅度小得多(在 1951 年与 1954 年分别下跌 67% 和 37%)。而在其他 6 年中,3 月洋葱期货在 2 月中旬至 3 月中旬之间一般呈上扬走势。综合上述情形,法院认定 1956 年 3 月的洋葱期货价格是异常的。①

在 Cargill, Inc. v. Hardin 案中,监管机构将 1963 年 5 月软质小麦期货价格与之前 9 年的 5 月软质小麦期货价格相比较,发现 1963 年 5 月的价格在最后两个交易日 18－5/8 美分的上涨,在之前的 9 年中是没有先例的,事实上在其中的 6 年中价格还是下跌的。②

在 Indiana Farm Bureau Coop. Ass'n Inc. 案中,监管机构的证据显示,被告人在最后一个交易日对 1973 年 7 月玉米期货合约每蒲式耳 3.7 至 3.9 美元的出价,与有记录的 1963 年至 1976 年期间所有 7 月的最后一个交易日的价格相比,单日内至少有 1 美元的上涨幅度。③

4. 以历史上合约的价差关系作为参照系

这种方法是将被审查的期货合约与临近月份合约的价差,与历史上同期的期货合约的价差进行比较,以判断是否存在异常。我国证监会在执法中尚未使用过这个参照系。

在 Great Western Food Distributors v. Brannan 案中,被怀疑的操纵行为发生在 1947 年 12 月。从历史上看,在每年的 12 月,1 月合约都会以比 12 月合约更低的价格被卖出。监管机构认为,大西部食品公司通过

---

① In re Vincent W. Kosuga, 19 Agric. Dec. 603 (1960).

② Cargill, Inc. v. Hardin, 452 F. 2d 1154 (8th Cir. 1971), cert. denied, 406 U. S. 932 (1972).

③ In re Indiana Farm Bureau Coop. Ass'n Inc., [1982-1984 Transfer Binder] Comm. Fut. L. Rep. (CCH) ¶ 21,796 (CFTC Dec. 17, 1982).

买入 12 月合约并卖空 1 月合约来进行价差交易（spread straddle trade）[①]，其获利来源于扩大这两个期货合约的价差，即提高 12 月合约价格或降低 1 月合约价格，或两者皆有。监管机构将 1947 年 12 月和 1948 年 1 月鸡蛋期货合约的价差关系，与 1932 年至 1948 年的所有 12 月和 1 月间（其中排除实施联邦价格管制的 1944 年和 1945 年）的价差关系相比较。统计数据显示，当前的价差比历史上平均价差数值要大三倍。不过，只有在考虑到了经济萧条和战时价格管制等因素，先前时期的平均价差数据被认为反映了正常水平的情况下，法院才接受了上述比较的证据效力。[②]

在 Cargill, Inc. v. Hardin 案中，监管机构将 1963 年 5 月和 7 月的软质小麦期货合约价差关系与之前 9 年这两个月份的价差关系相比较，发现 1963 年这两个月价差上涨了 18−5/8 美分，这在其他任何一年中都没有出现，事实上在其中的 7 年中该价差是保持不变或是下降的。[③]

在 Indiana Farm Bureau Coop. Ass'n Inc. 案中，监管机构将怀疑受操纵的 1973 年 7 月玉米期货合约和 9 月合约间的价差，与 1963 年至 1976 年有记录的同期价差进行比较，发现前者比后者要高 1 美元。[④]

5. 以其他市场的合约价格作为参照系

这种方法是将被审查的期货合约价格与其他市场交易的同种或走势相近的期货合约价格进行比较，以判断是否存在异常。我国证监会在执法中尚未使用过这个参照系。作为标准的其他市场交易的期货合约，一般来说应当是与被审查的期货合约相同品种的合约。但在实际案例中，监管机构也将在其他市场交易的，与被审查的期货合约价格走势相近的其他品种合约作为标准。

在 Cargill, Inc. v. Hardin 案中，被怀疑的操纵行为发生在芝加哥，监管机构将芝加哥 1963 年 5 月软质小麦期货与堪萨斯 1963 年 5 月硬质

---

① 亦称跨期交易、跨价交易、跨期套利。

② Great Western Food Distributors v. Brannan, 201 F. 2d 476 (7th Cir.), cert denied, 345 U. S. 997 (1953).

③ Cargill, Inc. v. Hardin, 452 F. 2d 1154 (8th Cir. 1971), cert. denied, 406 U. S. 932 (1972).

④ In re Indiana Farm Bureau Coop. Ass'n Inc., [1982-1984 Transfer Binder] Comm. Fut. L. Rep. (CCH) ¶ 21, 796 (CFTC Dec. 17, 1982).

小麦期货的价格进行比较(市场间的价差),再对比之前 9 年的两个市场间的价差,发现芝加哥 1963 年 5 月软质小麦期货价格与堪萨斯市场价格相比"相当不一致"。[①]

(二) 以现货价格作为参照系

1. 以期货合约对应的现货价格作为参照系

以现货价格作为参照系,就是将被审查的期货合约价格与该合约所对应的现货价格进行比较,以确定是否存在人为操纵等异常状况。我国证监会和美国监管机构在执法中都使用过这个参照系。

在胶合板 1502 合约操纵案中,中国证监会将怀疑受操纵的胶合板 1502 合约与胶合板现货的价格进行了比较。显示胶合板 1502 合约收盘后结算价格从 2014 年 12 月 19 日的 114.15 元/张上升到 12 月 31 日的 129.4 元/张,上涨幅度为 13.35%,与胶合板现货同期价格的偏离度达 7.3%。[②]

在聚氯乙烯 1501 合约操纵案中,中国证监会指出,行为人控制的账户组在 2014 年 10 月 23 日操纵期间的申报价格明显偏离现货市场价格。[③]

在普麦 1601 合约操纵案中,中国证监会将怀疑受操纵的普麦 1601 合约与普麦现货的价格进行了比较。2015 年 12 月 10 日至 14 日,普麦 1601 合约结算价从 2,477 元/吨拉抬至 2,598 元/吨,拉升 4.88%。在此期间内,普麦现货价格平稳,始终维持在 2,400 元/吨。12 月 22 日,普麦 1601 合约从开盘价 2,615 元/吨大幅拉抬至收盘价 2,719 元/吨,上涨 3.98%(涨跌停板 4%)。当日,普麦现货价格(中等普通小麦郑州出库价)平稳,较上一交易日无变化,仍维持在 2,400 元/吨。在 2015 年 11 月 25 至 12 月 23 日的整个操纵期间内,普麦 1601 合约结算价从 2,361 元/吨上涨至 2,659 元/吨,涨幅 12.62%。同期,普麦现货价格仅上涨 2.5%。[④]

[①]　Cargill, Inc. v. Hardin, 452 F. 2d 1154 (8th Cir. 1971), cert. denied, 406 U. S. 932 (1972).

[②]　胶合板 1502 合约操纵案,中国证监会行政处罚决定书(陶旸、傅湘南)〔2016〕5 号。

[③]　聚氯乙烯 1501 合约操纵案,中国证监会行政处罚决定书(刘增铖)〔2016〕119 号。

[④]　普麦 1601 合约操纵案,中国证监会行政处罚决定书(廖山焱)〔2017〕58 号。

在纤维板 1910 合约操纵案中,中国证监会将怀疑受操纵的纤维板 1910 合约与纤维板现货的价格进行了比较。2019 年 9 月 26 日至 10 月 21 日,纤维板 1910 合约结算价从 62.5 元/手上涨至 111.85 元/手,涨幅为 78.96%。2019 年 10 月 14 日,纤维板 1910 合约与纤维板现货价格最高偏离为 45.26%。①

在白糖 1801 合约操纵案中,中国证监会将怀疑受操纵的白糖 1801 合约与白糖现货的价格进行了比较。2017 年 10 月 9 日至 12 月 11 日,白糖 1801 合约结算价由 6,063 元/吨上涨至 6,529 元/吨,上涨 466 元/吨,涨幅 7.69%。同期,白糖现货价格上涨 1.86%,期现涨幅偏差达 5.83%。②

在 Cargill, Inc. v. Hardin 案中,监管机构试图证明,与 2 号软红冬小麦当时的现货价格相比,5 月小麦期货价格过高。为此,监管机构运用了若干证据来对当时的现货价格进行证明。首先,农业部专家的分析研究表明,操纵行为发生时 2 号软红冬小麦的平均经济价值应介于每蒲式耳 2.10 美元至 2.17 美元之间,远低于期货价格。其次,根据农业部的公开出版物《谷物市场资讯》中的小麦现货报价,2 号软红冬小麦的现货价格也要大幅低于期货价格。③

在 Indiana Farm Bureau Coop. Ass'n Inc. 案中,监管机构的证据显示,被告人在最后一个交易日对 1973 年 7 月玉米期货合约的出价为每蒲式耳 3.7 至 3.9 美元,然而当时的现货销售价格,包括行为人的现货销售价格,在 7 月都没有超过每蒲式耳 2.88 美元(商品信用公司在期货合约届期之后的一个报价除外)。④

2. 确定现货价格的方法

虽然我国证监会在查处的不少案件中都采用了以现货价格作为参照

---

① 纤维板 1910 合约操纵案,中国证监会行政处罚决定书(黄鑫、蒋君、徐卫)〔2021〕100 号。

② 白糖 1801 合约操纵案,中国证监会行政处罚决定书(阮浩、嘉和投资、钟山)〔2021〕117 号。

③ Cargill, Inc. v. Hardin, 452 F. 2d 1154 (8th Cir. 1971), cert. denied, 406 U. S. 932 (1972).

④ In re Indiana Farm Bureau Coop. Ass'n Inc. , 〔1982-1984 Transfer Binder〕 Comm. Fut. L. Rep. (CCH) ¶ 21, 796 (CFTC Dec. 17, 1982).

系的比较方法,但都没有说明现货价格是如何确定的。事实上,在以现货价格作为参照系认定人为价格的过程中,最主要的问题就是如何确定可以被作为比较参照系的现货价格。从域外案例的经验来看,主要包括以下方法。

第一,根据具有公信力的官方价格报告或行业组织价格报告确定现货价格。在 Cargill, Inc. v. Hardin 案中,监管机构试图证明,与软红冬小麦当时的现货价格相比,5 月小麦期货价格过高。监管机构的证据包括对小麦的官方价格报告,其中现货的价格低于 5 月期货,且政府和私人报告都显示,在 5 月合约结算后,软质小麦现货价格大幅下跌。[①] 在 Compania Salvadorena De Cafe 案中,1977 年 7 月咖啡期货价格大大超过国际咖啡组织(ICO)统计的咖啡现货价格。具体而言,1977 年 7 月咖啡期货价格比国际咖啡组织对咖啡现货的报价每磅要高 30% 至 49%。而在以往年份,7 月咖啡期货的价格从未超过国际咖啡组织报价的 65%,因此被怀疑存在人为价格。[②]

第二,根据专家证言确定现货价格。在 Cargill, Inc. v. Hardin 案中,监管机构引入了美国农业部(USDA)专家的分析研究作为证据,指出操纵行为发生时软红冬小麦的平均经济价值应介于每蒲式耳 2.10 美元至 2.17 美元之间,远低于被操纵的期货价格。[③] 但是在现实中,对于同一问题往往会出现意见相左的专家研究报告及证言,这也导致此种证据的证明力偏低。例如在该案中,被告也提出了私人价格报告以及两份经济学家和贸易学家的证言来说明当时的现货及期货价格是一致的。在此种情况下就需要由法官来进行最终裁决。

第三,以操纵者本身对同期现货的出价作为现货价格。行为人本身对同期现货的出价并不能认为是准确权威的现货价格,但是如果行为人自己对期货和现货的出价出现较大的差距甚至背离,就会呈现出操纵的迹象。相关案例中的情形有时也会体现出"埋尸"的性质。在 Cargill,

---

① Cargill, Inc. v. Hardin, 452 F. 2d 1154 (8th Cir. 1971), cert. denied, 406 U. S. 932 (1972).

② In re Compania Salvadorena De Cafe, [1982-1984 Transfer Binder] Comm. Fut. L. Rep. (CCH) ¶ 21, 886, (CFTC Oct. 26, 1983).

③ Cargill, Inc. v. Hardin, 452 F. 2d 1154 (8th Cir. 1971), cert. denied, 406 U. S. 932 (1972).

Inc. v. Hardin 案中,监管机构的证据显示,在被指控的操纵行为发生几天之前,被告本身大量销售小麦现货的价格远远低于 5 月小麦期货最终的价格。并且,后来在期货交易停止后,被告又以大大低于 5 月小麦期货价格处理小麦现货。[①] 在 Indiana Farm Bureau Cooperative Association Inc. 案中,监管机构的证据显示,被告在最后一个交易日对 1973 年 7 月玉米期货每蒲式耳 3.7 美元至 3.9 美元的出价,与 1963 年至 1976 年期间记录的所有 7 月最后一个交易日的价格相比,单日内至少有 1 美元的上涨幅度,而且 1973 年 7 月和 9 月间的价差比 1963 年至 1976 年所记录的同期价差要多 1 美元。更重要的是,当时的现货销售价格,包括被告的现货销售价,在 7 月都没有超过每蒲式耳 2.88 美元。[②] 被告对现货的出价与当时的市场价格一致,但却与其对期货的出价差距较大,这一比较显示出被告在期货市场的出价的非理性,此时就应当调查被告此种交易行为背后的真正意图。

三、参照系比较方法需要注意的问题

使用参照系比较方法来证明存在人为价格,需要注意的问题主要体现在以下方面。

第一,当问及期货价格是否是"人为"的时候,还必须包括"与什么相比"的问题。并且,回答这个问题时的外部参照系必须是相关价格的准确且可靠的来源。以现货价格作为参照系时,应当注意,被审查的期货价格不应该被拿来与名义上的现货报价相比较,或者与和期货市场运行动力无关的现货实际销售价格相比较。[③] 以期货价格作为参照系时,应当注意,被作为参照系的期货价格与被审查的期货价格之间应当具有可比较性,这需要考察形成两个价格的市场条件。在评价过去的价格是否反映市场供求关系时,人们不能看价格是否反映我们现在已知的那些条件,而是要看它是否反映那些条件在当时被理解的状况。例如,如果在某个

---

① Cargill, Inc. v. Hardin, 452 F. 2d 1154 (8th Cir. 1971), cert. denied, 406 U. S. 932 (1972).

② In re Indiana Farm Bureau Coop. Ass'n Inc. , [1982-1984 Transfer Binder] Comm. Fut. L. Rep. (CCH) ¶ 21, 796 (CFTC Dec. 17, 1982).

③ Philip McBride Johnson, *Commodity Market Manipulation*, 38 Washington and Lee Law Review 725, 747 (1981).

特定时点,有强烈理由相信即将有谷物过剩,任何人都会预期那个时点的价格会反映该情况。在后来的某个时点,一个非预期事件引起短缺并导致价格上涨的事实并不能说明先前的价格是错误的。一个正确的价格应该反映所有当时可利用的信息,而不是反映对未来事件的异常洞察力。[1] 当然,在审视过去发生的事件时采用"上帝视角"无疑是不合适的,而事后想以当事人在事中的考虑进行判断的"代入视角"无疑也非常困难,这在整体上增加了认定存在人为价格的难度。这要求证明过程中应当对选取某个参照系作为价格比较标准的理由进行论证,以增强说服力。

第二,有的参照系仅适用于具有年度周期价格特征的合约品种。例如以历史上相同月份合约的价格作为标准,以及以历史上合约的价差关系作为标准的比较方法,通常只适用于农产品等季节性的商品期货。以谷物市场为例,在农事年结束,下一次收获季开始前,就会有自然的和几乎不可避免的现货供应萎缩的现象。市场价格往往会反映越来越稀缺的现货供应,而且也会反映即将到来的新收获,直到再接近农事年的尾声。[2] 但是,这种比较方法就基本不适用于工业品期货,更加难以适用于金融期货。例如,股指期货合约是以股票指数作为基础资产的金融期货,而股票指数在每年各月份间的变动规律是随机的,不存在所谓的年度价格变动模式,因此完全不能使用这两种价格比较参照系。

第三,有的参照系并不适用于整个期货合约周期。例如以其他市场的合约价格作为标准的比较方法在适用于期货合约届期时就会产生一些问题。由于期货市场跨地区套利机制的存在,某一国家或者地区的期货价格与其他国家或者地区的期货价格存在关联性,因此期货市场在合约周期的大部分时间里会反映全球经济发展对该合约价格的影响。但是,当某一合约接近交割时,其价格会更多地受到该合约交易和交割地市场因素的影响,即在合约到期月份里该合约价格所反映的情况基本上会收

---

[1]　See Wendy Collins Perdue, *Manipulation of Futures Markets: Redefining the Offense*, 56 Fordham Law Review 345, 370-371 (1987).

[2]　See Philip McBride Johnson, *Commodity Market Manipulation*, 38 Washington and Lee Law Review 725, 748 (1981).

缩到本地市场。这些市场在到期月份时转化成现货交割的载体,并且经常是被交割地当时的主导性经济条件所影响。如果说一个到期的期货合约能够继续反映国际经济条件或国际价格,那是无视现实的。因此,它的价格也就不能准确地与其他国家或地区的商品价格相比。[①] 而有些期货品种本身即具有地域性,因此在整个合约周期里都不适于与其他地区市场交易的同种合约价格进行比较,更不用提与其他地区市场交易的不同种合约价格进行比较了。

第四,当进行价差比较时,必须是因为价差关系本身属于操纵行为模式的重要组成部分,价差比较对于操纵行为的证明才有意义。例如,在市场力量型操纵的情形下,操纵者往往要接受交割一定数量的现货商品,并且在操纵行为完成以后需要以低价进行处理,此即所谓的"埋尸",这会造成操纵者在现货市场上的损失。而通过价差交易则可以在一定程度上解决这个问题,即在同一期货品种的不同月份合约上建立数量相等、方向相反的交易头寸,最后以对冲或交割方式结束交易并获得收益,以对冲前述损失。此种做法的获利来源于行为人增大这两个月份合约价差的能力,因此两个月份之间合约的价差关系本身就属于操纵行为模式的重要组成部分。

第五,既有案件均未能建立严格且合理的标准来判断特定价格是否人为价格。[②] 对不同的合约标的而言,其价格受到操纵行为影响后的变动幅度也非常不同。因此,即使出于人为价格认定客观化的目的,想要为不同的合约标的建立统一的价格偏离度标准,也是非常困难的。例如在诸如鸡蛋等商品期货上经常可以看到高达 30％ 的价格变动,但是对于伦敦银行间同业拆借利率(LIBOR)等操纵对象而言,则几乎不可能看到这样大幅度的操纵效果。与 LIBOR 挂钩资产的名义价值接近 400 万亿美元,这是一个规模巨大的市场,因此 LIBOR 的极小变动也能带来巨额的财富转移。据估计,如果 LIBOR 被操纵下降 30 个基点,即 0.3％,那么支付该利率的人每年的债务将减少超过 1 万亿美元。也就是说,对于类

[①]　See Philip McBride Johnson, *Commodity Market Manipulation*, 38 Washington and Lee Law Review 725, 747, 770 (1981).

[②]　See Craig Pirrong, Commodity *Market Manipulation Law: A (Very) Critical Analysis and a Proposed Alternative*, 51 Washington and Lee Law Review 945, 960-961 (1994).

似的操纵对象而言,即使是较小的操纵幅度也能带来巨大的收益。从另一个角度来看,一个操纵可以是非常盈利的,然而却在统计误差的范围之内,并且正好在法庭证明要求的门槛之下。也就是说,一个收益大到足以吸引操纵者参与的操纵活动,其价格变动也可能极其微小,因此很可能难以在法庭上证明存在人为价格。[①] 诸如 LIBOR 这样的操纵对象,即使未达到上述 0.3% 的变动幅度,由于其市场规模巨大,且每个参与主体的交易都十分频繁,累积起来的收益都会非常可观,因而对操纵者有巨大的吸引力。然而,在任何其他市场因素都有可能导致此种微小价格变动的情况下,很难排除这些影响因素并建立价格变动与操纵行为之间的因果关系。就价格的偏离度问题,案件当事人也有可能提出抗辩。例如,在纤维板 1910 合约操纵案中,当事人即辩称涉案期货合约价格波动在历史幅度之内,未超出纤维板期货市场的正常波动范围。[②] 因此,执法部门在处罚决定书中应当对认定构成人为价格的偏离度标准进行论证,以增强说服力。

四、参照系比较方法难以解决的问题

人为价格是价格与市场供求力量的背离。因此,在经典的价格操纵理论之下,为了认定存在人为价格,就需要证明价格没有遵循合法的供求力量,即确定如果涉嫌操纵者没有非法干预价格形成的正常过程,价格或价格关系的水平会是什么,或应该是什么。[③] 如果要通过这种方法证明存在人为价格,在实践中通常需要进行大量经济分析来论证一个价格没有反映正常的市场供求力量。然而,正如有研究者所指出的,"期货价格的形成并非实验室里的化学实验,影响价格的因素既有供需关系等客观因素,也有交易人的心理状态等主观因素,并非将供需数据代入公式即可

---

① See Rosa M. Abrantes-Metz, Gabriel Rauterberg & Andrew Verstein, *Revolution in Manipulation Law: The New CFTC Rules and the Urgent Need for Economic and Empirical Analyses*, 15 University of Pennsylvania Journal of Business Law 357, 384-385 (2013).

② 纤维板 1910 合约操纵案,中国证监会行政处罚决定书(黄鑫、蒋君、徐卫)〔2021〕100号。

③ See Technical Committee of the International Organization of Securities Commissions, *Investigating and Prosecuting Market Manipulation* 12 (2000), https://www.iosco.org/library/pubdocs/pdf/IOSCOPD103.pdf,最后访问时间:2022 年 9 月 1 日。

得结果"。[①] 因此,要对此作出有说服力的论证十分困难。[②] 出于这样的原因,人们转而使用参照系比较方法来进行认定,当被审查的期货价格偏离了某个被作为标准的价格时,即认为存在人为价格,这实际上是认为被作为标准的价格代表了正常市场供求力量作用下应有的价格水平。但是,这种方法较为依赖价格数据和经济分析,且通过此方法来证明人为价格的正当性、可靠性与合理性问题一直以来都难以得到解决。

就以期货价格作为参照系的方法而言,事实上,没有任何两个期货合约的运行表现是完全相同的,即使两者之间存在着相似的属性,它们也可能因为非常不同的市场条件或判断而不同。[③] 将其他期货合约价格作为替代价格标准与怀疑被操纵的期货合约价格比较,两个合约的供求关系和其他市场状况毕竟并不完全相同,当一个微小的市场因素变动都有可能因为"蝴蝶效应"而造成大的市场波动的情况下,要求不同年份、不同月份、不同地域、不同品种甚至不同价格体系下的两个市场价格走势几乎相同,只要存在明显偏离即证明存在人为价格,其正当性是存疑的。而且,每当出现异常的供求状况时,根据此种比较方法很可能就会证明存在"人为价格",导致各种参照系比较方法都很难无疑义地区分人为价格与非人为价格。[④]

就以现货价格作为参照系的方法而言,在实践中对其可靠性和合理性也存在着争议。从美国的经验来看,虽然商品期货交易委员会在其执法案例中表示,不同时期的市场状况在某种程度上均有所不同,与用同时期的相关市场(包括相关现货市场)的价格作为参照系的比较方法相比,历史价格比较方法的证据价值一般较低,因此在认定人为价格的时候,可

① 杜惟毅、张永开:《期货市场操纵行为的类型及认定标准研究》,载黄红元、徐明主编:《证券法苑》(第 9 卷),法律出版社 2013 年版,第 747 页。

② 参见大连商品交易所法律与合规监督部:《美国期货市场操纵相关立法沿革及实施效果研究》,载蒋锋、卢文道主编:《证券法苑》(第 24 卷),法律出版社 2018 年版,第 331—332 页;程红星、王超:《美国期货市场操纵行为认定研究》,载曹越主编:《期货及衍生品法律评论》(第 1 卷),法律出版社 2018 年版,第 88 页。

③ See Philip McBride Johnson, *Commodity Market Manipulation*, 38 Washington and Lee Law Review 725, 752 (1981).

④ See Daniel R. Fischel & David J. Ross, *Should the Law Prohibit "Manipulation" in Financial Markets?*, 105 Harvard Law Review 503, 546 (1991).

以更多地考虑以现货价格作为参照系的比较方法。① 但是法院认为,确定现货价格也是非常困难的,因为现货市场的实际交易可能相对较少,个体交易者的交易价格在很大程度上取决于当事人所处的地位、所涉及的交易量和交易时间,并且以现货价格作为参照系的比较方法有时会产生大量互相矛盾的证据,因而可靠性是存疑的。② 而且,在大多数情况下,商品的现货价格作为实际价格的指标可能还不如期货价格可靠。③ 这是因为,期货市场的交易决定往往需要回应的是预期中的外部事实。但是现货市场太窄,因此在给定的时间内通常很难准确地反映那些交易者认为应当影响商品价格的因素。而通常正是期货市场,由于具有更大的流动性和交易便利性,能更好地反映出这些事实。④ 因而在商业交易中,人们会将期货价格作为现货交易的定价依据,这正是期货市场价格发现功能的由来。因此,将某个通常认为相对不可靠的现货价格作为判断相对更可靠的期货价格被操纵的依据,其合理性也是存疑的。⑤

五、人为价格认定方法的发展

(一) 人为价格认定逻辑的重构

人为价格的经典定义强调了此种价格与正常市场供求力量的背离。从此定义出发,当影响供应和需求的力量都是合理的时候,价格就不是人为的。反之,当作用于供应和需求的力量是不合理的时候,价格就必然是人为的。因此,分析的重点不应该放在最终价格上,而应该放在造成此种价格的力量上。⑥ 判断人为价格的关键在于审查影响期货市场供求关系的正常体系中的非正常介入因素或者非理性定价因素,而交易者的不正

---

① In re Cox, [1986-1987 Transfer Binder] Comm. Fut. L. Rep. (CCH) ¶ 23,786 (CFTC Jul. 15, 1987).

② Cargill, Inc. v. Hardin, 452 F. 2d 1154 (1971), cert. denied, 406 U. S. 932 (1972).

③ See Wendy Collins Perdue, *Manipulation of Futures Markets: Redefining the Offense*, 56 Fordham Law Review 345, 368 (1987).

④ See Richard D. Friedman, *Stalking the Squeeze: Understanding Commodities Manipulation*, 89 Michigan Law Review 30, 55 (1990).

⑤ See Philip McBride Johnson, *Commodity Market Manipulation*, 38 Washington and Lee Law Review 725, 746-747 (1981).

⑥ See Benjamin E. Kozinn, *The Great Copper Caper: Is Market Manipulation Really a Problem in the Wake of the Sumitomo Debacle?*, 69 Fordham Law Review 243, 261 (2000).

当行为正是此种因素的体现。[①]　正是出于此种逻辑,在对过去通过参照系比较等经济分析方法证明人为价格的弊端进行反思的基础上,美国商品期货交易委员会在其新近的公报文件中也特别指出:"考虑到操纵案件事实密集型的性质,经济分析在某些案件中确实可能适合用于确定讨论中的行为是否实际造成了人为价格。但是,对价格的非法影响通常可以从讨论中行为的性质以及其他事实情况获得结论性推断,而不需要专业的经济分析。"[②]

在此种证明逻辑之下,通过价格比较发现存在的不寻常价格只是判断市场被操纵的相关证据,但并不是决定性证据,它只能反映出存在不寻常的市场状况。[③]　这些价格数据可以和其他市场证据一起,成为对交易者行为模式和具体手段的证明,最终目的在于通过这些事实情况推断出价格影响。价格影响是交易者基于操纵的意图,并通过其具体行为作用于市场的结果。因此,与参照系比较方法的证明框架不同,在对操纵的证明中,价格影响判断绝不是孤立于行为和意图判断的工作。包括行为和其他事实在内能与操纵意图联系起来的间接证据很多,例如获利动机;控制交割和/或运输设施以阻碍交割;建立大量的期货和现货头寸并且随后又把这些头寸处理掉,特别是如果又与通常的商业行为不符的情况;运用递升订单;支付超出公平市场价值的价格,等等。[④]　这些需要结合妥当的分析以排除对这些行为的合法理由,以确定一个人的行为是否正当。如果经过分析,交易者的行为符合基于对通过自身行为影响市场价格而获利的预期而实施的行为的特征,那么就可以认定该交易者具备操纵的意图,且在此种意图支配下所实施的行为造成了价格影响。

(二)操纵行为的综合效应

行为人运用其影响价格的能力从事特定行为,通过检视这些行为的

———

　　① 参见中国证券监督管理委员会行政处罚委员会编:《证券期货行政处罚案例解析》(第1辑),法律出版社 2017 年版,第 154 页。

　　② Commodity Futures Trading Commission, *Prohibition of Market Manipulation*, 75 Federal Register 67657, 67661 (2010).

　　③ See Richard D. Friedman, *Stalking the Squeeze: Understanding Commodities Manipulation*, 89 Michigan Law Review 30, 55 (1990).

　　④ See Rosa M. Abrantes-Metz, Gabriel Rauterberg & Andrew Verstein, *Revolution in Manipulation Law: The New CFTC Rules and the Urgent Need for Economic and Empirical Analyses*, 15 University of Pennsylvania Journal of Business Law 357, 377 (2013).

影响,就能够确定一系列观察到的价格扭曲和特定行为是否属于操纵。因此,最好不要将人为价格的认定简化为一种参照系比较的过程。而通过操纵行为本身及其综合效应的考察,才能判断其是否属于正常的市场供求力量,进而判断其造成的价格是否属于人为价格。例如,在较难认定的市场力量型操纵中,在交割期内操纵活动对市场价格、商品流动等各方面都会造成一系列的综合效应,有学者将这些影响呈现出的特征、背后的原因以及与操纵者行为的关系做了如下的归纳和解释。[①] 对人为价格要件的证明,不应将目光局限于被审查期货合约价格与参照系的偏离度,而应关注操纵行为本身及其造成的此种综合效应。

第一,与其他非交割地点的价格、非交割等级的相同商品价格、相关联的商品价格相比,交割市场的期货和现货价格都异常地高。此外,这些价格扭曲会逐渐地显现出来,并且在操纵者平仓前达到最大值。在合约届期前的某个时间,与可比较的商品相比,期货和可交割现货的价格也显示出异常。对此种情况的解释是,操纵所导致的需求增长限制在交割市场的范围内,因此该市场的价格与其他市场相比就上涨了。

第二,在接近交割期的时间以及交割期内,大量商品被运入交割地。此外,在交割期内,从交割地运出的商品异常地少,因为交易者们要积累存货来进行交割。对此种情况的解释是,交割市场的价格相对上涨,吸引了更多的现货供应到该地;同时也会引诱一些交易者将存货保留在该地,而如果不存在操纵的话,这些存货本来是会被运送到别的地方去的。

第三,被操纵合约的价格与更晚到期合约的价格相比,显得异常的高。此种高价应该会在交易结束前的某个时刻变得明显,并且只有当交易者们渐渐地意识到存在操纵的可能性时才逐渐地显现出来。价格扭曲的程度会在操纵者对冲其头寸前达到最大,因为此时其他交易者大都充分意识到了潜在的逼仓情形。相对于一个特定的期现货价差数值而言,在交割市场有异常大量的可交割商品存货。也就是说,与所谓的"存货供应曲线"相比,交割市场的商品存货量要大得多。对此种情况的解释是,前述的那些情况共同导致了交割市场的存货价格上涨。操纵所导致的需

① See Craig Pirrong, *Commodity Market Manipulation Law: A (Very) Critical Analysis and a Proposed Alternative*, 51 Washington and Lee Law Review 945, 952-955 (1994).

求增长也被限制在狭窄的期间(交割期)内,这导致了此交割市场在此交割期的价格相对于更晚交割期的价格的上涨。

第四,在期货交易结束或交割期间,交割市场的现货价格本身,以及该现货价格与下一个月的期货价格、其他地点的现货价格相比,都陡然下跌(此即"埋尸"效应)。价格下跌的时间取决于操纵者什么时候平仓,以及需要将存货移动到交割地的时间。当某人控制了交割市场的存货规模,此种现货价格的扭曲会更加明显。对此种情况的解释是,在一个竞争性的市场,只有当可交割存货量异常地少时,现货价格才会比期货价格高。因此,如果现货价格比期货价格高,同时可交割存货量非常多,那么所有交易者在合约届期时不太可能会以竞争的方式行动。最终,囤积者在交割末期突然终止了人为的需求刺激。需求的突然降低,再加上存货价格的人为高涨,导致了交割市场现货价格的突然下降。

第五,在交割期后,交割地的货物流入异常地少,因为先前人为的大量货物输入导致商品供过于求。在囤积结束后,从交割地输出的货物增多,因为先前超量输入的货物被运回到原来的地方,并且延迟输出的货物也被放行了。对此种情况的解释是,现货价格本身,以及该现货价格与其他市场的价格、下一个月的期货价格、没有操纵的现货价格相比,都在下跌。在交割末期的此种价格下跌也导致了货物从交割市场加速流出,以及货物流入交割市场的减少。

第五节　操纵构成的纽带:因果关系

一、因果关系的界定与证明

操纵行为与人为价格之间应当存在因果关系。我国《期货和衍生品法》中"影响期货交易价格"的表述,除了人为价格之外,其实还隐含着对因果关系的证明要求。然而,在我国证监会既有的行政处罚案例中,从未对因果关系问题进行过证明或讨论。因果关系要件要求证明,市场上的人为价格是由行为人所导致的。一旦证实行为人具备影响价格的能力,并且相关时期出现了人为价格,则这两方面必须要联系起来以证明行为人的行为是造成人为价格的原因。[①] 如前所述,对行为人操纵行为的证明需要具体到其操纵能力,因此该要件实际上是要证明,行为人对其操纵能力的使用是造成人为价格的原因。

　　行为人的操纵行为不需要是造成人为价格的唯一原因,只要能构成人为价格的主要原因,对于操纵的认定而言就足够了。[②] 例如,在Cargill, Inc. v. Hardin 案中,法院特别强调了因果关系要件。当发现1963 年 5 月小麦期货价格是人为的之后,法院提出:"目前的问题是该人为的高价是否由 Cargill 所导致。"法院主要依赖市场的运行模式对 5 月合约进行了分析,指出在芝加哥小麦越来越稀缺的状况可能造成了 5 月合约价格在 1963 年 5 月 20 日的上涨,其中部分是由于被告自己的出口销售引起的,当时该出口销售的消息开始广泛传播。但其发现,在 5 月21 日,市场对 5 月小麦期货价格进一步的上涨有抵抗。直到交易的最后15 分钟,与 5 月 20 日的收盘价相比上升了仅仅 1－1/2 美分。但在那 15分钟期间,被告发出递升订单,以高于当时市场报价 7 至 8 美分的价格出售约 2,000,000 蒲式耳的 5 月期货多头合约。虽然另外有两家商业公司在那段时间内以同样高的价格进行了交易,但所涉及的的交易量与被告的订单相比要小,并且这两家商业公司都没有将其全部头寸像被告那样保留到交易的最后 15 分钟。[③] 可见,在该案中,法院专门对因果关系要件进行了讨论,从造成人为价格的主要原因中排除了芝加哥小麦稀缺和其他两家商业公司的交易活动,并在行为人的递升订单和人为价格之间建立了因果关系。

　　在对因果关系要件进行直接认定时,可以考虑几个方面的问题:第一,如果交易者之间进行的是一种正常的竞争性交易,那么产生被观测到的市场效应的可能性有多大? 第二,如果已观测到的不可能是正常的竞争性交易产生的市场效应,那么被告交易者的行为模式是否与对操纵能

　　[①]　See Philip McBride Johnson, *Commodity Market Manipulation*, 38 Washington and Lee Law Review 725, 754 (1981).

　　[②]　See Rosa M. Abrantes-Metz, Gabriel Rauterberg & Andrew Verstein, *Revolution in Manipulation Law: The New CFTC Rules and the Urgent Need for Economic and Empirical Analyses*, 15 University of Pennsylvania Journal of Business Law 357, 370 (2013).

　　[③]　Cargill, Inc. v. Hardin, 452 F. 2d 1154 (1971), cert. denied, 406 U. S. 932 (1972).

力的运用相符? 第三,对此种行为有其他非操纵性的解释吗?[①]

二、因果关系的推定与抗辩

在大多数情况下,对因果关系要件的证明是可以被包含在操纵能力要件中的。[②] 也就是说,操纵能力实际上是一种"造成"人为价格的能力。[③] 因此,在行为人具备操纵能力,且相关时期市场上出现了人为价格的情况下,可以推定其对此种能力的使用是造成人为价格的原因。然而,如果行为人能够证明,尽管自己具备影响价格的能力,但价格变动实际上不是由其行为引起的,就不能认定是他操纵了市场。[④] 因此,因果关系的欠缺可以作为行为人的抗辩事由。

在市场力量型操纵中,如果是因为空头的过错导致其没能获得足够的可交割现货供应,从而导致了人为价格,则行为人的交易行为与人为价格之间的因果关系就可以被排除。例如,在 Volkart Bros. , Inc. v. Freeman 案中,法院没有明确地判断 1957 年 10 月原棉期货合约的价格是否达到了人为价格的水平。然而,法院裁决,即使存在人为价格,真正的原因不是行为人的行动,而是空头不负责地没有采取措施来把其他容易获取的原棉进行认证,从而导致缺少可供交割的已认证原棉。[⑤] 在 Indiana Farm Bureau Coop. Ass'n Inc. 案中,法院同样认为,是其他交易者轻率地将一个巨大的空头头寸带进最后一个交易日,而非行为人造成了 1973 年 7 月玉米期货合约在最后交易日的大幅价格上涨。[⑥] 这其中的原理是,期货存在多空双方当事人,如果说多头的逼仓行为是价格上涨的原因而应该受到指责的话,那么空头在交割月未做交割准备的情况下一

---

① See Craig Pirrong, *Commodity Market Manipulation Law: A (Very) Critical Analysis and a Proposed Alternative*, 51 Washington and Lee Law Review 945, 994 (1994).

② See Benjamin E. Kozinn, *The Great Copper Caper: Is Market Manipulation Really a Problem in the Wake of the Sumitomo Debacle?*, 69 Fordham Law Review 243, 260 (2000).

③ See Craig Pirrong, *Commodity Market Manipulation Law: A (Very) Critical Analysis and a Proposed Alternative*, 51 Washington and Lee Law Review 945, 968 (1994).

④ See Philip McBride Johnson, *Commodity Market Manipulation*, 38 Washington and Lee Law Review 725, 754 (1981).

⑤ Volkart Bros. , Inc. v. Freeman, 311 F. 2d 52 (5th Cir. 1962).

⑥ In re Indiana Farm Bureau Coop. Ass'n Inc. , [1982-1984 Transfer Binder] Comm. Fut. L. Rep. (CCH) ¶ 21, 796 (CFTC Dec. 17, 1982).

直持有头寸也是导致价格上涨的原因。毕竟期货合约在设计上是存在有交割机制的,空头对此应当非常清楚。如果认为多头坚持要求交割就构成逼仓操纵的话,那就是在允许空头逃避履行合同的义务。[①] 此外,人为价格也有可能是自然原因导致的。在 Cargill, Inc. v. Hardin 案中,法院指出:"很多逼仓的情况并不涉及对期货价格的故意操纵行为,而是由各种自然的市场力量所引起的,如因不寻常的天气条件造成了异常低的作物产量,或因疏忽造成了商品本身的大量损毁。"[②]

在信息型操纵中,倘若行为人散布的虚假信息不足以使人产生误信,则该行为人的行为不能被认定构成操纵。例如,只要行为人能够证明消息的不实性早已被公众知悉,则根本没有发生危害结果的可能,也就没有对其进行规制的必要。[③]

在交易型操纵中,对于因果关系的认定比较简单,也较难抗辩。因为在这种操纵类型中,行为人都存在明显的有意抬高或压低或维持一定价格的行为。基于其行为所体现出来的操纵能力的证明,以及造成的人为价格导致他人损害的事实,便很难否定该损害结果与其行为之间的因果关系。[④]

[①] See George A. Davidson, *Squeezes and Corners: A Structural Approach*, 40 Business Lawyer 1283, 1288 (1985).

[②] Cargill, Inc. v. Hardin, 452 F. 2d 1154 (8th Cir. 1971), cert. denied, 406 U. S. 932 (1972).

[③] 参见王超:《期货市场信息型操纵的法律界定》,载许多奇主编:《互联网金融法律评论》(2018年第1辑),法律出版社2018年版,第205页。

[④] 参见程红星、王超:《美国期货市场操纵行为认定研究》,载曹越主编:《期货及衍生品法律评论》(第1卷),法律出版社2018年版,第87页。

第四章　跨市场操纵的行为模式与法律规制

第一节　问题背景与概念界定

一、跨市场操纵的问题背景

从经典的商品期货市场操纵案件来看,期货市场操纵往往本身就具有跨市场的性质。例如在美国期货市场,价格操纵的原则早已被认为可以用于处理为提高期货合约项下现货商品或关联现货商品价格而人为推高期货交易价格的情形,以影响现货商品的价格或销售为目的在交易所操纵期货价格的行为也是被禁止的。[①] 但是,跨市场操纵作为一个独立的问题被提出来,实际上是期货市场发展到金融期货时代的产物。对跨市场价格联动机制及监管的关注始于美国 1987 年股灾。事后,由美国政府成立的特别小组发布的《布雷迪报告》(Brady Report)指出,传统上人们将股票、股指期货和股票期权视为相互独立的市场,但从经济观点来看,这三个市场实际上应当被视为一个市场,因为各种内在的联系机制将这三个市场关联且统一了起来,股灾则暴露出这一关联机制及相应的监管体制中存在的问题。[②] 在我国,最早被查处的跨市场操纵案件实际上是 2010 年发生的天然橡胶 1010 合约操纵案。[③] 但由于该案涉及的商品期货市场具有一定的专业性,而且没有形成有如美国 1987 年股灾那样的破

---

① See William D. Harrington, *The Manipulation of Commodity Futures Prices*, 55 St. John's Law Review 240, 265 (1981).

② See Presidential Task Force on Market Mechanisms, *Report of the Presidential Task Force on Market Mechanisms*, U. S. Government Printing Office, 1988, pp. 55-57.

③ 参见天然橡胶 1010 合约操纵案,中国证监会行政处罚决定书(海南大印集团有限公司、海南龙盘园农业投资有限公司、海南万嘉实业有限公司等 6 名责任人)〔2013〕67 号。

坏力和影响力,因此并没有引起市场和学界的关注。而 2015 年股灾期间我国股票与股指期货市场的异常波动以及对"恶意做空"的猜测,[①]才使跨市场操纵问题第一次进入到了广大普通投资者的视野之中,也使监管机构意识到了对跨市场操纵监管的重要性。[②] 然而,由于学术研究的缺乏,导致难以为跨市场操纵案件的认定和查处提供足够的理论支持。应该说,跨市场操纵在世界范围内对监管机构、司法机关和学术界而言都是一个新的挑战。

二、跨市场操纵的概念界定

"跨市场"(inter-market / cross-market)一词最初被用于金融交易中的一种分析流派,即跨市场分析。自产生以来,此种分析方法的正确性不断被证实,地位也愈加重要。这种研究出离于传统的市场分析模式之外,因为传统的市场方法主要致力于研究单一的市场品种。与单一市场分析相对应的,跨市场分析就是要研究各种不同类型金融市场之间的相互关系,这样一方面有助于分析其他金融市场对自己所关注金融市场的影响,另一方面有助于优化资产配置和交易策略。[③] 因此,在最初和最广泛的意义上而言,"跨市场"指的是一种分析方法和交易策略,在范围上包括股票、债券、商品、外汇等在内一切类型的金融交易市场。其关注的焦点在于不同市场之间的价格影响,以及不同市场之间的资产配置关系。而随着跨市场分析方法、交易策略的运用和跨市场交易活动的发展,就必然会产生跨市场的操纵行为。

所谓跨市场操纵,是指操纵的行为和结果涉及两个或两个以上具有直接价格影响关系的市场的操纵形式。在这一概念中,笔者强调了市场之间的"直接价格影响关系",这是指市场之间须具备通过合约设计、交易机制、价格决定关系等形式建立的联系,事实上较跨市场分析中所考虑的相关市场范围要窄。这是因为,跨市场分析方法很重要的功能之一在于优化资产配置,所以考察的市场范围会非常广,但并非所有市场之间都具

---

①　参见朱宝琛:《证监会:依法查处恶意做空者》,载《证券日报》2015 年 7 月 3 日。

②　参见程丹、沈宁:《证监会:对跨市场操纵进行专项核查》,载《证券时报》2015 年 7 月 3 日。但之后并没有针对跨市场操纵案件的处罚决定被作出。

③　参见〔美〕约翰·J.墨菲:《跨市场交易策略》,王帆等译,机械工业出版社 2015 年版,第 2—5 页。

有操纵活动可以利用的相关性。如果相关市场间不具有直接的价格影响关系,那么跨市场操纵行为是难以实施的,而且对行为人跨市场操纵意图的认定在司法上也难以成立。① 但是,也不能将跨市场操纵涉及的市场范围限制得过窄。自从股指期货交易在我国推开以来,我国学者主要对股指期货与股票现货之间的跨市场交易和操纵进行了研究。但必须指出的是,跨市场操纵的涵盖范围并不止于此。确实,股指期货与股票现货间的跨市场操纵是跨市场操纵的典型,并且中外对跨市场价格影响与跨市场操纵观察的切入点大多也是股指期货与股票现货。但是,作为体系性的理论研究,如果将跨市场操纵涉及的市场范围限制于此,则无法涵盖跨市操纵所涉及的所有市场。在现实中,大宗商品市场和股指期货以外的其他金融商品市场同样存在着大量的跨市场交易以及潜在的跨市场操纵行为,因此也应当被纳入跨市场操纵的研究范围之内。

对于传统的市场操纵行为类型体系而言,其分类的依据是行为人操纵市场时所运用的手段。而跨市场操纵作为一种新型的市场操纵行为类型,其类型化标准固然有操纵手段的因素,但其更主要的标准是操纵行为和结果所涉及的市场范围,与其相对应的是单一市场操纵。也就是说,如果操纵的行为和结果都只发生在一个交易市场中,即为单一市场操纵;如果操纵的行为和结果涉及两个或两个以上的相关市场,即为跨市场操纵。此外,由于涉及多个市场,相关讨论还涉及规制跨市场操纵的法律体系及其相互关系,以及在此等规制体系下跨市场操纵的构成及认定等问题。从资本市场监管和执法的角度来看,世界范围内市场间的关联性为跨市场操纵提供了新的可能性,也增加了发现和调查市场操纵的难度。例如,被操纵的证券或基础资产可能位于某个市场或司法辖区,而价格被影响的衍生品则位于另一个市场或司法辖区。如果在一个国家交易的衍生品是基于另一个国家的证券指数,那么行为人就会有充分的动机去操纵该指数的成分股。结果,两个市场的监管者都会面临从另一个司法辖区获取有关交易、持仓和银行账户信息的挑战。②

---

① See Three Crown Ltd. Partnership v. Caxton Corp., 817 F. Supp. 1033 (S. D. N. Y. 1993).

② See Technical Committee of the International Organization of Securities Commissions, *Investigating and Prosecuting Market Manipulation* 2-3 (2000), https://www. iosco. org/library/pubdocs/pdf/IOSCOPD103. pdf,最后访问时间:2022 年 9 月 1 日。

第二节　跨市场操纵的行为模式

不管是在立法上对跨市场操纵进行有效规制,还是在执法和司法中对跨市场操纵进行准确认定,都以对实践中跨市场操纵行为模式及其特征的正确认识为前提。有学者在其研究中将跨市场操纵区分为基于行动的操纵和基于交易的操纵,标准是在操纵过程中是否涉及交易行为。[①]也有学者将跨市场操纵区分为基于行为的操纵、基于信息的操纵和基于交易的操纵。[②] 然而,这些都是单一市场操纵的分类方法,其实是将传统的市场操纵行为类型套用在跨市场操纵之上,没能反映跨市场操纵在实现原理上的特征,因而也难以为跨市场操纵研究提供适当的视角。笔者认为,现实中跨市场操纵行为的典型形态可以归纳为两种,一种是市场力量型跨市场操纵(简称市场力量型操纵),另一种是价格关联型跨市场操纵(简称价格关联型操纵)。

一、市场力量型操纵

"市场力量"(market power)概念源于反垄断法,指的是对垄断性力量的运用。[③] 而市场力量型操纵,就是指在采用实物交割机制的市场中,行为人利用其所具备的垄断性力量,包括在基础资产市场上的控制性地位和金融合约市场上的支配性头寸,以及利用实物交割机制下合约对手方无法交割/接受交割的易受损性,来扭曲市场价格。

（一）囤积

市场力量型操纵通常发生于期货市场与现货市场之间,其典型的行为模式被称为"囤积"(corner)。根据行为主体的不同,可以区分为多头囤积和空头囤积。前者对应的是"多逼空"的情形,其目的是让空头不能取得现货供应来交割;后者对应的是"空逼多"的情形,其目的是通过向期

---

①　参见刘凤元:《现货市场与衍生品市场跨市监管研究》,载《证券市场导报》2007 年第 9 期,第 38 页。

②　参见王小丽:《股票和股指期货跨市场监管法律制度研究》,法律出版社 2017 年版,第 29—30 页。

③　See Benjamin E. Kozinn, *The Great Copper Caper: Is Market Manipulation Really a Problem in the Wake of the Sumitomo Debacle?*, 69 Fordham Law Review 243, 256 (2000).

货市场大量交割现货而压低期货价格。[①]

　　"多逼空"对行为人而言需要同时在两方面取得支配性的多头头寸，一方面是将要到期的期货合约，另一方面是期货合约项下的可交割现货供应。多头操纵者将其支配性期货头寸保留到交易的最后时段，并因此获得该期货品种相当比例的未平仓合约。因为空头起初并未预计到必须交割，而多头又垄断了可用于交割的现货供应，因此其事实上处于可以同时决定合约的对冲平仓价格以及可供交割的现货商品价格的地位。[②] 当交割期到来时，空头无法从市场中获取现货用于交割。为避免承担违约责任，且考虑到交割的成本和不便，空头大多会选择以多头设定的高价来对冲平仓。[③] 通常情况下，由于资金的获取比现货的获取容易得多，所以钱比货多的"多逼空"在现实中是更为常见的情形。[④] 相较而言，"空逼多"的情形较为罕见，但这种操纵手法也是能够实现的。如果空头期货交易者囤积大量现货，并在期货市场上就这些现货供应发出大量的交割通知，多头为了避免必须受领实物交割，就会开始恐慌性抛售，导致期货价格被压低。空头就可以在该低价上买入多头合约，通过对冲平仓来了结其合约义务并盈利。与此同时，现货价格也会因为期货价格而走低，空头也可以以低价买入现货用于交割而盈利。[⑤]

　　此外，也有可能存在无操纵意图的"自然囤积"（natural corner）的情形，即因为商业需求而善意地获得大量现货商品所有权的人，为满足需求继续在市场上要求对期货合约进行交割。[⑥] 虽然此种情况出现的可能性较小，但这说明了囤积本身并不意味着一定是操纵行为，而需要结合行为人的意图才能判断。

---

　　① See Philip McBride Johnson, *Commodity Market Manipulation*, 38 Washington and Lee Law Review 725, 731 (1981).

　　② See Ralph T. Byrd, *No Squeezing, No Cornering: Some Rules for Commodity Exchanges*, 7 Hofstra Law Review 923, 930 (1979).

　　③ See William D. Harrington, *The Manipulation of Commodity Futures Prices*, 55 St. John's Law Review 240, 250 (1981).

　　④ 参见邢精平:《跨市场操纵模式与监管》，科学出版社 2014 年版，第 55 页。

　　⑤ See William D. Harrington, *The Manipulation of Commodity Futures Prices*, 55 St. John's Law Review 240, 249-251 (1981).; Philip McBride Johnson, *Commodity Market Manipulation*, 38 Washington and Lee Law Review 725, 731 (1981).

　　⑥ See Ralph T. Byrd, *No Squeezing, No Cornering: Some Rules for Commodity Exchanges*, 7 Hofstra Law Review 923, 930-931 (1979).

（二）逼仓

如果某交易者只在期货市场拥有支配性多头头寸,虽然其未控制相应的现货商品,但由于可交割现货供应不足情况的出现,该交易者就可以通过威胁交割,迫使空头方以高价对冲其头寸,此种行为就构成"逼仓"（squeeze）。与囤积相比,逼仓在市场力量型操纵中属于相对特殊的类型。两者的区别主要在于,在逼仓的情形下,可交割现货供应的稀缺并不是由多头的积极行动造成的,而是由其他情况,如干旱、出口量太大、商业用户囤积或运输中断等原因所造成的。[①]

逼仓典型的情形是,因为空头缺少充足的且立即可交割的商品,多头通过在一系列高价上向空头提供对冲机会来实现逼仓。他们一般不会把价格推高到迫使空头必须从交割地存货之外取得现货的程度,因为那样的话市场将充斥外来供应,价格将下跌,而多头操纵者则不得不面对处理交割商品的问题。[②] 逼仓之所以会发生,是因为任何期货合约的大部分开放头寸都是由合约届期时不希望进行交割的交易者持有的,许多空头既没有交割意识也没有安排交割的能力。只有到了合约末期,空头才会发现严重低估了多头的交割需求,此时他们的第一反应就是尽快买入多头合约以对冲平仓,这导致市场价格迅速上涨,其他空头由于缺乏资金应对保证金的变动也不得不进行对冲,而此种市场踩踏效应又加剧了价格的上涨。[③]

通常而言,可交割现货供应都会比期货合约项下所需的现货数量要小,即所谓的"自然逼仓"（natural squeeze）,这导致逼仓操纵行为的外观与投机性乃至普通交易行为往往难以区分。[④] 因此需要指出的是,只有故意的逼仓行为才构成操纵,[⑤]即只有当行为人扩大多头头寸并坚持交

①　See Philip McBride Johnson, *Commodity Market Manipulation*, 38 Washington and Lee Law Review 725, 731 (1981).

②　See William D. Harrington, *The Manipulation of Commodity Futures Prices*, 55 St. John's Law Review 240, 250-251 (1981).

③　See George A. Davidson, *Squeezes and Corners: A Structural Approach*, 40 Business Lawyer 1283, 1285-1286 (1985).

④　See M. Van Smith, *Preventing the Manipulation of Commodity Futures Markets: To Deliver or Not to Deliver?*, 32 Hastings Law Journal 1569, 1588-1589 (1981).

⑤　See Philip McBride Johnson, *Commodity Market Manipulation*, 38 Washington and Lee Law Review 725, 731 (1981).

割的唯一目的是为了威胁空头从而获得极高的平仓价格时,此种逼仓行为才被视为具有操纵性。[1]

二、价格关联型操纵

价格关联型操纵,是指行为人以某种手段造成一个市场的价格变动,从而影响另一个关联市场的价格的操纵形态。例如,当行为人持有的衍生品合约的结算价格与另一个市场的资产价格绑定时,他就可以通过在结算日操纵相关市场的资产价格,从而影响衍生品合约的结算价格。理论上来讲,通过操纵证券市场进而影响股指期货等采用现金交割的合约市场是比较难的,[2]但实践案例并不罕见。例如,1996 年,野村证券在AOI 股指期货到期日收盘前最后 30 分钟里,试图通过抛售 6 亿澳元的指数成份股,影响 AOI 股指期货的交割结算价,以在其持有的股指期货空头合约上获利。再如,2010 年,德意志银行(韩国)证券公司在持有KOSPI200 股指期权空头合约的情况下,于该股指期权收盘前集中卖出价值 2.4424 万亿韩元(约合 22 亿美元)的指数成分股,影响 KOSPI200股指期权的交割结算价,进而在其持有的股指期权空头合约上获利448.7 亿韩元(约合 4050 万美元)。

在价格关联型操纵中,其中一个市场有可能只是手段市场,而另一个市场则是目标市场。行为人通常会先行在目标市场持有相当规模的头寸,之后通过连续交易、约定交易、洗售、虚假申报、散布虚假信息等方式操纵手段市场的价格,通过两个市场间的价格关联性传导至目标市场,使目标市场的价格向有利于其所持有头寸的方向运动。在价格关联型操纵中,具体的操纵行为可能同时发生在两个市场,也可以只发生在手段市场,甚至可能导致在手段市场中的亏损,而盈利则主要来自目标市场。只要盈利大于亏损,行为人实施的跨市场操纵就是有利可图的。当然,也有在两个市场中都盈利的情况。例如在我国证监会查处的天然橡胶 1010

---

① See Ralph T. Byrd, *No Squeezing*, *No Cornering*: *Some Rules for Commodity Exchanges*, 7 Hofstra Law Review 923, 930 (1979).

② See Linda N. Edwards & Franklin R. Edwards, *A Legal and Economic Analysis of Manipulation in Futures Markets*, 4 Journal of Futures Markets 333, 359 (1984); Frank H. Easterbrook, *Monopoly*, *Manipulation*, *and the Regulation of Futures Markets*, 59 Journal of Business S103, S110, S125 (1986).

合约操纵案中,当事人海南大印集团有限公司不仅通过关联公司以自买自卖、互为对手交易、虚假申报等方式操纵天然橡胶 1010 期货合约的结算价格获利,而且通过操纵期货合约结算价格影响了仓单交易价格,进而在仓单交易市场再度获利。①

有学者在研究中以操纵方向为标准,将跨市场操纵划分为两类:一类是操纵现货影响期货市场价格,另一类是操纵期货影响现货市场价格。②但笔者认为,就跨市场操纵这一概念层次而言,不宜以操纵方向作为类型化的依据。因为无论是操纵现货影响期货价格,还是操纵期货影响现货价格,在行为模式上并没有根本区别。此种分类方式实际上是对跨市场操纵中价格关联型操纵的再分类,可以作为立法中对价格关联型操纵可能的操纵路径的列举方法,也可以作为执法中对价格关联型操纵的调查思路。此外,《欧盟委员会第 2016/522 号授权条例》将本文所称的价格关联型跨市场操纵区分为跨交易场所操纵和跨交易产品操纵。其中,跨交易场所操纵,是指在某一交易场所内或场外进行交易或下达交易指令(包括下达有投资兴趣的征兆),以便不正当影响另一交易场所内或场外的同一金融工具、相关的现货商品合约或基于排放配额的拍卖产品的价格(即在某一交易场所内或场外交易以便不正当凝固在另一个交易场所内或场外的金融工具的价格)。跨交易产品操纵,是指在某一交易场所内或场外进行交易或下达交易指令(包括下达有投资兴趣的征兆),以便不正当影响另一个或同一个交易场所内或场外的相关金融工具、相关现货商品合约或基于排放配额的相关拍卖产品的价格(即交易金融工具以便不正当凝固另一个或同一个交易场所内或场外的相关金融工具的价格)。③

三、区分两种行为模式的意义

有学者在研究中将跨市场操纵类型化为价格关联操纵和价量垄断操

---

①　参见天然橡胶 1010 合约操纵案,中国证监会行政处罚决定书(海南大印集团有限公司、海南龙盘园农业投资有限公司、海南万嘉实业有限公司等 6 名责任人)〔2013〕67 号。

②　参见程红星、王超:《跨市场操纵立法与监管研究》,载黄红元、卢文道主编:《证券法苑》第 22 卷,法律出版社 2017 年版,第 474—475 页;侯幼萍、程红星:《期货法立法基础制度研究——金融期货的视角》,立信会计出版社 2014 年版,第 212—213 页。

③　刘春彦、林义涌、张景琨编译:《欧盟市场滥用行为监管法律法规汇编》,中国金融出版社 2020 年版,第 70 页。

纵,标准是行为人在特定金融商品市场的交易行为达到的垄断程度,其中后者是前者发展到垄断阶段的形式。[①] 该理论具有一定的启发意义,但仍存在一些值得思考的问题。例如,从对市场操纵调查的角度来看,如果仅仅只是行为人在某个市场中的垄断程度不同,是否就足以将其操纵行为导向某种特定的,且操纵机理与价格关联型操纵不同的模式? 就本文所讨论的范畴而言,是否在任何市场中,行为人都既有可能采取价格关联型操纵的方式,也有可能因为其在市场中占据垄断地位而采取市场力量型操纵的方式? 应该说,这一理论看似与笔者所归纳的跨市场操纵的两种行为模式类似,但其对于该问题的解说是不完整的,其只说明了跨市场操纵行为模式区分中在市场垄断方面的因素,而另一个方面有关交割机制的因素则被忽略了。

就跨市场操纵行为的实现原理问题,需要特别指出的是,市场力量(垄断性力量)可以运用于包括证券市场和商品市场在内的各种市场,但是要实现垄断性力量的跨市场运用,必须要结合实物交割机制。[②] 一般来说,衍生品合约主要有两种交割方法,一种是实物交割,另一种是现金交割。实物交割是指,合约届期时,由未平仓合约的买方向卖方支付价金,卖方向买方交付合约项下的实物资产;现金交割是指,合约届期时,根据市场现货价格来确定未平仓合约的结算价,并由亏损方将结算净额支付给盈利方。[③] 只有在采用实物交割机制的市场,行为人才有可能通过垄断可供交割的基础资产,或者利用基础资产供应短缺的状况,从而迫使合约对手方以其设定的高价平仓或购入现货以用于交割。但是,在采用现金交割机制的市场,则没有此种操纵模式的存在空间。以股指期货市场为例,即使某一交易者买入了指数成分股在市场上所有的流通股票(完全垄断了所有指数成分股),也无法实现上述囤积现货的效果。因为股指

[①]　参见谢杰:《跨市场操纵的经济机理与法律规制》,载《证券市场导报》2015 年第 12 期,第 5—7 页。

[②]　See Comment, *Manipulation of Commodity Futures Prices—The Great Western Case*, 21 University of Chicago Law Review 94, 98 (1953).

[③]　此处是一种简化表述,事实上在当今交易市场,不管是实物交割还是现金交割,一般都不是由交易当事人直接进行双边清算,而是通过作为中央对手方(central counterparty)的结算机构进行多边净额结算。参见钟维:《期货市场中央对手方制度研究》,载《社会科学》2015 年第 12 期,第 91—93 页。

期货采用现金交割的方法，合约对手方根本不需要股票现货来进行交割。如果要操纵股指期货价格，则必须操纵决定期货价格的股票市场的价格。[①] 假如该交易者的买入活动对指数成分股的价格造成了拉抬的效果，那么就会直接影响到股指期货的结算价，此时会构成价格关联型操纵。因此，只有在采用实物交割机制的市场，且行为人具备垄断性市场力量的情况下，才有可能构成市场力量型操纵；而在采用现金交割机制的市场，以及在采用实物交割机制的市场，但行为人不具备垄断性市场力量的情况下，行为人若要实施跨市场操纵则只能采用价格关联型操纵的方式。

　　此时，可以更进一步地指出，本文对跨市场操纵行为模式的理解与前述观点其实存在着根本性的差异，市场力量型操纵并非价格关联型操纵发展到垄断阶段的结果。在市场条件不具备的情况下，价格关联型操纵无论怎样发展都形成不了市场力量型操纵。市场力量型操纵与价格关联型操纵在机理上的根本差异在于，前者的行为人控制的是衍生品市场的合约头寸和基础资产市场的物理供应，合约的交割条款构成了两个市场间的价格影响关系；而后者的行为人操纵的是市场价格，资产的价格关联性构成了两个市场间的价格影响关系。在市场力量型操纵中，行为人通过对可交割现货供应的物理控制来实现操纵目的，因此对调查者而言，需要重点考察行为人在期货和现货头寸上的积累，可交割供应的计算，以及行为人利用实物交割机制制造人为价格的故意等问题。而在价格关联型操纵中，通常行为人是通过连续交易、约定交易、洗售、散布虚假信息等交易型或信息型操纵方式来实现操纵目的，因此对调查者而言，需要重点考察行为人对市场价格施加影响的手段和效果，以及两个市场间的价格关联性等问题。此外，跨市场操纵行为的两种不同实现路径决定了其应当采取不同的规范模式，而对行为类型的准确判断也是在执法和司法中选择适用不同法律规范的前提。

[①] See Frank H. Easterbrook, *Monopoly*, *Manipulation*, *and the Regulation of Futures Markets*, 59 Journal of Business S103, S110 (1986).

第三节　跨市场操纵的规范模式

一、市场力量型操纵的规范模式

关于囤积和逼仓的规范问题,在理论和立法中均存在多种模式。在理论研究中,绝大多数学者如本文一样,将囤积和逼仓视为市场力量型操纵中并列的两种行为类型,二者的区别在于造成可交割现货供应短缺的原因是否是人为的。① 这是对狭义的囤积和逼仓概念的界定。在比较法上,例如国际证监会组织的报告《市场操纵的调查与起诉》在对市场操纵行为类型的列举中就同时包含了囤积和逼仓。其中囤积是指"通过获取对衍生品合约及其基础资产的出价或需求面的控制,以达到支配性的头寸,此种支配性头寸可以被利用来操纵衍生品和/或基础资产的价格";而逼仓是指"利用某种资产的短缺来控制其需求面,并且利用短缺期间的市场拥挤状况来制造人为价格"。② 此外,在美国《商品交易法》中,虽然第9条(a)(2)只是将"囤积或意图囤积"行为定为重罪,而未明确提及逼仓,但在判例和理论上,逼仓仍被认为是法律所禁止的一种操纵形式。③

也有学者将逼仓作为市场力量型操纵的一般形态,指代所有可交割现货供应不足导致空头不得不以高价与多头对冲平仓的情形;而将囤积作为逼仓中一种特殊的形态,即多头控制现货商品导致可交割现货供应不足的情形,"并不是可交割库存真的发生短缺,而是尚未被支配性多头控制的可交割库存的短缺"。④ 这是对广义的逼仓概念的界定,而狭义的

---

① See Note, *The Delivery Requirement: An Illusory Bar to Regulation of Manipulation in Commodity Exchanges*, 73 Yale Law Journal 171, 175-176 (1963); William D. Harrington, *The Manipulation of Commodity Futures Prices*, 55 St. John's Law Review 240, 249-251 (1981); Philip McBride Johnson, *Commodity Market Manipulation*, 38 Washington and Lee Law Review 725, 730-731 (1981).

② Technical Committee of the International Organization of Securities Commissions, *Investigating and Prosecuting Market Manipulation* 6 (2000), https://www.iosco.org/library/pubdocs/pdf/IOSCOPD103.pdf,最后访问时间:2022 年 9 月 1 日。

③ See George A. Davidson, *Squeezes and Corners: A Structural Approach*, 40 Business Lawyer 1283, 1283 (1985).

④ See Ralph T. Byrd, *No Squeezing, No Cornering: Some Rules for Commodity Exchanges*, 7 Hofstra Law Review 923, 929-930 (1979).

囤积情形则被涵盖在了这一广义概念之内。在比较法上,例如欧洲证券监管者组织《市场滥用指令实施指引》中就只规定了"滥用逼仓"(abusive squeeze),即"对某种金融工具和/或某种衍生品合约基础产品的供应、需求或交割机制有重大影响力的一个或多个交易者,利用其支配性的头寸来实质性地扭曲市场价格,使其他交易者不得不在此价格上交割、接受交割或延期交割此种金融工具/产品,以履行他们的合约义务"。[①] 在该指引中,"滥用逼仓"是广义上的逼仓概念,实际上包括了狭义的囤积和逼仓这两种情形,因此并没有另外对囤积进行规定。但是,由于广义的逼仓概念的涵盖范围很大,因而使用"滥用"这一限定词是有道理的。通常而言,市场可交割现货供应不足的情况本身就是交易者在进行交易决策时的判断条件之一,交易者甚至也可以据此进行投机交易。因此,只有达到滥用程度的逼仓才是反操纵规则需要严格禁止的情形。此外,该指引对滥用逼仓的表述除了"多逼空"的情形以外,也可以涵盖"空逼多"的情形,因此比前述相应的学理界定要更加合理。与之类似的,更新的《欧盟委员会第2016/522号授权条例》采用的也是"滥用逼仓"概念,即"利用在金融工具、相关现货商品合约或基于排放配额的拍卖产品的供给、需求或交付机制上占据支配地位的巨大影响,实质上扭曲或者可能扭曲其他对手方为了履行义务必须交割、提货或者迟延交割的价格"。[②]

还有人将囤积定义为,行为人通过获取控制性的期货多头头寸,从而迫使空头以任意高的价格对冲其合约。而逼仓一词则被用于描述程度较轻的囤积,此时这两个词是可以互换的,差别只是在于,逼仓的价格上涨幅度更低。[③] 这是一种对囤积的广义界定。在逼仓与囤积的关系问题上,此种观点相对少见。

需要说明的是,对囤积和逼仓这两个概念的内涵人们事实上还未能

---

① The Committee of European Securities Regulators, Market Abuse Directive Level 3—First Set of CESR Guidance and Information on the Common Operation of the Directive, CESR/04-505b, 4.12(c).

② 刘春彦、林义涌、张景琨编译:《欧盟市场滥用行为监管法律法规汇编》,中国金融出版社2020年版,第70—73页。

③ See Comment, *Manipulation of Commodity Futures Prices—The Great Western Case*, 21 University of Chicago Law Review 94, 97, 100 (1953). 类似观点, See Joseph J. Bianco, *The Mechanics of Futures Trading: Speculation and Manipulation*, 6 Hofstra Law Review 27, 36 (1977).

形成一致认识,①在世界范围内的法律文本中更是如此。因而,不管是同时规定狭义的囤积和逼仓,还是只规定广义的逼仓(或囤积),这两种规范模式并无优劣之分。但是应当在准确分析和理解的基础上进行比较法的借鉴,以避免出现广义和狭义的概念同时规定于同一部法律或监管规则中的情况。

我国先前的《期货交易管理条例》第71条第1款第4项将囤积定义为"为影响期货市场行情囤积现货",属于对狭义囤积的规定。此外,该条例中还缺少关于逼仓的规定,未能对滥用因行为人以外原因形成的现货短缺状况来逼仓的操纵行为实现有效规制。而从前面对比较法的考察来看,不管是哪种规范模式,都不会让逼仓型操纵游离于法律规制之外。中国证监会后来制定的《关于〈期货交易管理条例〉第七十条第五项"其他操纵期货交易价格行为"的规定》第5条规定了逼仓:"在临近交割月或者交割月,利用不正当手段规避持仓限制,形成持仓优势,影响期货交易价格的,构成操纵。"我国《期货和衍生品法》吸收了前述经验,在第12条第2款将囤积表述为"为影响期货市场行情囤积现货",将逼仓表述为"在交割月或者临近交割月,利用不正当手段规避持仓限额,形成持仓优势"。

二、价格关联型操纵的规范模式

就价格关联型操纵的规范而言,有若干问题值得注意。

首先,由于价格关联型操纵涉及多个相关市场,因此有必要同时关注多个市场中的交易行为、价格状况以及它们之间的联系。在对市场操纵进行规制时,若是只关注单一市场的价格变动状况,则会造成顾此失彼的结果。例如,为了维护市场的完整性,减少政府和交易所对市场的干涉,有学者主张,针对市场操纵应当采用"只要现货价格及其变动不被扭曲,就不予处罚"的处理原则,该原则允许各种力量在期货市场中自由发生相

① See Joseph J. Bianco, *The Mechanics of Futures Trading: Speculation and Manipulation*, 6 Hofstra Law Review 27, 36 (1977); Ralph T. Byrd, *No Squeezing, No Cornering: Some Rules for Commodity Exchanges*, 7 Hofstra Law Review 923, 932 (1979); George A. Davidson, *Squeezes and Corners: A Structural Approach*, 40 Business Lawyer 1283, 1284 (1985).

互作用,只要现货价格不被干扰即可。① 在此观点提出之后,即因其无法处理交易型操纵和信息型操纵,且实际上赋予了行为人操纵期货合约价格的自由,而备受批评。② 当市场发展到跨市场交易及操纵的时代,此种观点更是由于只关注单一市场价格的变动状况而显示出其局限性。

其次,在价格关联型操纵的立法表述中还要注意对可能的操纵路径的全面涵盖。在比较法上,我国台湾地区"期货交易法"第106条规定:"对于期货交易,不得意图影响期货交易价格而为下列行为之一:一、自行或与他人共谋,连续提高、维持或压低期货或其相关现货交易价格者。二、自行或与他人共谋,提高、维持或降低期货部位或其相关现货之供需者。三、自行或与他人共谋,传述或散布不实之资讯者。四、直接或间接影响期货或其相关现货交易价格之操纵行为者。"其中第1项和第4项均采用了"或其相关现货交易价格"的表述,因此可以解释为适用于行为人通过操纵现货价格从而影响期货价格的情形。但是该条仍然是存在缺陷的,因为其没能涵盖行为人通过操纵期货价格影响现货价格的情形。

再次,对价格关联型操纵条款所能规范的市场范围应当作出妥当规定。作为一种新型的市场操纵方式,典型的价格关联型操纵禁止性条款在域外法制中并不多见。少数例子存在于新近的资本市场立法中,例如韩国《资本市场法》第176条第4款规定:"无论何人,从事上市证券或者场内衍生商品的买卖,不得行使下列行为:(一)在场内衍生商品的买卖中,以获取不当利益或者使第三人获取不当利益为目的,实施变动或者固定该场内衍生商品的基础资产的市场价格的行为;(二)在场内衍生商品基础资产的买卖中,以获取不当利益或者使第三人获取不当利益为目的,实施变动或者固定该场内衍生商品市场价格的行为;(三)在证券买卖中,以获取不当利益或者使第三人获取不当利益为目的,实施总统令规定的变动或者固定与该证券相关的证券市场价格的行为。"③该款规定的主

---

① See Thomas A. Hieronymus, *Manipulation in Commodity Futures Trading: Toward a Definition*, 6 Hofstra Law Review 41, 53-54 (1977).

② See William D. Harrington, *The Manipulation of Commodity Futures Prices*, 55 St. John's Law Review 240, 268 (1981); M. Van Smith, *Preventing the Manipulation of Commodity Futures Markets: To Deliver or Not to Deliver?*, 32 Hastings Law Journal 1569, 1599 (1981).

③ 《韩国资本市场法》,董新义译,知识产权出版社2011年版,第152—153页。

要是衍生品及其基础资产之间,以及证券与相关证券之间的价格关联型操纵,①没有规定场内衍生商品之间的价格关联型操纵,更加没有涉及其他相关市场间的价格关联型操纵问题。与国家层面立法相比,一些国际组织的指导规则中价格关联型操纵条款的适用范围要更加广泛,不仅限于衍生品及其基础资产之间,而且包括所有相关市场之间的价格关联型操纵。例如欧洲证券监管者组织《市场滥用指令实施指引》将其界定为"在一个市场上从事交易,其目的在于不当地影响另一个市场上相同或相关金融工具的价格"。② 从实践来看,价格关联型操纵可能发生的市场范围确实不仅限于衍生品及其基础资产之间。例如,在 Zenith-Goodley Company, Inc.案③中,特定时期的牛奶供应价格与纽约商品交易所的黄油价格挂钩,行为人通过操纵黄油价格从而影响了牛奶的供应价格,而黄油市场和牛奶市场之间显然不具有类似衍生品与基础资产的关系。因此,与韩国《资本市场法》相比,《市场滥用指令实施指引》对价格关联型操纵适用范围的规定更为合理。

最后,在立法技术层面,笔者认为,在立法或相关监管规则中以一般条款的形式对价格关联型操纵的行为模式作出规定即可,而无需对可能涉及的市场、手段等进行具体列举,从而保持相关规则在适用上的开放性,以适应跨市场交易与操纵形式日新月异的变化。

我国 2019 年修订的《证券法》第 55 条第 7 项将"利用在其他相关市场的活动操纵证券市场"规定为操纵证券市场的一种手段。这是从证券市场角度对跨市场操纵行为所作的表述,只包含价格关联性操纵中以证券市场为目标市场的情形。而以期货市场为目标市场的跨市场操纵,则需要在《期货和衍生品法》中予以明确规定。因此,《期货和衍生品法》第

---

① 所谓相关证券的范围包括转换债券或者新股认购权附债券、交换债券、持份债券、衍生结合证券、证券预托证券。比较典型的证券之间的价格关联操纵,是在保有转换债券或者新股认购权附债券的情形下,操纵对象股票,从所持有的债券中获得利益。这种情形下,由于作为基础财产证券的规模比较小,因而可以以较少的资金操纵市场。参见刘卫锋:《韩国〈资本市场法〉上操纵市场行为的法律规制及其借鉴》,载郭锋主编:《证券法律评论》(2016 年卷),中国法制出版社 2016 年版,第 205 页。

② The Committee of European Securities Regulators, Market Abuse Directive Level 3—First Set of CESR Guidance and Information on the Common Operation of the Directive, CESR/04-505b, 4.12(f).

③ In re Zenith-Goodley Company, Inc., 6 Agric. Dec. 900 (1947).

12条第 2 款第 9 项将"利用在相关市场的活动操纵期货市场"规定为操纵期货市场的一种手段。但是,此种立法方式最大的问题在于,虽然"期货"能够涵盖以各种基础资产为标的的期货合约,但是"证券"只是基础资产的一种。因此,当行为人利用期货市场中的活动操纵证券以外的基础资产市场时,就不能被这两部法律中的跨市场操纵条款所涵盖。例如,在天然橡胶 1010 合约操纵案中,当事人海南大印集团有限公司不仅通过关联公司以自买自卖、互为对手交易、虚假申报等方式向上操纵天然橡胶 1010 期货合约的结算价格获利,而且在其出售天然橡胶标准仓单的交易中,期货结算价被作为合同价格的定价依据。[①] 因此,该公司实际上是通过操纵期货合约结算价格影响了仓单交易价格,从而能够以更高价格出售仓单,进而在仓单交易市场再度获利。

三、规制跨市场操纵的主要法律及其关系

(一)规制市场力量型操纵的主要法律

市场力量型操纵方面,在比较法上,此种操纵行为类型一般都被作为价格操纵的具体条款(对价格操纵行为类型进行具体列举的条款)规定于期货市场立法中。因此需要在《期货和衍生品法》价格操纵的具体条款中,对市场力量型操纵的规定予以完善,特别是要将逼仓的情形也纳入法律规制的范围之内。由于衍生品市场的创新和发展,除了场内期货交易外,我国《期货和衍生品法》的调整范围还涉及场外衍生品。因此,虽然《期货和衍生品法》第 12 条第 2 款在表述上仅适用于期货市场操纵,但该款第 7、8 项的规制原理事实上也可以适用于几乎整个衍生品市场与基础资产市场之间的市场力量型操纵,并在法律依据上最终落脚于该条第 1 款。

(二)规制价格关联型操纵的主要法律

价格关联型操纵方面,与期货市场相对应,大规模集中交易的现货市场以证券市场最为重要和典型,此种交易方式使得证券与期货市场之间具有高效的价格与风险传导机制。因此在资本市场立法中,主要是需要

---

① 参见天然橡胶 1010 合约操纵案,中国证监会行政处罚决定书(海南大印集团有限公司、海南龙盘园农业投资有限公司、海南万嘉实业有限公司等 6 名责任人)〔2013〕67 号。

在这两个市场的法律中建立专门的价格关联型操纵法律规范。我国《证券法》第 55 条第 7 项,以及《期货和衍生品法》第 12 条第 2 款第 9 项,对此作出了专门规定。

　　但需要注意的是,在我国现行法律体制下,《证券法》与《期货和衍生品法》所能调整的跨市场操纵范围并不相同。有观点认为,运用期货市场操纵构成要件就能解决跨市场操纵的认定问题,因此在期货法中,除了规范操纵期货合约本身价格之外,可以将人为控制现货价格、现货头寸以影响期货交易价格的行为,视为期货市场操纵行为加以约束。[①] 也有观点认为,跨市场交易是一种以证券衍生品为对象的证券交易,股指期货可以视为一种支付股利的证券,而跨市场交易监管本质上也是一种衍生意义上的证券监管,根据我国《证券法》,包括股指期货在内的证券衍生品均属于证券,因此《证券法》是调整跨市场交易监管的基本法。[②] 笔者较为认同第一种观点。而第二种观点对证券与期货的认识明显存在偏差,股指期货并不是证券,[③]《证券法》也难以涵盖所有的跨市场操纵。

　　2019 年修订前的《证券法》第 2 条第 3 款规定:"证券衍生品种发行、交易的管理办法,由国务院依照本法的原则规定。"如何理解该条款? 根据 2005 年 8 月 23 日《全国人大法律委员会关于〈中华人民共和国证券法(修订草案)〉修改情况的汇报》,证券衍生品种分为证券型(如认股权证等)和契约型(如股指期货、期权等)两大类,旧《证券法》第 2 条第 3 款的规定当初就是因为考虑到了证券衍生品与证券的差异性,认为《证券法》难以适用于各种证券衍生品,而不是要让《证券法》适用于各种证券衍生品。[④] 2019 修订后的《证券法》第 2 条删去了有关证券衍生品种的规定,

---

① 参见程红星、王超:《跨市场操纵立法与监管研究》,载黄红元、卢文道主编:《证券法苑》(第 22 卷),法律出版社 2017 年版,第 481—484 页。

② 参见陈斌彬、张晓凌:《股指期货和股票现货跨市场交易监管研究》,厦门大学出版社 2015 年版,第 25、71、133 页。

③ 证券与期货在多个方面都有很大的区别。首先,就交易标的而言,证券是一种证权型的交易标的,而期货是一种合约型的交易标的;其次,就交易程序而言,证券存在发行环节,而期货不存在发行环节;再次,就交易功能而言,证券交易的功能主要在于投融资,而期货交易的功能主要在于风险管理和价格发现。参见叶林、钟维:《核心规制与延伸监管:我国〈期货法〉调整范围之界定》,载《法学杂志》2015 年第 5 期,第 51—53 页。

④ 参见李飞主编:《中华人民共和国证券法(修订)释义》,法律出版社 2005 年版,第 6—7、425—426 页。

其立法理由是：证券衍生品种是由股票、债券等基本证券派生出来的各种新型证券。证券衍生品种可分为证券型和契约型。其中，证券型品种，如权证，可作为国务院依法认定的其他证券，直接适用本法。契约型品种，如股指期货，可适用《期货交易管理条例》，并在未来纳入《期货和衍生品法》。据此，《证券法》可不再就证券衍生品种授权国务院规定具体管理办法，因此该法删去了关于证券衍生品种监管的相关规定。[①] 可见，2019 年《证券法》修订所基于的认识与之前是一脉相承的。因此，《证券法》的调整范围所能涵盖的仅仅是证券型证券衍生品，而无法涵盖大量的契约型证券衍生品。

在《证券法》和《期货和衍生品法》中都写入了价格关联型操纵条款的情况下，那么《证券法》所能规制的只是以证券（含证券型衍生品）为目标市场的价格关联型操纵。而《期货和衍生品法》作为衍生品市场的基本法律，除了规制场内市场的交易以外，还需要实现对场外市场的延伸监管。[②] 因此，所有以契约型衍生品（包括契约型证券衍生品）为目标市场的价格关联型操纵，则需要依靠《期货和衍生品法》来规制。衍生品合约基础资产的内容非常广泛，归纳起来主要包括农产品、工业品、能源和其他商品及其相关指数产品，有价证券、利率、汇率等金融产品及相关指数产品，以及其他依合约安排能决定合约价值的基础资产。[③] 从基础资产范围上来说，证券只是基础资产中的一种，而证券型证券衍生品在衍生品中也只占一小部分。从实现原理上来说，通过操纵衍生品合约市场来影响证券市场价格的情况也较为少见。[④] 因此，将《期货和衍生品法》作为规制跨市场操纵的基本法律，将《证券法》作为前者的补充，是比较恰当的。此外，如果中国证监会或其他跨市场监管机构制定类似《市场操纵行为认定指引》这样的监管细则，或者未来我国实现了金融市场的统合立

---

① 参见王瑞贺主编：《中华人民共和国证券法释义》，法律出版社 2020 年版，第 10 页；程合红主编：《〈证券法〉修订要义》，人民出版社 2020 年版，第 8—9 页。

② 参见叶林、钟维：《核心规制与延伸监管：我国〈期货法〉调整范围之界定》，载《法学杂志》2015 年第 5 期，第 50—51 页。

③ 参见钟维：《期货交易双层标的法律结构论》，载《清华法学》2015 年第 4 期，第 132 页。

④ 由于以股票为代表的金融现货市场往往本身就有合理的定价机制，因此如股指期货等金融期货对于现货而言并不具有定价功能。股指期货价格领先于股票市场，只是因为期货市场对信息的反应快于股票市场。当操纵股指期货价格时，通常情况下只会造成其价格与股票市场价格的偏离。

法,则可以进一步地把规制范围扩展到一般性的相关市场之间的价格关联型操纵情形,从而实现对所有可能的跨市场操纵行为的有效涵盖。

就证券市场与衍生品市场之间的跨市操纵监管问题,在美国,由于两个市场分属于证券交易委员会和商品期货交易委员会监管,因此产生了单个监管机构如何获取另一个市场的信息,从而实现对跨市场操纵的有效监管的问题。[①] 但是在我国,由于证券市场和期货市场都同属于中国证监会监管,因此不会存在这方面的问题,这是我国在监管体制上的优势。

第四节　跨市场操纵的构成与认定

在法律及监管规则中明确规定了跨市场操纵条款的情况下,在监管执法和司法裁判中还需要解决的就是此等规制体系下跨市场操纵的构成及认定问题。目前,我国在跨市场操纵的认定方面尚未形成行之有效的构成要件体系。从比较法来看,美国拥有世界范围内最为发达的资本市场,通过对大量市场操纵案件的分析、评论和归纳,以及对成文法及其解释的发展,逐渐形成了较为成熟的构成要件体系。在此,笔者就结合美国的经验,来讨论跨市场操纵的构成问题。

一、市场力量型操纵的构成与认定

(一)价格操纵的一般构成要件

作为一种经典的市场操纵行为类型,市场力量型操纵几乎与期货市场相伴产生。美国价格操纵的构成要件体系主要就是在对涉及囤积和逼仓等市场力量型操纵案例的分析和归纳基础上形成的。[②] 经过多年判例

---

① See Linda N. Edwards & Franklin R. Edwards, *A Legal and Economic Analysis of Manipulation in Futures Markets*, 4 Journal of Futures Markets 333, 360 (1984)

② 美国《商品交易法》第 6 条(c)(3)规定了价格操纵的一般条款,第 4 条(a)(1)、(2)和(5)规定了价格操纵的具体条款。此外,作为《商品交易法》第 6 条(c)(3)的实施细则,商品期货交易委员会制定的 180.2 规则在表述上基本是重申了该条款的内容,亦属于期货市场价格操纵规则的组成部分。但是这些成文法本身并没有规定价格操纵的构成要件。

法的检验和改进,最终在行政裁决案例 Cox 案^①和司法判例 Frey v. CFTC 案^②中,商品期货交易委员会和第七巡回法院确立了相同的四要件判断方法,这四个构成要件分别是操纵能力、操纵意图、人为价格和因果关系。

1. 操纵能力

要认定价格操纵,首先要调查行为人是否具有影响市场价格的能力,如果行为人缺乏必要的操纵能力,则无法对其提出合理的操纵指控。该要件在囤积的情形下要求证明行为人同时控制现货供应和支配性的期货头寸,在逼仓的情形下要求证明行为人在可交割现货供应短缺的情况下占据有支配性的期货头寸。行为人控制的支配性期货头寸比较容易判断,只需要查看相关交易记录即可,但行为人对现货供应的控制,则需要法庭根据相关证据事实进行判断。^③

2. 操纵意图

意图在一定程度上可以说是市场操纵判断的中心问题。作为操纵构成要件的意图,并非是指故意从事某项行为(该行为导致了人为价格)的一般故意,而是指行为人必须具备制造人为价格的特殊故意。也就是说,故意的内容应当是指向价格而非行为。因此,必须证明行为人"具有影响市场价格从而使其变动趋势不反映合法供求之力的企图或明确目的"。^④虽然,对市场操纵的特定意图要件可以通过直接证据来予以证明,但是可资利用的直接证据在实践中是非常少的,对故意的证明必定经常是基于侧面证据,并且是从案件事实的整体尤其是操纵者的行为中推断出来。

3. 人为价格

对人为价格要件的证明,传统上主要是依靠经济分析的方法,即通过选取被审查的期货合约价格以外的价格或相关因素,包括期货价格、现货价格、供需关系等,作为进行比较的参照系,如果被审查的期货合约价格

---

① In re Cox, [1986-1987 Transfer Binder] Comm. Fut. L. Rep. (CCH) ¶ 23, 786 (CFTC July 15, 1987).

② Frey v. CFTC, 931 F. 2d 1171 (7th Cir. 1991).

③ See Benjamin E. Kozinn, *The Great Copper Caper: Is Market Manipulation Really a Problem in the Wake of the Sumitomo Debacle?*, 69 Fordham Law Review 243, 260 (2000).

④ In re Indiana Farm Bureau Coop. Ass'n Inc., [1982-1984 Transfer Binder] Comm. Fut. L. Rep. (CCH) ¶ 21,796 (CFTC Dec. 17, 1982).

与选取的参照系发生偏离,则表明存在人为价格。然而经济分析方法的合理性一直以来都受到了不少质疑,被认为"提出的证据所带来的问题和答案一样多"。[1] 商品期货交易委员会近年来指出,从操纵者的行为证据中,必然就能够得到价格受到了与正常供需力量不一致的因素影响的结论,对价格的非法影响通常可以从行为的性质以及其他事实情况获得结论性的推断,而不需要进行专业的经济分析。[2] 因此,关注的焦点不应过多的放在最终价格上,而应该放在导致该价格的因素上,价格扭曲通常可以从操纵者所使用的手段中合理地推断出来。

4. 因果关系

一旦证实被指控的操纵者具有经济上能够影响价格的能力,并且相关时期的价格是人为的,则这两方面必须要联系起来以证明被告的行为(对市场力量的运用)是造成价格偏差的原因。[3] 因果关系要件很大程度上被包含在影响价格的能力要件中,[4]因此,大部分时候因果关系要件是被推定出来的,而因果关系的欠缺(如价格扭曲是由其他原因引起的)则可以作为抗辩事由。

(二)意图操纵的特殊构成要件

根据《商品交易法》和180.1、180.2规则的相关规定,市场操纵包括"操纵"和"意图操纵"两种形态。与前述构成"操纵"的四要件相比,构成"意图操纵"只要求两项要件:一是操纵的意图;二是促成该意图的显著行为。[5] 也就是说,在意图操纵的情形下,不要求产生人为价格或者其他危害结果,这尤其降低了相较于一般价格操纵的证明要求。正因为如此,国内也有学者将一般形态的操纵称为既遂的操纵,[6]认为意图操纵实际上

---

[1]　Philip McBride Johnson, *Commodity Market Manipulation*, 38 Washington and Lee Law Review 725, 746-752 (1981).

[2]　See Commodity Futures Trading Commission, *Prohibition of Market Manipulation*, 75 Federal Register 67657, 67660-67661 (2010).

[3]　See Philip McBride Johnson, *Commodity Market Manipulation*, 38 Washington and Lee Law Review 725, 754 (1981).

[4]　See Benjamin E. Kozinn, *The Great Copper Caper: Is Market Manipulation Really a Problem in the Wake of the Sumitomo Debacle?*, 69 Fordham Law Review 243, 260 (2000).

[5]　See Commodity Futures Trading Commission, *Prohibition of Market Manipulation*, 75 Federal Register 67657, 67660 (2010).

[6]　参见殷晓峰、牛广济:《中美资本市场反操纵监管比较及启示》,载《证券市场导报》2014年第4期,第67页。

将操纵行为从既遂操纵的结果犯变成了行为犯。[1]

二、价格关联型操纵的构成与认定

对价格关联型操纵进行认定时,构成要件有三项:一是行为人在手段市场中的操纵行为;二是手段市场与目标市场之间的价格关联关系;三是行为人在目标市场中持有头寸。第三项要件的认定比较容易,因此笔者在这里主要对第一和第二项要件进行详细讨论。其中,对第一项要件的判断既可以适用价格操纵的构成要件,也可以适用欺诈操纵的构成要件。

（一）价格操纵构成要件的适用

如前所述,规制价格关联型操纵的主要法律是期货法,而且价格关联型操纵着重考察的是操纵行为在某一市场中造成的价格变动对相关市场的价格影响,正好契合价格操纵的关注重点,因此其四要件判断方法同样也应当能够适用于价格关联型操纵案件。在价格关联型操纵中,行为人通常会先在目标市场持有相当规模的头寸,之后通过各种手段操纵另一个与之具有价格关联关系的手段市场的价格,从而影响目标市场的价格。具体的操纵行为可能同时发生在两个市场,也可以只发生在手段市场,此时就需要运用价格操纵的四要件方法来解决具体操纵行为的构成问题。

需要注意的是,这四个构成要件针对的是手段市场。这是因为行为人的积极行为主要发生在手段市场,在目标市场有的往往只是在预先持有头寸情况下的消极不作为。尤其是,如果要求对行为人影响目标市场价格的特定意图进行直接证明,势必非常困难。此外,就影响价格的能力这一要件而言,以囤积和逼仓为代表的市场力量型操纵是最初分析该要件的经典模型。因此,在应用于价格关联型操纵案件上时,在符合构成要件基本要求的前提下,需要在其他操纵类型的语境中对该要件的具体要求进行相应的解释和检验,以使之能够契合这些操纵类型的具体情况。例如,在认定交易型操纵者影响价格的能力时,需要考察其资金实力,以及被怀疑操纵期间的交易量（占比）、成交量（占比）、成交金额（占比）和持仓量（占比）等情况,成交量、金额、持仓及其占比越大,越能体现其影响价

---

[1]　参见李明良、李虹:《〈多德—弗兰克法〉期货市场反操纵条款研究》,载张育军、徐明主编:《证券法苑》（第5卷）,法律出版社2011年版,第1202页。

格的能力。在认定信息型操纵者影响价格的能力时,则需要考察信息的重大性、散布信息的方式、散布信息主体的身份等情况,如果信息对于市场而言越重大,散布的范围越广、渠道越正式、传播效率越高,散布信息主体的身份越权威,则行为人影响价格的能力就越强。

（二）欺诈操纵构成要件的适用

与主要由判例法形成的价格操纵构成要件相对应,美国还存在由成文法规定的欺诈操纵条款。其中《商品交易法》第 6 条(c)(1)属于欺诈操纵的一般条款,而第 6 条(c)(2)是关于禁止提供虚假信息的规定,属于欺诈操纵的具体条款。作为《商品交易法》欺诈操纵条款的实施细则,180.1 规则对此作出进一步的规定,亦属于欺诈操纵规则的重要组成部分。在监管执法的背景下,构成欺诈操纵的主要包括主观意图和客观行为两个方面。

1. 主观意图

根据 180.1 规则,欺诈操纵是指直接或间接地对任何互换、州际商业中的任何商品出售合约或在注册实体或按其规则进行远期交割的商品的出售合约故意或鲁莽地从事的操纵性或欺诈性的行为。因此,欺诈操纵的主观意图方面包括故意(intentional)和鲁莽(reckless)两种状态。该规则实际上将证明操纵意图的最低标准从价格操纵所要求的故意降低到了鲁莽。

2. 客观行为

欺诈操纵的客观行为包括四种情况:第一,使用或意图使用任何具有操纵性或欺骗性的手段、计划或诡计;第二,对重大事实作出或意图作出任何不真实或误导性的声明,或者遗漏必要的重大事实;第三,参与或意图参与会被作为对任何人的欺诈或欺骗手段的任何行为、实践或商业过程;第四,在明知或漠视某一关于农作物或市场信息或状况的报告属于虚假报告、具有误导性或不准确这一事实的情况下传送该等报告,且该等报告中所含的信息易于影响商品市场价格。

当行为人使用散布虚假信息、虚假申报、虚假交易等欺诈性手段操纵某个市场,从而影响关联市场价格,就可以适用欺诈操纵的构成要件来进行判断。欺诈操纵条款在性质上通常属于市场操纵的一般条款,例如美国《证券交易法》第 10 条(b)和《商品交易法》第 6 条(c)(1)均是如此。而价格操纵条款通常会对立法时所能够明确的操纵行为类型进行列举和具体规定,以使类型化的操纵行为更加容易理解,在司法适用中也更容易准确把握,因而在性质上通常属于市场操纵的具体条款。关于这两种性质的条款的适用关系问题,在美国司法实践中,法院认为具体规定的目的是提供更多的保护,具体规定排除概括规定的观点是不恰当的;而在执法实践中,监管机构一般也会同时援引两个条款,提出两个并行的诉求。① 因此,价格操纵构成要件和欺诈操纵构成要件的适用并不冲突,并不存在特殊规则优先于一般规则适用的要求,可以择一适用,甚至可以同时适用而提出两个并行诉求。

（三）相关市场间价格关联性的判断

价格关联型操纵的实现原理在于相关市场之间的价格关联性,因此相关市场间的价格关联性也是构成价格关联型操纵的一个要件。在现实当中,这种价格关联关系主要有两种情形。

1. 基于市场机制的价格关联关系

基于市场机制的价格关联关系,是指根据金融商品的合约设计与价格机制,两种资产之间具有价格关联关系。例如衍生品及其相关基础资产市场之间的价格关联型操纵即属于此种情形。由于基础资产的价格本身就是衍生品的定价依据,因此基础资产对衍生品毫无疑问具有直接的价格决定关系。② 但是。衍生品对基础资产的价格影响,则分两种情况。

第一,根据相关交易规则,衍生品市场的价格作为基础资产市场的定价依据。此种情形主要体现在商品期货领域,即商品期货对于商品现货的价格发现功能。例如,随着期货市场的发展,当日或当月期货结算价格已经成为仓单交易双方定价的重要参考。在我国证监会查处的天然橡胶1010 合约操纵案中,在当事人出售天然橡胶标准仓单的交易中,期货结算价就被作为合同价格的定价依据。③

第二,行为人在衍生品市场中的交易行为对基础资产市场所产生的

---

① 参见殷晓峰、牛广济:《中美资本市场反操纵监管比较及启示》,载《证券市场导报》2014年第 4 期,第 67—68 页。

② 此处的基础资产,既包括衍生品合约所指向的现货标的的资产,也包括作为衍生品合约标的的其他衍生品合约。例如,期货期权合约的标的就是某个期货合约品种。

③ 参见天然橡胶 1010 合约操纵案,中国证监会行政处罚决定书(海南大印集团有限公司、海南龙盘园农业投资有限公司、海南万嘉实业有限公司等 6 名责任人)〔2013〕67 号。

价格影响关系。此种情形主要体现在金融期货领域。但由于以股票为代表的金融现货市场往往本身就有合理的定价机制,因此如股指期货等金融期货对于现货而言并不具有定价功能。股指期货价格领先于股票市场,只是因为期货市场对信息的反应快于股票市场。① 金融期货价格发现功能的特点决定了此种操纵路径通常需要一定的特殊条件。以股指期货市场与股票现货市场为例,若想以期货来带动现货,就需要将期货交易的力量传导至现货市场,其中最重要的路径是期现套利。② 例如,当期货卖空压力超出期货市场本身的承载能力时,其压力就会向股票市场传导,此时相对于股票时点价格,期货价格被低估,市场套利者将执行套利策略,即买入股指期货,卖空股票现货。操纵股指期货的交易压力会按权重被分散至指数成分股中,但只要市场流动性良好,事实上很难对股票市场产生实质性的影响。③ 然而,在发生股灾的情况下,市场恐慌情绪蔓延,流动性枯竭,就会给跨市场操纵提供条件。反思美国1987年股灾的《布雷迪报告》解释了股灾期间投资组合保险和指数套利等交易策略是如何导致股票现货和股指期货两个市场之间下跌的互相影响,进而引发市场瀑布效应的。④ 理论上,大机构等投资者就可以利用极端市场状况下的这种瀑布效应来实现跨市场操纵。而我国2015年股灾也引发了国人对股灾期间可能存在的"恶意做空"等跨市场操纵行为的猜测。一般而言,"恶意做空"特指通过市场操纵,特别是跨市场操纵来推动资产价格下跌,或对市场下行推波助澜以牟取非法利益的各类交易或非交易行为。在市场急跌的极端情况下,恐慌情绪蔓延,流动性不断萎缩,通过做空操纵市场也会更加容易。⑤

　　此外还需要讨论的是,如果是因为两种商品的供求关系和市场行情相近,导致两种商品的价格走势趋同,操纵其中一种商品的价格,能否影响另一种商品的价格,从而构成跨市场操纵呢?事实上,由于两种商品之

①　参见邢精平:《跨市场操纵模式与监管》,科学出版社2014年版,第77—82页。
②　同上书,第136页。
③　同上书,第101页。
④　See Presidential Task Force on Market Mechanisms, *Report of the Presidential Task Force on Market Mechanisms*, U. S. Government Printing Office, 1988, pp. 15-44.
⑤　参见杨宗杭:《论跨市场操纵的规制与监管》,载《证券市场导报》2015年第8期,第1页。

间不具有基于合约设计、交易机制或价格决定等关系的价格关联性,在现实中,如果实施此种操纵行为,只会造成被操纵商品与作为参照的另一种商品价格走势的背离,而无法实现跨市场操纵的目的。例如甲醇期货与原油期货的价格走势通常高度关联,而在我国证监会查处的甲醇 1501 合约操纵案中,当事人姜为操纵甲醇期货的价格,导致了甲醇期货合约与原油近月期货合约价格走势的偏离,证监会在其处罚决定中就将该情况作为证明姜为的行为对甲醇期货价格造成了重要影响的证据之一。[①]

2. 基于行政命令的价格关联关系

基于行政命令的价格关联关系,是指根据政府的法案、行政命令或相关政策,两种资产之间的价格互相挂钩。例如在 Zenith-Goodley Company, Inc. 案中,根据政府的行政命令,特定时期的牛奶供应价格与纽约商品交易所的黄油价格挂钩。为了提高牛奶价格,行为人认为需要将黄油的价格保持在每磅 84 美分以上,于是在关键的时间段内以 84 美分或更高的价格大量购买黄油,从而维持了这一价格。[②] 行为人愿意付出比通常更高的价格来购买黄油,是因为这样能够拉抬牛奶价格,从而使其能够在相关交易中获取高额利润。

---

① 参见甲醇 1501 合约操纵案,中国证监会行政处罚决定书(姜为)〔2015〕31 号。

② In re Zenith-Goodley Company, Inc. , 6 Agric. Dec. 900 (1947).

第五章 期货市场操纵的监管权配置与介入方式

第一节 期货市场操纵监管的权力配置

期货市场反操纵法律再完善,也需要通过一定的机制将其落到实处,否则对市场操纵违法行为将起不到威慑效果。反操纵条款本身的执行,以及相应针对操纵活动的综合治理,需要一整套机制予以保障。因此,建立高效的期货市场操纵监管体制是操纵规制非常重要的一个方面,主要涉及的是如何通过政府监管机构和自律管理组织的事前、事中、事后的监管介入和执法行动,从而将反操纵的要求落到实处的问题。即使在一些期货市场反操纵法制发展较为成熟的国家,监管体制的完善仍然是学界和业界争论不休的问题。此外,虽然操纵对市场有害,但是反操纵也有成本。这些成本既来自反操纵执法本身,也来自执法行动对市场机制造成的影响,而这些成本不应超过操纵带来的社会成本。因此,如何在此原则基础之上妥善建立高效和完善的市场操纵监管体制是一个非常重要的课题,这主要涉及对监管权配置、监管介入方式和相应监管措施等方面问题的讨论。

以期货市场操纵的监管主体为标准,可以将其区分为自律监管和政府监管,两者构成期货市场操纵监管的主要力量。[①] 自律监管是以期货交易所、行业协会等为主体进行的监管,其中针对操纵活动的主要自律监管主体是期货交易所,而政府监管主要是指期货市场行政监管机构进行

---

① See Note, *Prevention of Commodity Futures Manipulation under the Commodity Exchange Act*, 54 Harvard Law Review 1373, 1375-1379 (1941).

的监管。期货市场操纵的监管权配置,主要解决的就是如何在这两类主体之间配置监管权的问题。

一、单一自律监管理论

期货交易是在期货交易所中进行的,政府并不直接组织期货交易。是否需要政府监管来反操纵,在很大程度上是交易所的自律监管是否足以实现这一目的的问题。具备完善的风险控制和反操纵制度是期货交易场所设立的基本条件。例如,我国《期货和衍生品法》第5条要求期货市场和衍生品市场建立和完善风险的监测监控与化解处置制度机制,依法限制过度投机行为,防范市场系统性风险。第85条要求期货交易场所加强对交易活动的风险控制和对会员以及交易场所工作人员的监督管理。如果仅凭交易所就足以监督和控制其市场,那么就不需要来自政府的额外监管。如果交易所在保护普通交易者对抗潜在的市场操纵者方面无法提供最优的监管水平,那么政府监管就是必须的。

反操纵是需要成本的,问题就在于,整个社会应当投入多少成本到反操纵的行动中。有学者提出,要评估交易所是否提供了最优水平的监管,需要比较交易所监管的私人成本与收益(private costs and benefits)和社会成本与收益(social costs and benefits)。[①]

第一,收益部分。首先,包括市场监管和合约设计等在内的自律监管措施能够减少操纵出现的可能性,因此会增加交易量,从而使交易所及其会员受益。增加的交易量会提升市场流动性,降低交易成本,又进一步地增加了交易量。因此,反操纵的自律监管会增加交易所及其会员的收益。其次,自律监管措施还可能有其他一些主要是归于整个社会而非交易所会员的收益。这是因为,操纵甚至是潜在的操纵威胁,都会让市场参与者认为期货价格是受到了操纵活动的扭曲,从而降低期货价格作为价格发现工具的功能。对操纵行为的阻止,或者显著地减少操纵发生的可能性,则能够降低此种价格发现的信息成本。更重要的是,由于操纵很可能会

---

① See Linda N. Edwards & Franklin R. Edwards, *A Legal and Economic Analysis of Manipulation in Futures Markets*, 4 Journal of Futures Markets 333, 354-355 (1984). 相似理论,参见 Frank H. Easterbrook, *Monopoly*, *Manipulation*, *and the Regulation of Futures Markets*, 59 Journal of Business S103, S112-S114 (1986)。

导致交易者放弃使用期货市场来为现货定价,从而对商品生产和社会收益造成负面影响,而降低操纵的可能性和严重性也能够减轻这些负面影响。因此,关键问题是,在交易所决定其自律监管的范围和强度时,这些不直接反映在交易量上的收益是否会成为其考虑的因素。如果交易所不会考虑这些因素,那么其投入的反操纵资源就达不到社会最优的水平。但有理由相信,交易所及其会员的目标并不只是简单地追求眼前交易量的最大化,交易所确实有动机来内在化操纵给期货市场造成的"弃权"效应("nonuser" effect)。特别是,交易所通常对操纵可能造成现货市场的不稳定(或现货价格方差的增大)相当敏感。这种影响几乎总是会招致现货市场参与者的愤怒,而且往往会导致政府听证会的召开。在极端情况下,由于这种政治压力,期货交易甚至会被禁止。从长期来看,现货市场参与者对期货市场的敌意可能会导致期货交易所交易量的减少。这提供了一种机制,在决定投入多少努力进行预防性的自律监管时,交易所很可能会通过这种机制将"弃权"效应内在化。①

第二,成本部分。首先,交易所进行市场监管的成本可能是巨大的,这些成本以更高的费用形式被转嫁给期货市场的用户。只要这些费用降低了交易量,交易所就会将其内部化。也就是说,由于交易量下降将对会员的利润产生负面影响,监管的私人成本和社会成本之间在此问题上不存在分歧。其次,交易所设计合约条款的成本,特别是采用更宽泛的交割条款,既有直接成本,也有间接成本。一方面,存在与人力资源和时间成本有关的直接费用;另一方面,更宽泛的交割条款可能会导致对套期保值者和投机者的吸引力下降,这也可能带来间接成本。所有这些成本都会像监管成本或其他成本一样,转嫁到期货市场的用户身上。特别是,如果更宽泛的交割条款阻碍了套期保值者的话,与此相关的间接成本将反映在交易量的减少上。因此,与制定合约条款以防止操纵有关的社会成本也将反映在交易所承担的私人成本中。

---

① 还有学者认为,期货交易所具有通过采用特定交易规则与合约条款来减少操纵所造成的成本的动机。为了生存,交易所必须吸引更多业务,以与其他交易所竞争,而竞争则会促使交易所采用能够减少操纵带来的成本的合约条款和交易规则。此种规则包括持仓限制、每日价格限制、利润剥夺、禁止增加持仓,以及修改交割条款以扩大可交割现货供应范围,等等。See Daniel R. Fischel & David J. Ross, *Should the Law Prohibit "Manipulation" in Financial Markets?*, 105 Harvard Law Review 503, 548-549 (1991).

综合上述分析,此种观点认为,交易所会将操纵活动所带来的大多数甚至全部社会收益减损内部化于他们的决策中,因此,交易所有必要的激励来防止操纵并提供最优水平的预防性自律监管,使此种活动的私人(和社会)边际成本与预期的边际社会收益相当。此外,由于政府监管还有巨大的成本,[①]且政府不会像交易所那样将监管造成的成本内部化,[②]因而政府监管是不必要的。

二、自律监管与政府监管结合

期货市场监管的历史证据并不支持单一的自律监管理论。从历史上看,在没有政府立法和监管的时代,期货市场上的操纵活动极其泛滥。例如,在美国期货市场早期,由于监管不严,逼仓事件的发生频率就让人触目惊心。[③] 在针对期货市场的联邦立法出台之前的一段时期,自律执法几乎是不存在的。交易所成员经常投票否决对操纵行为进行处罚的规定。此外,尽管市场上经常出现操纵的尝试,交易所的决策者一直没有对这些操纵行为采取果断行动。虽然在联邦立法之后的一段时间里,自律监管变得更加积极。但很明显,这种变化主要是由于政府进一步干预的威胁,而交易所因此在很大程度上成为政府的执行机构。[④] 单一自律监管不足以威慑期货市场操纵,并不是通过理论上的经济分析就能够否认的。

通常而言,只要没到社会无法容忍,政府因此而禁止期货交易的程

---

① See Linda N. Edwards & Franklin R. Edwards, *A Legal and Economic Analysis of Manipulation in Futures Markets*, 4 Journal of Futures Markets 333, 357-358 (1984).

② See Frank H. Easterbrook, *Monopoly, Manipulation, and the Regulation of Futures Markets*, 59 Journal of Business S103, S114-S116 (1986).

③ 芝加哥期货交易所于 1868 年实现了期货合约的标准化后,几乎每一个月都是在逼仓的情况下结束的。1868 年有报道的逼仓行为,小麦有三次,玉米有两次,燕麦有一次,一次黑麦逼仓图谋,还有一次威胁要在猪肉合约上逼仓。到了 1874 年,情况不但没有好转,下半年几乎每个月都有逼仓。1878 年,小麦 5 月、7 月、12 月合约被逼仓。1881 年,在其他市场中几乎每个月都要发生逼仓事件。1882 年,小麦有四次逼仓和违约发生,分别是 4 月、6 月、7 月和 8 月合约。同年玉米 8 月合约被逼仓,猪油 9 月合约被逼仓,猪排 10 月合约被逼仓。1887 年,小麦市场上发生"科韶之败"(Kershaw Failure)事件,小麦 5 月合约又发生逼仓。1902 年,燕麦合约上出现逼仓。1905 年,又有人试图在小麦市场上逼仓。参见〔美〕杰瑞·W.马卡姆:《商品期货交易及其监管历史》,大连商品交易所本书翻译组译,中国财政经济出版社 2009 年版,第 12 页。

④ See Craig Pirrong, *The Self-Regulation of Commodity Exchanges: The Case of Market Manipulation*, 38 Journal of Law & Economics 141, 143 (1995).

度,交易所通过放松监管,从而增加交易量,这就与交易所的收益是正相关的。因为市场操纵引起的剧烈价格波动会吸引大量的投机性交易,而每次市场操纵都会伴随着巨额的交易量。与付出高额成本禁止操纵相比,交易所更愿意维护的是合约的完整性,即通过集中交易和结算为交易的达成与合约的履行提供保障,不愿意因为反操纵而降低交易和履约的确定性,因为这也会减少交易者的参与,并降低市场的交易量。有学者通过深入的研究分析发现,与支持单一自律监管的理论不同的是,交易所自律监管水平的提高与交易量增加并没有必然联系:在社会最优监管水平以下的一定范围之内,交易所加强对市场完整性和合约完整性(有时理解为无条件执行合约)的监管通常会提高交易量;对交易者垄断和市场操纵的监管会与合约的无条件执行发生冲突,通常会降低期货价格的波动性,减少交易量。如果某个交易所提高自律监管水平,反而可能会使部分交易量转移到其他交易所。① 因此,如果没有外部约束,交易所本身并没有通过加强自律监管从而降低操纵所造成的社会成本的足够激励。

当然,如果不考虑激励问题,自律监管本身是比政府监管有优势的。例如,交易所更了解市场,拥有更为丰富的知识、技术和经验;交易所处于市场的第一线和核心地位,拥有更为直接、灵通、广泛的市场信息;交易所的监管过程和决策更为灵活、更能适应市场的变化;假如有相同的激励,在执行相同的政策时,与行政机构相比,交易所的监管成本更低、收益更高。② 但是,不能简单地通过比较政府监管与自律监管的成本而否定政府监管。政府监管的本质不是要与自律监管进行成本上的竞争,两者之间不是非此即彼的关系,而是在交易所自律监管不足的地方予以补充(最明显的就是跨市场操纵监管领域),以及从外部对自律监管进行约束和激励,以解决自律监管激励不足的问题。所以,政府监管机构通常被法律赋

---

① 参见孙秋鹏:《期货市场监管权配置研究:政府与交易所分权视角》,经济科学出版社2013年版,第37—43页。

② 参见同上书,第59页。此外,该学者将已有文献关于交易所自律监管优势的主要观点归纳为:(1)交易所可以比政府更有效地管理一些活动或行为;(2)自律监管者本身又是市场参与者,自律监管的存在可以提高监管当局的知识、技能和经验;(3)市场主体参与监管可以使其更加了解监管程序,提高自己部门内部对监管条例的遵守;(4)行业自己制定的监管规则更易于执行和遵守;(5)政府监管部门的薪酬和待遇很难吸引与自律组织内一样能力的人才;(6)自律组织监管的成本是内在化于整个行业的,政府监管主要来源于税收;(7)与政府监管相比,自律监管更加了解市场,信息更为充分,也更为灵活。

予了对期货市场最广泛的监管权力。例如,我国《期货和衍生品法》第105条赋予中国证监会与反操纵相关的权力就包括规章、规则的制定、审批、核准、注册、备案权;对品种的上市、交易、结算、交割等期货交易及相关活动的监管权;对期货经营机构、期货交易场所、期货结算机构、期货服务机构和非期货经营机构结算参与人等市场相关参与者的期货业务活动的监管权;以及监督检查期货交易的信息公开情况,对期货违法行为进行查处,监测监控并防范、处置期货市场风险的权力等。

因此,最好的方法就是自律监管与政府监管相结合。自律监管定位为操纵监管的一线力量,可以发挥自己专业、高效、灵活和低成本的优势。而政府监管则定位为自律监管的坚实后盾,作为自律监管的重要补充与外部约束。而且,从我国期货市场监管的现实来看,即使是交易所的自律监管,也是在中国证监会直接领导下交易所执行准公共权力的一种监管形式,其中政府处于主导地位。[①] 例如,我国《期货交易所管理办法》第91条第4、5款规定,期货交易所发现交易行为涉嫌违反法律、行政法规、部门规章的,应当及时向中国证监会报告。中国证监会依法查处期货市场的违法违规行为时,期货交易所应当予以配合。第117条规定,中国证监会派出机构对期货交易所会员进行风险处置,采取监管措施的,经中国证监会批准,期货交易所应当在限制会员资金划转、限制会员开仓、移仓和强行平仓等方面予以配合。因此,我国期货市场的自律监管与政府监管本来就是紧密结合在一起的,呈现出的是一种混合监管的形式。需要特别强调的是,期货市场的监管目标是通过维持一个公平有序的市场,从而保护期货市场的经济功能。因此不应为了特定政策目的或监管者对市场价格水平的主观认识而对市场加以各种不必要的限制或干预。此类行动,不管是否合法或者善意,都是对期货市场运行的限制,且剥夺了市场参与者在市场上自由协商价格的能力。在理论上,这种过度的监管限制和干预实际上构成了"监管操纵"。[②] 此种做法带来的成本,交易所通常会将其内部化而自我抑制,但是政府机构通常来说并不会,导致其总是会

[①]　参见孙秋鹏:《期货市场监管权配置研究:政府与交易所分权视角》,经济科学出版社2013年版,第159页。

[②]　See Philip McBride Johnson, *Commodity Market Manipulation*, 38 Washington and Lee Law Review 725, 778-779 (1981).

有过度监管的冲动,①因此应当特别重视和避免政府监管领域的过度监管问题。

第二节　惩罚型监管介入

不管是自律监管还是政府监管,都需要一定的方式来介入期货市场操纵案件(或潜在案件)。一种监管介入方式是基于损害的(harm-based),也就是当操纵案件发生后,监管者通过对操纵行为的认定、查处和处罚,从而实现对操纵的规制,因此又称为惩罚型监管。另一种监管介入方式是预防性的(preventative),这种方式强调的是在操纵行为造成损害以前即实施监管介入,包括通过事前的制度设计实现的预防型监管,以及通过事中的市场干预实现的干预型监管。在此先讨论惩罚型监管介入问题。

一、惩罚型监管的特点

惩罚型监管是传统的监管介入方式,包括行政处罚、民事赔偿甚至刑事制裁等措施,只有在真正发现且认定存在市场操纵的情况下才被使用。由于此时操纵行为对市场的损害已经产生,因此在这种监管方式中,监管权力的发动与介入实际上是基于损害的。

我国《期货和衍生品法》第106条对中国证监会在履行职责时可以采取的监管措施作出规定。其中,第1款第1项规定的是在日常监管中采取的措施,即可以对期货经营机构、期货交易场所、期货结算机构进行现场检查,并要求其报送有关的财务会计、业务活动、内部控制等资料。第2款规定的是为防范期货市场风险、维护市场秩序,可以采取的责令改正、监管谈话、出具警示函等措施。除此之外,该条规定的其余内容,即第1款第2项至第8项,都是对违法行为进行事后查处时用到的监管措施,包括以下几种。(1)进入涉嫌违法行为发生场所调查取证。(2)询问当事人和与被调查事件有关的单位和个人,要求其对与被调查事件有关的

---

① See Linda N. Edwards & Franklin R. Edwards, *A Legal and Economic Analysis of Manipulation in Futures Markets*, 4 Journal of Futures Markets 333, 358 (1984).

事项作出说明,或者要求其按照指定的方式报送与被调查事件有关的文件和资料。(3)查阅、复制与被调查事件有关的财产权登记、通讯记录等文件和资料。(4)查阅、复制当事人和与被调查事件有关的单位和个人的期货交易记录、财务会计资料及其他相关文件和资料;对可能被转移、隐匿或者毁损的文件资料,可以予以封存、扣押。(5)查询当事人和与被调查事件有关的单位和个人的保证金账户和银行账户以及其他具有支付、托管、结算等功能的账户信息,可以对有关文件和资料进行复制;对有证据证明已经或者可能转移或者隐匿违法资金等涉案财产或者隐匿、伪造、毁损重要证据的,经国务院期货监督管理机构主要负责人或者其授权的其他负责人批准,可以冻结、查封,期限为 6 个月;因特殊原因需要延长的,每次延长期限不得超过 3 个月,最长期限不得超过 2 年。(6)在调查操纵期货市场、内幕交易等重大违法行为时,经国务院期货监督管理机构主要负责人或者其授权的其他负责人批准,可以限制被调查事件当事人的交易,但限制的时间不得超过 3 个月;案情复杂的,可以延长 3 个月。(7)决定并通知出境入境管理机关依法阻止涉嫌违法人员、涉嫌违法单位的主管人员和其他直接责任人员出境。

《期货和衍生品法》第 83 条第 3 款规定:"在期货交易所从事期货交易及相关活动,应当遵守期货交易所依法制定的业务规则。违反业务规则的,由期货交易所给予纪律处分或者采取其他自律管理措施。"《期货交易所管理办法》第 10 条第 11 项规定:"期货交易所应当履行下列职责:……(十一)查处违规行为……"第 90 条第 1 款规定:"会员、交易者、境外经纪机构等违反期货交易所业务规则的,期货交易所可以按照规定采取包括但不限于暂停受理或者办理相关业务、限制交易权限、取消会员资格等纪律处分或者其他自律管理措施。"这些是我国期货交易所实行惩罚型自律监管的法律依据,规定期货交易所可以查处违规行为,并给予纪律处分或者采取其他自律管理措施。从目前的各期货交易所的业务规则来看,纪律处分包括警告、通报批评、公开谴责、强行平仓、暂停开仓交易、暂停部分期货或者期权业务等。其他自律管理措施包括列入重点监管名单、口头警示、出具书面警示函、要求提交书面承诺等。有观点认为,自律管理措施主要是为维护市场秩序、防范市场风险而采取的矫正性应对措施,一般不具有惩戒性。[①] 笔者不认同此种看法,一些自律管理措施具备较为明显的惩戒性,因而兼具矫正性与惩戒性。

从法经济学的视角来看,基于损害与基于预防的执法方法的效率对比主要取决于四个因素。具体而言,当满足四个条件时,基于损害的惩罚型监管介入就是可取的;反之,当这些条件不具备时,预防型监管就是首选:第一,违法行为发生后容易被发现;第二,行为人有钱,因此能够支付罚款和/或损害赔偿;第三,行为人能够意识到自己违法;第四,审查违法嫌疑人的行政成本较低。[②] 其中,条件一和二意味着课以与损害造成的成本相等的处罚是可行的,条件三意味着考虑实施违法行为的人意识到他如果着手实行会面临惩罚,条件四意味着执法行动的成本不会超过收益。所有条件集合在一起,意味着一个潜在的违法者会考虑其行为的成本,而因此克制实施违法行为。

与预防型监管中的市场干预措施相比,惩罚型监管的执法准确性更高。因为惩罚型监管作为一种事后的监管介入方式,除了交易者实施的行为以外,还可以更加准确地收集和评估此种行为造成的市场影响,以帮助判断。[③] 在真实交易型操纵中更是如此。所谓真实交易型操纵,是指行为人通过真实的交易活动本身来操纵市场。我国立法中规定的真实交易型操纵的典型是连续交易操纵,体现在《期货和衍生品法》第 12 条第 2 款第 1 项,即行为人通过单独或者合谋,集中资金优势、持仓优势或者利用信息优势联合或者连续买卖合约的手段进行操纵。由于行为人是通过真实的交易行为进行操纵,因此行为外观与合法的交易行为往往非常接近,此时对市场影响的考察就非常重要。[④] 可见,如果不同案件中相近的

---

① 参见王瑞贺、方星海主编:《中华人民共和国期货和衍生品法释义》,法律出版社 2022 年版,第 142 页。

② See Craig Pirrong, *Squeezes, Corpses, and the Anti-Manipulation Provisions of the Commodity Exchange Act*, 17 Regulation 52, 57 (1994).

③ 例如,在市场力量型操纵中,执法者只有在事后才能够观察到:第一,交割市场的价格是否在所谓的操纵结束后剧烈下跌;第二,行为人是否在交割期后立即将现货商品低价卖掉;第三,行为人是否在要求交割的同时卖出期货合约。See Craig Pirrong, *Commodity Market Manipulation Law: A (Very) Critical Analysis and a Proposed Alternative*, 51 Washington and Lee Law Review 945, 991-992 (1994).

④ See Gina-Gail S. Fletcher, *Legitimate Yet Manipulative: The Conundrum of Open-Market Manipulation*, 68 Duke Law Journal 479, 548-551 (2018).

行为形态具备极其不同的市场影响,那么事后的执法判断显然更有优势,因为其可以利用更多的信息。相对而言,惩罚型监管更具有识别力,更不容易将难以与违法行为区别开来的合法行为误判为非法。

二、惩罚型监管的要求

惩罚型监管要求为操纵行为设定合理的认定框架,包括构成要件、认定标准和证明责任等,且此种认定框架应当符合期货市场的经济现实和基本规则。一个反面的例子是,商品期货合约必须通过交割来执行的规则,使得监管机构无法在交易者仅仅坚持交割的情况下判断其构成逼仓操纵,有学者据此认为,由于交易者坚持交割通常是逼仓操纵最清晰的证据,而且往往是唯一的证据,如果无法依靠该证据,就只有事后通过价格扭曲判断来证明操纵。因此,解决此类操纵问题的方法便是将交割前特定时间内还未对冲平仓的交易者推定为操纵市场。在监管机构证明其为交割而持有头寸且没有按期对冲后,证明责任就转移到该交易者一方,由该交易者通过解释其坚持交割的正当理由来证明自己是无辜的。[1]

必须明确的是,在交易规则允许交割的情况下,要求交割本身就是一种正常的市场行为,并不一定是操纵。[2] 将交割前特定时间内还未对冲持仓的交易者推定为操纵市场,并不具有正当性。因为这样就极大地限制了交易者的自由,也就是说,对交易者利用期货交易风险管理和投机套利机制的能力施加了额外的限制。这是因为,一个完整的期货交易机制提供了交易者选择的权利,他既可以选择交割,也可以选择在交割期前对冲平仓。合约是否要交割,交易者是否要获得商品的交付,完全取决于交易者的需求和市场行情。[3] 如果要求交易者选择交割时必须对交割的理由进行解释,实际上就极大地限制了交易者在选择交割这方面的能力,必然造成市场的失衡。

这样的主张背后其实有一种潜在的认识,即合约的交割程序对于期

---

① See M. Van Smith, *Preventing the Manipulation of Commodity Futures Markets: To Deliver or Not to Deliver*, 32 Hastings Law Journal 1569, 1605-1606 (1981).

② See Albert S. Kyle & S. Viswanathan, *How to Define Illegal Price Manipulation*, 98 The American Economic Review 274, 277 (2008).

③ 参见钟维:《期货交易双层标的法律结构论》,载《清华法学》2015 年第 4 期,第 133 页。

货市场功能的发挥来说并不是必要的。① 而且这似乎是在说,在期货市场中不交割才是正常的,而交易者根据其需求要求进行交割则是一种异常的行为。但这种认识无疑是不正确的,如果空头预期不需要交割,多头也不被允许要求交割,那么期货市场的价格与现货市场在大部分情况下将不再关联,很难想象期货市场的价格发现功能如何能够实现。因此,交割程序存在的正当性是成立的,以交割程序不必要而主张对交割施以额外限制的观点则是不恰当的。

三、单一惩罚型监管的局限性

由于惩罚型监管完全发挥作用的条件往往不能够满足,因此单一的惩罚型监管被证明对于期货市场操纵的威慑力是不足的。基于损害的惩罚型监管往往需要耗费大量的时间和资源来查处操纵案件,且不能及时对市场受到的损害予以救济。最典型的例证就是美国商品期货交易委员会成立以来在法庭上唯一胜诉的 Diplacido 案,该案中监管机构最终获得胜诉判决时距离被告实施操纵行为已经长达 11 年之久,可见事后通过既定程序追究市场操纵法律责任的难度之大、时间之长、成本之高。② 而据笔者统计,我国证监会查处的 11 个期货市场操纵案件,从案件发生到最终被查处,时间最短的为 10 个月,最长的为 53 个月,平均为 27.5 个月。且相较于较早的案件,近年来查处的案件所历经的时间有不断增长的趋势。③

---

① See M. Van Smith, *Preventing the Manipulation of Commodity Futures Markets: To Deliver or Not to Deliver*, 32 Hastings Law Journal 1569, 1602-1605 (1981).

② 参见大连商品交易所法律与合规监督部:《美国期货市场操纵相关立法沿革及实施效果研究》,载蒋锋、卢文道主编:《证券法苑》(第 24 卷),法律出版社 2018 年版,第 331—332 页。

③ 具体而言,硬麦 105 合约操纵案是 12 个月,参见中国证监会行政处罚决定书(胶南粮库、刘玉江)〔2012〕15 号;螺纹钢 1107 合约操纵案是 10 个月,参见中国证监会行政处罚决定书(宝尔胜、黄君称)〔2012〕22 号;天然橡胶 1010 合约操纵案是 38 个月,参见中国证监会行政处罚决定书(海南大印集团有限公司、海南龙盘园农业投资有限公司、海南万嘉实业有限公司等 6 名责任人)〔2013〕67 号;焦炭 1209 合约操纵案是 18 个月,参见中国证监会行政处罚决定书(厦门宝拓资源有限公司、陈云卿、苏新)〔2014〕35 号;甲醇 1501 合约操纵案是 21 个月,参见中国证监会行政处罚决定书(姜为)〔2015〕31 号;胶合板 1502 合约操纵案是 25 个月,参见中国证监会行政处罚决定书(陶赐、傅湘南)〔2016〕5 号;聚氯乙烯 1501 合约操纵案是 25 个月,参见中国证监会行政处罚决定书(刘增械)〔2016〕119 号;普麦 1601 合约操纵案是 29 个月,参见中国证监会行政处罚决定书(廖山焱)〔2017〕58 号;玉米淀粉 1601 合约操纵案是 53 个月,参见中国证监会行政处罚决定书(邹鑫鑫、刘哲)〔2020〕30 号;纤维板 1910 合约操纵案是 25 个月,参见中国证监会行政处罚决定书(黄鑫、蒋君、徐卫)〔2021〕100 号;白糖 1801 合约操纵案是 47 个月,参见中国证监会行政处罚决定书(阮浩、嘉和投资、钟山)〔2021〕117 号。

而我国期货市场操纵刑事司法案件则平均需要历经 39.5 个月才能完成终审判决。[1] 此外,对于可能产生系统性后果的操纵行为,单一的惩罚型监管可能对市场有害,因为这会将市场暴露在系统性漏洞之下,而执法行动只能起到令人不满意的安抚作用,对于防止类似伤害的未来重演几乎不起作用。[2] 因此,惩罚型监管需要与预防型监管、干预型监管结合起来,才能实现对期货市场操纵的有效规制。

第三节　预防型监管介入

预防型监管定位为一种事前制度性的监管介入方式。就此种监管介入方式而言,最重要的监管措施包括合约设计与上市制度,以及持仓限额制度。其中,与持仓限额制度配套的,还有账户实名制度、交易者实际控制关系报备管理制度和重大事项报告制度等。这些都属于事前的监管措施,旨在通过提高市场操纵活动的成本和难度,从而实现对操纵行为的威慑。

一、合约设计与上市制度

(一)规则的变迁与要求

合约设计与上市制度是预防期货市场操纵的第一道关。在《期货和衍生品法》制定以前,我国期货市场的主要规范依据是《期货交易管理条例》。根据该条例第 13 条,合约品种的上市、中止、取消或者恢复交易都是实行审批制,其中,中国证监会在批准新品种的上市时还应当征求国务院有关部门的意见。在实际的审批过程中,具有法定审批职责的中国证监会更像是一个"牵头人",不仅相关部委的意见有时非常重要,而且最终具有决定权的是国务院,因此合约新品种上市实际上采取的是一种联合

---

[1]　具体而言,经过二审判决的姜为操纵证券、期货市场案为 30 个月,参见姜为操纵证券、期货市场一审刑事判决书,(2016)川 01 刑初 100 号;姜为操纵证券、期货市场二审刑事裁定书,(2017)川刑终 70 号。只经历一审判决的远大石化、吴向东操纵期货市场案为 49 个月,参见远大石化、吴向东操纵期货市场一审刑事判决书,(2018)辽 04 刑初 55 号。

[2]　See Gina-Gail S. Fletcher, *Macroeconomic Consequences of Market Manipulation*, 83 Law and Contemporary Problems 123, 139 (2020).

审批制或国务院审批制。[①]

根据《期货和衍生品法》第 17 条第 1、2 款,期货合约品种、标准化期权合约品种的设计和安排上市由交易场所负责,合约品种上市需要报经中国证监会注册,中止上市、恢复上市、终止上市需要向中国证监会备案。该法将合约品种的上市由审批制改为注册制,将中止上市、恢复上市、终止上市由审批制改为备案制,大大降低了政府对合约品种市场准入的监管介入程度,有助于提升合约上市的市场化水平,提升我国期货交易场所的创新和竞争能力,增加对交易场所在提升自律监管水平方面的正向激励。此外,该条第 3 款还要求期货合约品种和标准化期权合约品种应当具有经济价值,不易被操纵,符合社会公共利益。其中对合约不易被操纵的要求更是直接体现了合约设计对预防操纵发生的意义。因为合约交易单位的大小、交易时间、价格波动限制幅度、交割制度设计等,都可能影响合约的科学性和抗操纵性,因此需要从合约设计的源头防范潜在操纵的发生。[②] 在合约设计时需要对相关现货市场的特征和操作特征有详细的了解,这对于评估基于该现货资产的期货合约至关重要。应特别注意现货定价和交割制度以及现货资产的生产、消费和供应的历史模式。[③]

(二)对实物交割机制的讨论

由于实物交割机制的存在是实现囤积和逼仓等市场力量型操纵的前提,因此针对此种操纵的实现原理,有不少学者主张应当从合约设计入手,直接取消或改造交割制度。例如,有学者提出,规制逼仓等市场力量型操纵的关键在于取消期货合约中为其创造条件的交割条款。只要在期货市场之外存在活跃的现货市场,期货合约中允许选择交割的权利就可以直接取消。在合约届期时,任何开放头寸都以现货价格对冲即可。[④]还有学者提出,只要存在实物交割程序,市场力量型操纵就无法被禁止,

---

① 参见叶林主编:《期货期权市场法律制度研究》,法律出版社 2017 年版,第 49 页。

② 参见叶林主编:《中华人民共和国期货和衍生品法理解与适用》,中国法制出版社 2022 年版,第 64 页。

③ See Technical Committee of the International Organization of Securities Commissions, *Investigating and Prosecuting Market Manipulation* 10 (2000), https://www.iosco.org/library/pubdocs/pdf/IOSCOPD103.pdf,最后访问时间:2022 年 9 月 1 日。

④ See George A. Davidson, *Squeezes and Corners: A Structural Approach*, 40 Business Lawyer 1283, 1284, 1297 (1985).

因此应当以现金交割取代实物交割。期货与现货价格趋同的真正原因是合约当事人相信,期货合约中的无形权利是由现货价格来衡量的。因此,以现金交割取代实物交割并不会影响期货和现货价格的趋同。[①] 然而,这些观点都是存在问题的。

首先,交割程序在期货交易机制中具有建构性的意义。虽然在交易所内交易的大量期货合约最终并没有实物交割,但如果一方选择进行实物交割的话,则必须进行实物交割,这是保证期货合约交易价格与现货商品价格相关联所必需的。[②] 由于存在广泛的市场套利活动,且空头能够通过购入并交割实物来履行其合约义务,因此多头也就不可能要求比现货价格更高的对冲价格,这是导致合约届期时期货价格与现货价格趋同的原因。[③] 不可能仅仅取消交割制度,而不以其他合理机制替代,却期望期货价格仍然与现货价格相关联。

其次,公允的现货价格在现实当中难以确定,因此交割程序不能取消。现货市场上的交易极为分散,商家之间的交易常常包含非价格因素的考虑,如预先存在的商业关系或建立新的商业关系的愿望。就相同的商品而言,期货市场通常是比相应的现货市场更加具有竞争性的市场。[④] 现货交易价格体现的是特定时空的供求状况,且往往含有双方当事人的个性化因素,而非市场上的一般供求状况,因此事实上比期货价格更容易受到操纵。而且,究竟以什么时间、什么地点、哪个人、哪一次交易的价格作为对冲开放头寸的现货价格,对整个市场而言是公允的,事实上也很难确定。因此,对于那些需要通过交割程序使期货价格和现货价格趋同的合约品种而言,要求在合约届期前将所有开放头寸以现货价格对冲的做法,在现实当中并不可行。

最后,现金交割的适用范围有限,因此现金交割无法完全取代实物交

---

① See M. Van Smith, *Preventing the Manipulation of Commodity Futures Markets: To Deliver or Not to Deliver?*, 32 Hastings Law Journal 1569, 1602-1603 (1981).

② See Robert C. Lower, *Disruptions of the Futures Market: A Comment on Dealing with Market Manipulation*, 8 Yale Journal on Regulation 391, 395 (1991).

③ See William D. Harrington, *The Manipulation of Commodity Futures Prices*, 55 St. John's Law Review 240, 246-247 (1981).

④ See Philip McBride Johnson, *Commodity Market Manipulation*, 38 Washington and Lee Law Review 725, 746-747 (1981).

割。正如我国《期货交易所管理办法》第 100 条第 2 款规定的:"实物交割的交易品种应当具备充足的可供交割量,现金交割的交易品种应当具备公开、权威、公允的基准价格。"现金交割适用于合约基础资产具有能形成公允现货价格的机制的情形,典型的例如证券市场,通过集中交易产生的证券价格就代表了市场整体对该证券现货价值的共识。通过现金交割机制,实际上是强制使期货和现货价格趋同。而在那些无法产生公允现货价格的市场,直接赋予当事人实物交割请求权,这实际上确保了期货合约届期时的价格等于现货价格。也就是说,直接把市场中的实物现货作为衡量现货价格的标准,因此也就不需要确定公允的现货价格究竟为何。若完全以现金交割取代实物交割,在这些情况下由于无法确定公允的现货价格,也就无法确保期货价格与现货价格趋同,而这并非是合约当事人对期货和现货价格趋同的"信念"可以解决的。此外,即使如今不少期货合约被设计为采用现金交割方式,但操纵还是会存在,[①]因为现金交割仍然无法杜绝交易型操纵和信息型操纵。

综上,不管是取消交割程序,还是一概以现金交割取代实物交割,都并非可以普遍适用的规则,因此也就不可能通过取消或改造交割制度来完全解决市场力量型操纵问题。

二、持仓限额及相关配套制度

(一)持仓限额制度

持仓限额的目的在于抑制与对市场多头或空头方向头寸控制相关的超大风险敞口的形成,以及交易所会员因客户或自营头寸而产生的财务风险敞口。[②] 该制度是防范期货市场过度投机和操纵行为的有力工具,在世界主要国家的期货市场法律中基本都有规定。例如,美国商品期货交易委员会在 150.2 规则中对主要交易所的商品期货品种规定了持仓限额,但在 150.3 规则中对善意套期保值同时规定了豁免规定。对于那些

[①] See Jerry W. Markham, *Law Enforcement and the History of Financial Market Manipulation*, M. E. Sharpe, Inc., 2014, p. 210.

[②] See Technical Committee of the International Organization of Securities Commissions, *Investigating and Prosecuting Market Manipulation* 10 (2000), https://www.iosco.org/library/pubdocs/pdf/IOSCOPD103.pdf,最后访问时间:2022 年 9 月 1 日。

商品期货交易委员会规则没有建立起持仓限额规定的合约品种,美国《商品交易法》第 5 条(d)(5)和商品期货交易委员会 150.5 规则要求指定合约市场建立持仓限额规则,同样也有善意套期保值的豁免规定。具体而言,美国期货市场持仓限额制度具有以下特点:第一,对期货公司经纪业务下的客户持仓原则上不合并限仓,商品基金投资者也不必合并限仓;第二,以净持仓为标准进行限仓,单个月份持仓限制与所有月份持仓限制并重;第三,采用绝对值限仓;第四,期权与期货合并限仓,并按照一定系数折算期权头寸。[①]

我国《期货和衍生品法》第 23 条同样规定了期货交易的持仓限额制度,以防范合约持仓过度集中的风险。如果是从事套期保值等风险管理活动的,则可以申请持仓限额豁免。持仓限额、套期保值的管理办法由中国证监会制定。目前我国建立了较为严格的持仓限额制度,针对不同期货品种、不同主体和不同交易时间设置了差异化的持仓限额。[②] 通过实行持仓限额制度,可以抑制市场上的过度投机,还可以防止交易者形成操纵市场所需的持仓优势。但是,期货市场上的套期保值者需要能够匹配其现货市场敞口头寸规模的期货持仓,否则会妨碍期货市场风险管理功能的实现。因此,从事套期保值等风险管理活动的交易者,可以通过申请方式获得更高的持仓额度。实践中,期货做市商负有双边报价的义务,也可以申请持仓限额的豁免。[③] 具体而言,我国期货市场持仓限额制度具有以下特点:第一,采用会员限仓和客户限仓相结合的方法控制市场风险;第二,所有上市交易的期货品种都有限仓要求;第三,绝对值限仓与比例限仓方法并存;第四,对某一品种的单个合约多空双向限仓,不存在所有月份合约加总限仓,临近交割月份限仓额度收紧。[④]

(二) 相关配套制度

为配合持仓限额制度的实施,防止交易者通过特殊手段规避持仓限

---

① 参见上海期货交易所《中美期货市场风险控制制度比较研究》课题组:《中美期货市场风险控制制度比较研究》,中国金融出版社 2018 年版,第 50—52 页。

② 参见程红星主编:《中华人民共和国期货和衍生品法释义》,中国金融出版社 2022 年版,第 63—64 页。

③ 参见王瑞贺、方星海主编:《中华人民共和国期货和衍生品法释义》,法律出版社 2022 年版,第 48 页。

④ 参见上海期货交易所《中美期货市场风险控制制度比较研究》课题组:《中美期货市场风险控制制度比较研究》,中国金融出版社 2018 年版,第 60—61 页。

额,《期货和衍生品法》还规定了一系列的配套制度,包括账户实名制、交易者实际控制关系报备管理制度和重大事项报告制度等。

1. 账户实名制

账户实名制规定在《期货和衍生品法》第 18 条:"交易者进行期货交易的,应当持有证明身份的合法证件,以本人名义申请开立账户。任何单位和个人不得违反规定,出借自己的期货账户或者借用他人的期货账户从事期货交易。"账户实名制的关键,在于账户的持有者与账户中资金和交易结果的承受者应当是同一个人。因此,实践中账户持有人将自己的账户交由他人打理,但是账户资金来源于持有人,且交易结果也由持有人承担的,不属于违反该条规定的情形。但如果将自己的账户借给他人使用,账户中的资金由他人打入,且交易结果也由该人承受,则账户的出借人和借用人都构成违反该条规定的行为。此外,《期货交易所管理办法》第 76 条规定:"期货交易实行账户实名制,期货交易所应当建立交易编码制度,不得混码交易。"相关司法解释进一步明确,不以真实身份从事期货交易的单位或者个人,交易行为符合期货交易所交易规则的,交易结果由其自行承担。[①]

2. 交易者实际控制关系报备管理制度

交易者实际控制关系报备管理制度规定在《期货和衍生品法》第 24 条:"期货交易实行交易者实际控制关系报备管理制度。交易者应当按照国务院期货监督管理机构的规定向期货经营机构或者期货交易场所报备实际控制关系。"根据《期货交易所管理办法》第 85 条,"实际控制关系,是指单位或者个人对其他期货账户具有管理、使用、收益或者处分等权限,从而对其他期货账户的交易决策拥有决定权或者重大影响的行为或者事实。"该制度与证券市场一致行动人制度异曲同工,目的在于全景式地了解某个交易者的交易行为,以辅助监控、监测、调查、认定异常交易情况,以及操纵市场等违法违规行为,是账户实名制的重要补充。[②]

实践中,操纵者经常违反账户实名制的要求,以实际控制账户组的方式规避持仓限额。相关刑事司法解释将下列账户认定为行为人"自己实

---

① 参见《最高人民法院关于审理期货纠纷案件若干问题的规定》第 11 条。

② 参见王瑞贺、方星海主编:《中华人民共和国期货和衍生品法释义》,法律出版社 2022 年版,第 49 页。

际控制的账户":(1) 行为人以自己名义开户并使用的实名账户;(2) 行为人向账户转入或者从账户转出资金,并承担实际损益的他人账户;(3) 行为人通过第一项、第二项以外的方式管理、支配或者使用的他人账户;(4) 行为人通过投资关系、协议等方式对账户内资产行使交易决策权的他人账户;(5) 其他有证据证明行为人具有交易决策权的账户。① 从中国证监会实际查处的操纵案件来看,用于操纵活动的期货账户来源包括:自己直接控制②、借用③、通过委托关系控制④、通过资产委托协议控制⑤、通过资产管理合同控制⑥、通过投资顾问协议控制⑦、与他人共用⑧、通过合作投资协议控制⑨,等等。

　　如果交易所在日常监管中发现具有疑似实际控制关系但未报备的账户,会通过询问等方式提示交易者进行报备。若交易者不承认存在实际控制关系且拒不报备的,交易所根据相关证据认为其符合实际控制关系认定规定、交易行为具有一定程度关联性的,可以对实际控制关系进行强制认定,将其并入一个实际控制关系账户组,并可以对交易者隐瞒实际控制关系的行为采取自律监管措施。⑩ 无论是交易者主动申报还是强制认定实际控制关系,各账户内的持仓都要合并计算,并受到持仓限额的限制。例如,《期货交易所管理办法》第 86 条规定:"期货交易所在执行持仓

---

　　① 有证据证明行为人对前款第一项至第三项账户内资产没有交易决策权的除外。参见《最高人民法院、最高人民检察院关于办理操纵证券、期货市场刑事案件适用法律若干问题的解释》第 5 条第 2 款。

　　② 参见中国证监会行政处罚决定书(胶南粮库、刘玉江)〔2012〕15 号;中国证监会行政处罚决定书(宝尔胜、黄君称)〔2012〕22 号;中国证监会行政处罚决定书(姜为)〔2015〕31 号;中国证监会行政处罚决定书(陶旸、傅湘南)〔2016〕5 号;中国证监会行政处罚决定书(刘增铖)〔2016〕119 号;中国证监会行政处罚决定书(廖山焱)〔2017〕58 号;中国证监会行政处罚决定书(邹鑫鑫、刘哲)〔2020〕30 号。

　　③ 参见中国证监会行政处罚决定书(厦门宝拓资源有限公司、陈云卿、苏新)〔2014〕35 号;中国证监会行政处罚决定书(姜为)〔2015〕31 号。

　　④ 参见中国证监会行政处罚决定书(厦门宝拓资源有限公司、陈云卿、苏新)〔2014〕35 号;中国证监会行政处罚决定书(陶旸、傅湘南)〔2016〕5 号。

　　⑤ 参见中国证监会行政处罚决定书(姜为)〔2015〕31 号。

　　⑥ 参见中国证监会行政处罚决定书(陶旸、傅湘南)〔2016〕5 号。

　　⑦ 同上。

　　⑧ 同上。

　　⑨ 参见中国证监会行政处罚决定书(阮浩、嘉和投资、钟山)〔2021〕117 号。

　　⑩ 参见叶林主编:《中华人民共和国期货和衍生品法理解与适用》,中国法制出版社 2022 年版,第 88—89 页。

限额、交易限额、异常交易行为管理、大户持仓报告等制度时,对实际控制关系账户的委托、交易和持仓等合并计算。"

3. 重大事项报告制度

重大事项报告制度规定在《期货和衍生品法》第 27 条:"期货交易场所会员和交易者应当按照国务院期货监督管理机构的规定,报告有关交易、持仓、保证金等重大事项。"我国期货市场此前已建立的大户持仓报告制度和风险警示制度也对会员和客户的报告义务作出了规定。其中,大户持仓报告制度,是指期货交易场所会员或者客户的持仓达到持仓报告标准的,会员或者客户应当向期货交易场所报告。例如,《期货交易所管理办法》第 81 条规定:"期货交易实行大户持仓报告制度。会员或者交易者、境外经纪机构持仓达到期货交易所规定的持仓报告标准的,会员或者交易者、境外经纪机构应当向期货交易所报告。交易者、境外经纪机构未报告的,会员应当向期货交易所报告。期货交易所可以根据市场风险状况制定并调整持仓报告标准。"报告事项可以包括持仓量、保证金、可动用资金、资金来源、实际控制关系账户、交割意愿及交割数量、持有现货相关信息等。风险警示制度,是指期货交易场所在认为必要的情况下,可以要求会员和客户报告情况,并可以采取其他措施,以警示和化解风险。例如,《期货交易所管理办法》第 93 条规定:"期货交易所实行风险警示制度。期货交易所认为必要的,可以分别或同时采取要求会员和交易者、境外经纪机构报告情况、谈话提醒、发布风险提示函等措施,以警示和化解风险。"《期货和衍生品法》第 27 条规定的重大事项报告制度与这两项报告制度目的类似,但这两项制度的报告对象均为期货交易所,不包括监管机构和其他自律组织,且大户报告的门槛通常比较高,[1]在一些情况下可能无法满足监管需求。[2]重大事项报告制度与之相比存在一定差异,具体要求还有待中国证监会制定的规则予以细化。

---

[1]　我国期货市场的大户报告标准普遍设置较高,一般是期货合约持仓限额的 80%。参见上海期货交易所《美国期货市场监管研究》课题组编著:《美国期货市场监管研究》,中国金融出版社 2014 年版,第 51—52 页。

[2]　参见叶林主编:《中华人民共和国期货和衍生品法理解与适用》,中国法制出版社 2022 年版,第 93 页。

第四节　干预型监管介入

惩罚型监管被定位为一种事后的监管介入，预防型监管被定位为一种事前的监管介入。与之相对的，干预型监管被定位为一种事中的监管介入，且通常需要面对更多的争议。

一、干预型监管的权力与措施

干预型监管既包括政府层面，也包括交易场所层面。我国《期货和衍生品法》第 105 条赋予中国证监会的权力中包括了"监测监控并防范、处置期货市场风险"的权力，该表述是否包含政府对疑似市场操纵活动的事中干预权，存在解释空间。而我国《期货交易所管理办法》事实上赋予了中国证监会实施干预型监管的权力，且明确了其可以采用的监管措施。例如，第 114 条规定，中国证监会可以根据市场情况调整期货交易所收取的保证金标准，暂停、恢复或者取消某一期货交易品种的交易。第 115 条规定，中国证监会认为期货市场出现异常情况的，可以决定采取延迟开市、暂时停止交易、提前闭市等必要的风险处置措施。相较而言，美国《商品交易法》第 8a 条(9)的表述更加明确："商品期货交易委员会在其有理由相信发生紧急情况时，有权指示注册实体采取依其判断确属必要的行动，包括但不限于设定任何期货合约的临时紧急保证金水平、对在商品期货交易委员会行动生效日之前善意获得的市场持仓量设定限额等，以便维持或恢复任何期货合约的有序交易或平仓。"其中的"'紧急情况'一词除了指市场操纵和囤积威胁或者确实存在的市场操纵和囤积行为外，还指联邦政府或外国政府影响某一商品的任何行为，或者使市场无法准确反映该等商品供求关系的任何其他重大市场扰乱行为。"[①]

就期货交易场所的干预型监管权力和措施而言，我国《期货和衍生品法》第 87 条规定："期货交易场所应当加强对期货交易的风险监测，出现异常情况的，期货交易场所可以依照业务规则，单独或者会同期货结算机

---

① 中国证券监督管理委员会组织编译：《美国商品交易法》，法律出版社 2013 年版，第 367页。

构采取下列紧急措施,并立即报告国务院期货监督管理机构:(一)调整保证金;(二)调整涨跌停板幅度;(三)调整会员、交易者的交易限额或持仓限额标准;(四)限制开仓;(五)强行平仓;(六)暂时停止交易;(七)其他紧急措施。异常情况消失后,期货交易场所应当及时取消紧急措施。"该条中的"异常情况"有可能由市场操纵活动引起,因此相关紧急措施即可以被用于疑似市场操纵活动的事中自律监管干预。[①]《期货交易所管理办法》第91条第1款更是进一步明确:"有根据认为会员或者交易者、境外经纪机构违反期货交易所业务规则并且对市场正在产生或者即将产生重大影响,为防止违规行为后果进一步扩大,期货交易所可以对会员或者交易者、境外经纪机构采取下列临时处置措施:(一)限制入金;(二)限制出金;(三)限制开仓;(四)提高保证金标准;(五)限期平仓;(六)强行平仓。"这些主要是针对交易阶段的紧急处置措施。

从域外经验来看,针对逼仓等市场力量型操纵行为,或者极端的市场情况下,在交割阶段也可以采取一定的干预措施,例如调整交割条件或取消交易等。我国《期货和衍生品法》第89条规定:"因突发性事件影响期货交易正常进行时,为维护期货交易正常秩序和市场公平,期货交易场所可以按照本法和业务规则规定采取必要的处置措施,并应当及时向国务院期货监督管理机构报告。因前款规定的突发性事件导致期货交易结果出现重大异常,按交易结果进行结算、交割将对期货交易正常秩序和市场公平造成重大影响的,期货交易场所可以按照业务规则采取取消交易等措施,并应当及时向国务院期货监督管理机构报告并公告。"该法没有规定突发性事件的具体类型,2019年修订的《证券法》第111条规定了四类,包括不可抗力、意外事件、重大技术故障、重大人为差错。《期货和衍生品法》的官方释义则将期货市场的突发性事件解释为包括地震、水灾、火灾、恶劣天气、疫情、恐怖袭击、战争、封锁、禁运、交通运输阻断、通信中断、电力故障、网络攻击等不可抗力事件,以及技术故障、境内外法规政策出现重大变化、相关现货市场出现异常情况等。[②] 如果按《证券法》的列举,则操纵活动按照一般理解并不属于突发性事件的范畴。《期货和衍

---

① 参见王瑞贺、方星海主编:《中华人民共和国期货和衍生品法释义》,法律出版社2022年版,第147页。

② 参见同上书,第151页。

生品法》因为没有具体列举,因此尚存解释的空间。《期货交易所管理办法》第 94 条规定:"在期货交易过程中出现以下突发性事件影响期货交易正常秩序或市场公平的,期货交易所可以采取紧急措施化解风险,并应当及时向中国证监会报告:(一)因不可抗力、意外事件、重大技术故障、重大人为差错导致交易、结算、交割、行权与履约无法正常进行;(二)会员出现结算、交割危机,对市场正在产生或者即将产生重大影响;(三)出现本办法第九十二条第三款①规定的情形经采取相应措施后仍未化解风险;(四)期货交易所业务规则规定的其他情形。"若参考该条对突发性事件的列举,则第 2、3 项的情形均有可能由操纵活动所导致,因此存在采取相应的处置措施的空间。

二、干预型监管介入的原则与限度

干预型监管权力应该如何行使,是一个非常重要的问题。曾任美国商品期货交易委员会执法部门首席律师的杰瑞·马卡姆教授基于对美国期货市场监管历史的考察,认为商品期货交易委员会在监管中的主要弱点就是,即使市场受到价格扭曲和混乱无序的威胁,仍然希望避免对市场机制的干涉。其对操纵的宣告往往太迟而没有太大的威慑效果,对禁止令的使用也很有限,导致其作为监管机构所提供的救济效果也是存疑的。即使是严重危机期间,商品期货交易委员会也极不愿意干预市场,部分因为期货行业以自己是自由企业的最后堡垒为荣,相对地不受政府监管的限制,且一直坚决抵制可能会限制其自由的任何行动,然而这并未达致市场自我纠错或是有效自律监管的结果,实际上是一种监管失败。进而,他提出了"公平有序市场"概念,要求监管者在市场操纵监管方面扮演更加积极的角色,在法律增加其监管职能和权力的基础上,在交易者可能会对市场形成威胁的更早时点即介入调查,并采取强有力的干预措施,从而维护市场的公平和有序。② 美国期货市场后来的立法发展也在一定程度上

---

① 《期货交易所管理办法》第 92 条第 3 款规定:"期货价格出现同方向连续涨跌停板的,期货交易所可以采用调整涨跌停板幅度、提高交易保证金标准及按一定原则减仓等措施化解风险。"

② See Jerry W. Markham, *Manipulation of Commodity Futures Prices—The Unprosecutable Crime*, 8 Yale Journal on Regulation 281, 361-376 (1991).

反映了此种思路,尤其是 2010 年的《多德—弗兰克华尔街改革与消费者保护法》,即在总体上扩张了商品期货交易委员会的管辖范围,并且进一步增强了其针对市场操纵案件的执法能力。[①]

此种方法的关键问题在于,由于要在事前或者事中采取监管措施,关于操纵的证据往往是不充分的,实际上要求对潜在的操纵活动采用"一见即知"(know it when you see it)的判断方法。监管机构基于这种方法可以获得对特定时间交易活动性质的初步判断,从而对其采取政策性的监管行动。[②] 在 Frey v. CFTC 案中,美国第七巡回法院指出:"在该法律领域,为区分[③]而做的复杂的经济论证有时似乎是有问题的。有些时候,'一见即知'的判断可能显得更有用。尽管如此,相关的区分已被可信地表达了出来,在此我们信赖他们,但也恰当地承认其局限性。"[④]似乎也在一定程度上支持了此种方法。而且,由于现代计算机和互联网技术的发展,交易所和监管机构通过技术手段监测期货市场的能力大大增强,从而使其能够更好地对潜在的操纵活动实行监管介入。

干预型的监管介入应当以一定的原则和限度为前提。如果不遵循基本的监管介入原则而对市场进行过度干预,很容易把市场监管行动变成主要反映政治考量而非经济事实的做法,因为每个政府部门出于各自的利益都会想要影响市场。当然,监管者大多数时候都是出于好意,但是监管者并非市场定价机制本身的一方当事人,任何对价格形成机制的干预行动都会降低市场的可预测性。例如,有学者主张,当交易所发现可交割现货供应少于交易者卖空的开放头寸时,紧急处置措施就应当立即被自动触发,正常交易应当停止,并对超出部分进行强制平仓,只有拥有实际可交割现货供应的交易者才可以进行新的卖出。[⑤] 此种做法就是对市场的过度干预,并会影响期货市场经济功能的发挥。在期货市场,流动性是

---

　　① 参见李明良、李虹:《〈多德—弗兰克法〉期货市场反操纵条款研究》,载张育军、徐明主编:《证券法苑》(第 5 卷),法律出版社 2011 年版,第 1200 页以下。

　　② See Jerry W. Markham, *Law Enforcement and the History of Financial Market Manipulation*, M. E. Sharpe, Inc., 2014, p. 211.

　　③ 此处的"区分"是指区分合法与非法行为。

　　④ Frey v. CFTC, 931 F. 2d 1171 (7th Cir. 1991).

　　⑤ See Ralph T. Byrd, *No Squeezing, No Cornering: Some Rules for Commodity Exchanges*, 7 Hofstra Law Review 923, 945-947 (1979).

由存在对资产价格或市场未来轨迹持有不同信念的交易者提供的。交易者通过交易表达其不同意见的能力对于建立市场的平衡和培养市场的流动性至关重要,这两者都有助于提高市场效率。[1] 过于严苛的监管和难以预测的干预会提高交易者防范操纵调查的成本。出于对责任的恐惧,许多交易者可能会放弃从事有益的市场活动,甚至退出市场,以避免因他们的交易行为而受到惩罚,从而降低市场流动性,并降低这些交易本可以提供的效益,这对市场来说是一个净负面的结果。[2] 有学者甚至认为,对市场的干预比直接的操纵会对市场造成更消极的影响。[3] 而一些交易者则会将监管者的干预行动也作为需要考虑的因素加入到市场分析中,并对此种干预行动加以利用,这反而使市场变得更加扭曲。

在现代技术条件下,监管者在实施干预型监管介入时应当有所为,有所不为。其可以依靠先进的市场监测系统发现操纵的线索,及时提取、保全证据,在法定情形下采取法定的紧急处置措施等。但不可以过度地干预市场,尤其是不可以用行政判断代替市场判断,借用紧急处置措施干涉市场走势。这样实际上是以监管者制造的"人为价格"来取代他们所认为的"人为价格"。如果说市场极端行情下的价格有可能是人为价格的话,在监管者干预下制造出来的价格则必定是人为价格。

---

① See Gina-Gail S. Fletcher, *Legitimate Yet Manipulative: The Conundrum of Open-Market Manipulation*, 68 Duke Law Journal 479, 517 (2018).

② See Shaun D. Ledgerwood, James A. Keyte, Jeremy A. Verlinda & Guy Ben-Ishai, *The Intersection of Market Manipulation Law and Monopolization under the Sherman Act: Does It Make Economic Sense*, 40 Energy Law Journal 47, 59 (2019).

③ See Robert C. Lower, *Disruptions of the Futures Market: A Comment on Dealing with Market Manipulation*, 8 Yale Journal on Regulation 391, 397-399 (1991).

结　论

期货市场操纵的法律规制是一个很大的课题,难以面面俱到。本书通过三个层次的剖析,希望能够深化学术界对期货市场反操纵的理论基础、法律适用和监管体制等问题的认识,为我国相关立法、执法和司法活动提供一些有益经验,进而促进我国期货市场健康和有序发展。

一、规制理论

在期货市场操纵的规制理论问题上,本书通过对经典价格操纵理论的反思和重构,以及对比较法上欺诈操纵理论的借鉴,提出了一种价格操纵和欺诈操纵并存的二元规制理论。在立法论上,主张建立价格操纵条款和欺诈操纵条款并存的二元规制体系。价格操纵与欺诈操纵路径并行,才能更全面、高效地实现对市场操纵行为的规制。

经典的价格操纵理论依赖于一个前提,即与操纵造成的"人为"价格相对的,每种期货都存在"非人为"或"正常"的价格,且此价格能够被发现和衡量。结果,对"真实"经济价值的判断往往变成了一种事后的经济分析,即假设不存在操纵情况下的买方和卖方会达成的交易价格,以至于通常都不可能确定什么是"正常"的价格。[①] 基本上可以说,所谓"正常"价格只在理论上存在。而以此为前提的对操纵的证明也不可避免地脆弱和易被反驳,这导致了在期货市场操纵问题上的监管无力和失败。重构基于价格影响的反操纵理论的实践意义体现于立法和执法两个层面。在反操纵立法层面,就是要将意图操纵形态纳入规制范围,当行为人的操纵活

---

① See Jerry W. Markham, *Manipulation of Commodity Futures Prices—The Unprosecutable Crime*, 8 Yale Journal on Regulation 281, 284 (1991).

动未造成人为价格或未能证明操纵活动造成人为价格时,还可以以意图操纵对其进行指控。对实际操纵形态的重构主要涉及的是对既有反操纵法律的解释和适用问题,即应当将操纵的认定逻辑从经济分析转换到法律判断的轨道上来。首先,在判断操纵行为是否造成价格影响时,所关注的重点应当是影响市场价格的力量和因素,即行为人操纵性的意图和手段,而非操纵活动造成的价格是否偏离了正常供求力量下应有的价格水平。当市场价格受到供求力量以外因素影响时,所形成的价格就是人为价格,而不需要用参照系比较方法对此种影响进行证明。其次,在操纵证明过程中,应当将意图作为操纵判断的核心,运用价格影响测试的分析框架,以行为人的不正当行为和其他直接或间接证据为支撑,并辅以经济或经验分析等方法进行综合判断。

观察市场操纵的第二种视角,是操纵行为对市场上其他交易者交易决策的影响和误导。因此,欺诈操纵是期货市场操纵的另一条规制路径。要想实现对期货市场操纵的有效规制,除了重塑价格操纵理论本身之外,也可以顺此视角另辟蹊径。当以欺诈路径来规制市场操纵时,能够涵盖的是那些操纵活动中包含有欺诈因素的操纵行为,即行为人通过误导他人的欺诈手段来实现操纵目的。欺诈操纵比价格操纵的证明难度更低,因为构成欺诈操纵不需要证明操纵行为对市场或者价格造成了影响,且将行为人主观意图的最低证明要求从故意降低到了鲁莽。但是,由于欺诈操纵无法规制市场力量型操纵,比价格操纵的调整范围更窄,故需要同时保留价格操纵。在法律适用上,两种反操纵条款可以择一适用,也可以同时适用而提出两个并行诉求。欺诈理论属于价格操纵理论之外的"另辟蹊径",它不能完全取代价格操纵理论,但在很多情况下是更好地处理操纵问题的捷径。为提升监管机构的执法能力,在我国期货市场操纵立法和执法中没有必要坚持单一的价格操纵规制框架,而应当建立欺诈操纵与价格操纵并存的二元规制体系。此种理论既代表了操纵证明逻辑的转换,也是对我国操纵认定框架的实质更新。

二、法律适用

本书对期货市场操纵的形态、要件及法律适用问题进行了分析。我国新制定的《期货和衍生品法》吸收了比较法上的成功经验,同时规范了操纵和意图操纵两种形态。其中,操纵属于操纵行为的一般形态,而意图操纵是操纵未遂的情形,属于操纵行为的特殊形态。针对期货市场操纵行为一般形态的构成要件体系,目前我国尚缺乏理论共识,立法、司法和执法机关对此问题也未予明确。从我国《期货和衍生品法》反操纵条款的文字表述来看,似乎只需要两个要件,即使用了法律所列举的操纵手段,且影响了期货交易价格或者期货交易量,就能构成操纵。在期货市场操纵案件既有的处罚决定书中,对操纵的证明通过描述性的语言被笼统地涵盖在"当事人操纵期货合约价格情况"的小标题之下,则似乎意味着只要存在操纵行为和价格影响即可构成操纵。前者遗漏了一些必要的构成要件,后者则存在循环定义的问题。本书认为,从法条文字表述出发归纳出来的意图操纵构成要件没有问题,但操纵的构成要件则值得商榷。借鉴比较法的经验,构成操纵需要四项要件,包括操纵能力、操纵意图、人为价格和因果关系。构成意图操纵只需要两项构成要件,即影响价格的意图和促成该意图的显著行为。与从法律条文字面表述出发得出的构成要件相比,此种构成要件体系具备更为严谨的逻辑依据。在操纵构成最完整的四个要件中,操纵能力是前提,解决的是具备什么特征的行为人需要被纳入审查范围的问题;操纵意图是关键,解决的是如何区分合法与非法行为的根本标准问题;人为价格是结果,解决的是对市场造成了什么样的影响才会被归责的问题;因果关系是纽带,解决的是如何在行为与结果之间建立联系,最终构成操纵的问题。因此,要构成操纵,需要以行为人的操纵意图为核心,在其对操纵能力的使用行为与人为价格之间建立因果关系。

操纵能力要件要求证明,行为人通过其操纵行为使自己具备了影响价格的能力。在市场力量型操纵中,行为人的操纵能力来自其在期现货市场上的垄断性力量;在交易型操纵中,行为人的操纵能力来自其通过交易行为影响市场价格的能力;在信息型操纵中,行为人的操纵能力来自其向市场注入信息的能力。因果关系要件要求证明行为人的行为是造成人为价格的原因。操纵意图要件居于操纵证明的核心,要求行为人具备制造人为价格的特殊故意。该要件既可以通过直接证据证明,也可以通过间接证据证明,还可以通过不经济行为推定。人为价格要件要求证明市场上出现了不能反映正常或基本的市场供求力量的价格。使用参照系比较方法来证明存在人为价格,既有需要注意的问题,也有难以解决的问题。通过价格比较发现存在的不寻常的价格只是判断市场被操纵的相关证据,这些价格数据可以和其他市场证据一起,成为对交易者行为模式和具体手段的证明,最终目的在于通过这些行为证据与价格数据等其他事实情况推断出操纵意图和价格影响。因果关系要件要求证明,市场上的人为价格是由行为人所导致的。在很多情况下,对因果关系要件的证明在某种程度上是可以被包含在操纵能力要件中的。在行为人操纵能力得到证明的情况下,可以推定其对此种能力的使用是造成人为价格的原因,而因果关系的欠缺可以作为行为人的抗辩事由。

跨市场操纵虽然是从实践中产生的问题,但目前却又是在实践中没能处理好的问题。而理论研究的缺失,也使得该问题无法得到准确的理解。跨市场操纵是指操纵的行为和结果涉及两个或两个以上具有直接价格影响关系的市场的操纵形式。以体系性的理论分析为支撑,跨市场操纵可以类型化为市场力量型操纵和价格关联型操纵。在法律适用上,需要考虑《期货和衍生品法》和《证券法》的关系,前者的调整范围比后者要广,但是这两部法律也未能涵盖所有跨市场操纵的情形。应当在《期货和衍生品法》价格操纵的具体条款中规定市场力量型操纵的相关规则,在《期货和衍生品法》和《证券法》中以一般条款的形式规定价格关联型操纵的相关规则,并通过监管规则把规制范围进一步扩展到一般性的相关市场之间的价格关联型操纵情形。其法律规制问题的特殊性在于,在将价格操纵或欺诈操纵构成要件适用于跨市场操纵案件时,还需要对行为人在多个市场上持有的头寸以及市场间的关联关系进行认定。因此,在监管规则中,还应当对跨市场操纵具体的行为特征、构成要件及认定方法等作出更为详细的规定,从而实现对跨市场操纵的有效规制。

三、监管体制

本书还对期货市场操纵的监管体制问题进行了讨论。监管体制的建立和完善是将期货市场操纵的法律规制落到实处的一个重要方面。虽然操纵有害,但是反操纵也有成本,而且这种成本不应超过操纵带来的社会成本。因此,如何在此基础之上妥善建立高效和完善的监管体制是一个非常重要的课题,这涉及监管权配置、监管介入的方式和措施等问题。

　　以期货市场操纵的监管主体为标准,可以将其区分为自律监管和政府监管,自律监管应与政府监管相结合。自律监管定位为操纵监管的一线力量,可以发挥自己专业、高效、灵活和低成本的优势。而政府监管则定位为自律监管的坚实后盾,作为自律监管的重要补充与外部约束。不管是自律监管还是政府监管,都需要一定的方式来介入期货市场操纵案件(或潜在案件)。一种监管介入方式是基于损害的,也就是当操纵案件发生后,监管者通过对操纵行为的认定、查处和处罚,从而实现对操纵的规制,因此又称为惩罚型监管。另一种监管介入方式是预防性的,这种方式强调的是在操纵行为造成损害以前即实施监管介入,包括通过事前的制度设计实现的预防型监管,以及通过事中的市场干预实现的干预型监管。与平面式的反操纵条款相比,期货市场操纵的监管体制更像是一个立体式的框架结构,需要对整个市场监管逻辑的深入认识。预防型、干预型和惩罚型监管措施是交易所和政府监管部门得以威慑操纵者的工具,通过在事前、事中和事后的监管介入,从而把法律中的反操纵条款真正落到实处。监管者在对操纵案件进行监管执法的过程中需要时刻提醒自己,反操纵的真正目的是维护市场的经济功能,而不能过度监管而使自己成为市场上最大的操纵者,反而给市场带来比操纵活动更大的成本。

参 考 文 献

一、中文著作

张国炎:《期货交易与期货违法违规的防范与处罚》,中国检察出版社 1999 年版。

高如星、王敏祥:《美国证券法》,法律出版社 2000 年版。

李飞主编:《中华人民共和国证券法(修订)释义》,法律出版社 2005 年版。

吴庆宝主编:《期货诉讼原理与判例》,人民法院出版社 2005 年版。

姜洋主编:《期货市场新法规解释与适用》,法律出版社 2007 年版。

上海期货交易所"境外期货法制研究"课题组编著:《美国期货市场法律规范研究》,中国金融出版社 2007 年版。

上海期货交易所"境外期货法制研究"课题组编著:《德国期货市场法律规范研究》,中国金融出版社 2007 年版。

上海期货交易所"境外期货法制研究"课题组编著:《新加坡期货市场法律规范研究》,中国金融出版社 2007 年版。

刘英华编著:《期货投资经典案例》,上海远东出版社 2010 年版。

唐波:《中国期货市场法律制度研究——新加坡期货市场相关法律制度借鉴》,北京大学出版社 2010 年版。

常远:《中国期货史:1921—2010》,天津古籍出版社 2011 年版。

巫文勇:《期货与期货市场法律制度研究》,法律出版社 2011 年版。

彭真明等:《期货违法违规行为的认定与责任研究》,中国社会科学出版社 2012 年版。

上海期货交易所《"期货法"立法研究》课题组编著:《"期货法"立法研究》,中国金融出版社 2013 年版。

孙秋鹏:《期货市场监管权配置研究——政府与交易所分权视角》,经济科学出版社 2013 年版。

侯幼萍、程红星:《期货法立法基础制度研究——金融期货的视角》,立信会计出版社 2014 年版。

上海期货交易所《美国期货市场监管研究》课题组编著:《美国期货市场监管研究》,中国金融出版社 2014 年版。

邢精平:《跨市场操纵模式与监管》,科学出版社 2014 年版。

陈斌彬、张晓凌:《股指期货和股票现货跨市场交易监管研究》,厦门大学出版社 2015 年版。

朱宝玲:《日本金融商品交易法》,法律出版社 2016 年版。

石启龙:《跨市场操纵:生成、模式与法律监管》,东北大学出版社 2017 年版。

王小丽:《股票和股指期货跨市场监管法律制度研究》,法律出版社 2017 年版。

叶林主编:《期货期权市场法律制度研究》,法律出版社 2017 年版。

朱大明、陈宇:《日本金融商品交易法要论》,法律出版社 2017 年版。

中国证券监督管理委员会行政处罚委员会编:《证券期货行政处罚案例解析》(第 1 辑),法律出版社 2017 年版。

上海期货交易所《中美期货市场风险控制制度比较研究》课题组:《中美期货市场风险控制制度比较研究》,中国金融出版社 2018 年版。

张美玲:《我国商品期货市场监管法律制度研究》,中国政法大学出版社 2018 年版。

程合红主编:《〈证券法〉修订要义》,人民出版社 2020 年版。

刘凤元:《现货和衍生品跨市场监管研究》,上海人民出版社 2020 年版。

王瑞贺主编:《中华人民共和国证券法释义》,法律出版社 2020 年版。

程红星主编:《中华人民共和国期货和衍生品法释义》,中国金融出版社 2022 年版。

王瑞贺、方星海主编:《中华人民共和国期货和衍生品法释义》,法律出版社 2022 年版。

叶林主编:《中华人民共和国期货和衍生品法理解与适用》,中国法制出版社 2022 年版。

二、中文论文

彭真明:《论操纵期货市场行为及其法律责任》,载《华中师范大学学报(人文社会科学版)》1998 年第 4 期。

董华春:《期货市场中最大的毒瘤——对操纵期货市场价格行为的认定和处罚》,载北京大学金融法研究中心编:《金融法苑》(2001 年第 6 辑),法律出版社 2001 年版。

马卫锋、黄运成:《期货市场操纵的认定:美国经验及其启示》,载《上海管理科学》

2006 年第 2 期。

黄运成、李海英、诸晓敏：《借鉴美国经验加强对我国期货市场操纵的监管》，载《金融理论与实践》2006 年第 4 期。

甘大力：《期货市场创新与市场操纵防范对策》，载《生产力研究》2006 年第 8 期。

刘凤元：《现货市场与衍生品市场跨市监管研究》，载《证券市场导报》2007 年第 9 期，第 38 页。

孙秋鹏：《期货交易所监管市场操纵激励与政府介入方式选择》，载《金融理论与实践》2007 年第 12 期。

袁开洪：《商品期货市场操纵的监管：美国 CFTC 的经验和借鉴》，载《金融与经济》2007 年第 12 期。

刘奥南编译：《石油、食品价格为何暴涨？——商品期货市场的操纵与监管难题》，载《中国证券期货》2008 年第 8 期。

温观音：《如何认定期货操纵》，载《人民司法》2008 年第 11 期。

杨振能：《股指期货市场操纵的法律界定》，载《河北法学》2009 年第 6 期。

温观音：《美国期货法上的反操纵制度研究》，载《河北法学》2009 年第 7 期。

李明良、李虹：《〈多德—弗兰克法〉期货市场反操纵条款研究》，载张育军、徐明主编：《证券法苑》（第 5 卷），法律出版社 2011 年版。

马太广、杨娇：《论股指期货市场操纵及其中的投资者权益保护》，载顾功耘主编：《场外交易市场法律制度构建》，北京大学出版社 2011 年版。

李明良、李虹：《欧盟市场滥用规制框架修订草案述评——兼论金融犯罪罪责认定的客观化与社会化趋势》，载《证券市场导报》2012 年第 11 期。

牛广济、张啸尘：《金融危机后美国金融衍生品市场最新违法特点的实证研究及启示——以 CFTC 监管案件为视角》，载黄红元、徐明主编：《证券法苑》（第 8 卷），法律出版社 2013 年版。

赵振华、江海亮：《论期货市场操纵行为的民事责任》，载《中国矿业大学学报（社会科学版）》2013 年第 1 期。

杜惟毅、张永开：《期货市场操纵行为的类型及认定标准研究》，载黄红元、徐明主编：《证券法苑》（第 9 卷），法律出版社 2013 年版。

殷晓峰、牛广济：《中美资本市场反操纵监管比较及启示》，载《证券市场导报》2014 年第 4 期。

张国炎：《期货交易中"对敲"的定性与规制》，载《社会科学》2015 年第 1 期。

叶林、钟维：《核心规制与延伸监管：我国〈期货法〉调整范围之界定》，载《法学杂志》2015 年第 5 期。

钟维：《期货交易双层标的法律结构论》，载《清华法学》2015 年第 4 期。

杨宗杭:《论跨市场操纵的规制与监管》,载《证券市场导报》2015年第8期。

钟维:《论民法中的推定规范》,载《东方法学》2015年第6期。

谢杰:《跨市场操纵的经济机理与法律规制》,载《证券市场导报》2015年第12期。

钟维:《期货市场中央对手方制度研究》,载《社会科学》2015年第12期。

缪因知:《期货操纵和欺诈致损计算规则研究》,载黄红元、徐明主编:《证券法苑》(第15卷),法律出版社2015年版。

刘卫锋:《韩国〈资本市场法〉上操纵市场行为的法律规制及其借鉴》,载郭锋主编:《证券法律评论》(2016年卷),中国法制出版社2016年版。

胡光志、张美玲:《我国期货市场操纵立法之完善——基于英美的经验》,载《法学》2016年第1期。

陈煜:《证券期货市场交易型操纵行为主观认定问题探讨——以非市场化交易手段为视角》,载《证券市场导报》2017年第8期。

程红星、王超:《跨市场操纵立法与监管研究》,载黄红元、卢文道主编:《证券法苑》(第22卷),法律出版社2017年版。

武佳薇、杨阳:《关于CFTC监管美国能源商品市场的执法案件分析》,载《中国证券期货》2018年第1期。

胡晓辉:《期货市场操纵行为与监管要点研究》,载《中国证券期货》2018年第2期。

程红星、王超:《美国期货市场操纵行为认定研究》,载曹越主编:《期货及衍生品法律评论》(第1卷),法律出版社2018年版。

程红星、王超:《期货市场操纵民事赔偿机制研究》,载陈洁主编:《商法界论集》(第2卷),法律出版社2018年版。

大连商品交易所法律与合规监督部:《美国期货市场操纵相关立法沿革及实施效果研究》,载蒋锋、卢文道主编:《证券法苑》(第24卷),法律出版社2018年版。

汤欣、杨青虹:《期货跨市场操纵的界定与立法完善》,载曹越主编:《期货及衍生品法律评论》(第1卷),法律出版社2018年版。

王超:《期货市场信息型操纵的法律界定》,载许多奇主编:《互联网金融法律评论》(2018年第1辑),法律出版社2018年版。

刘凤元、邱铌:《衍生品市场新型操纵及监管研究》,载《期货与金融衍生品》2020年第3期。

姜德华:《期货市场反操纵监管问题研究》,载《价格理论与实践》2020年第5期。

钟维:《关于〈中华人民共和国期货法(草案)〉的修改建议》,载彭冰主编:《金融法苑》(第105辑),中国金融出版社2021年版。

三、中文案例

（一）中国证监会行政处罚案例

中国证监会行政处罚决定书（胶南粮库、刘玉江）〔2012〕15 号。

中国证监会行政处罚决定书（宝尔胜、黄君称）〔2012〕22 号。

中国证监会行政处罚决定书（海南大印集团有限公司、海南龙盘园农业投资有限公司、海南万嘉实业有限公司等 6 名责任人）〔2013〕67 号。

中国证监会行政处罚决定书（厦门宝拓资源有限公司、陈云卿、苏新）〔2014〕35 号。

中国证监会行政处罚决定书（姜为）〔2015〕31 号。

中国证监会行政处罚决定书（陶暘、傅湘南）〔2016〕5 号。

中国证监会行政处罚决定书（刘增铖）〔2016〕119 号。

中国证监会行政处罚决定书（廖山焱）〔2017〕58 号。

中国证监会行政处罚决定书（邹鑫鑫、刘哲）〔2020〕30 号。

中国证监会行政处罚决定书（黄鑫、蒋君、徐卫）〔2021〕100 号。

中国证监会行政处罚决定书（阮浩、嘉和投资、钟山）〔2021〕117 号。

（二）中国证监会地方监管局行政处罚案例

中国证监会大连监管局行政处罚决定书（曾改雄）〔2018〕1 号。

中国证监会湖北监管局行政处罚决定书（秦鑫）〔2022〕4 号。

（三）行政诉讼案例

陶暘与中国证券监督管理委员会一审行政判决书，(2016)京 01 行初 494 号。

陶暘与中国证券监督管理委员会二审行政判决书，(2017)京行终 2040 号。

（四）刑事诉讼案例

姜为操纵证券、期货市场一审刑事判决书，(2016)川 01 刑初 100 号。

姜为操纵证券、期货市场二审刑事裁定书，(2017)川刑终 70 号。

远大石化、吴向东操纵期货市场一审刑事判决书，(2018)辽 04 刑初 55 号。

四、中译著作

〔美〕帕特里克·J.卡塔尼亚主编：《商品期货交易手册》，鹿建光、瞿秀芳译，中国对外经济贸易出版社 1990 年版。

〔美〕理查德·J.特维莱斯、弗兰克·J.琼斯、本·沃里克编：《期货交易实用指南》，周刚、王化斌译，经济科学出版社 2000 年版。

〔美〕托马斯·A.海尔奈莫斯：《汤姆期货文集》，王学勤译，中国财政经济出版社

2000 年版。

〔美〕托马斯·李·哈森:《证券法》,张学安等译,中国政法大学出版社 2003 年版。

〔美〕托马斯·A. 海尔奈莫斯:《期货交易经济学:为商业和个人盈利》,王学勤 译,中国财政经济出版社 2004 年版。

〔美〕路易斯·罗思、乔尔·塞里格曼:《美国证券监管法基础》,张路等译,法律出版社 2008 年版。

〔美〕乔治·克莱曼:《商品和金融期货交易指南》,王权、王正林、肖静译,中国青年出版社 2009 年版。

〔美〕杰瑞·W. 马卡姆:《商品期货交易及其监管历史》,大连商品交易所本书翻译组译,中国财政经济出版社 2009 年版。

〔美〕阿兰·N. 理查特斯查芬:《资本市场、衍生金融产品与法律》,高汉译,化学工业出版社 2013 年版。

〔美〕戈登·F. 皮尔瑞:《改革后的金融衍生品和期货指南》,高汉译,化学工业出版社 2014 年版。

〔美〕约翰·J. 墨菲:《跨市场交易策略》,王帆等译,机械工业出版社 2015 年版。

〔美〕乔治·阿克洛夫、罗伯特·席勒:《钓愚:操纵与欺骗的经济学》,张军译,中信出版社 2016 年版。

〔日〕近藤光男、吉原和志、黑沼悦郎:《金融商品交易法入门》,梁爽译,法律出版社 2021 年版。

五、中译论文

〔美〕亚历山德拉·李·纽曼:《政治预测市场的操纵》,李铭译,载杨慧主编:《中财法律评论》(第 9 卷),中国法制出版社 2017 年版。

六、中译法规

中国证券监督管理委员会组织编译:《美国商品交易法》,法律出版社 2013 年版。
中国证券监督管理委员会组织编译:《美国期监会规章》,法律出版社 2013 年版。
中国证券监督管理委员会组织编译:《美国〈1933 年证券法〉及相关证券交易委员会规则与规章》,法律出版社 2015 年版。
中国证券监督管理委员会组织编译:《美国〈1934 年证券交易法〉及相关证券交易委员会规则与规章》,法律出版社 2015 年版。
中国证券监督管理委员会组织编译:《美国多德—弗兰克华尔街改革与消费者保护法》,法律出版社 2014 年版。

中国证券监督管理委员会组织编译:《欧盟证券监管法规汇编》,法律出版社 2013 年版。

中国证券监督管理委员会组织编译:《英国 2000 年金融服务与市场法》,法律出版社 2014 年版。

中国证券监督管理委员会组织编译:《德国证券法律汇编》,法律出版社 2016 年版。

中国证券监督管理委员会组织编译:《日本金融商品交易法及金融商品销售等相关法律》,法律出版社 2015 年版。

中国证券监督管理委员会组织编译:《日本商品期货交易法》,法律出版社 2019 年版。

《韩国资本市场法》,董新义译,知识产权出版社 2011 年版。

刘春彦、林义涌、张景琨编译:《欧盟市场滥用行为监管法律法规汇编》,中国金融出版社 2020 年版。

七、英文著作

Craig Pirrong, *The Economics, Law, and Public Policy of Market Power Manipulation*, Kluwer Academic Publishers, 1996.

Philip McBride Johnson & Thomas Lee Hazen, *Derivatives Regulation*, Wolters Kluwer Law & Business, 2004.

Jerry W. Markham, *Law Enforcement and the History of Financial Market Manipulation*, M. E. Sharpe, Inc. , 2014.

Ronald H. Filler & Jerry W. Markham, *Regulation of Derivative Financial Instruments (Swaps, Options and Futures): Cases and Materials*, West Academic Press, 2014.

Gary E. Kalbaugh, *Derivatives Law and Regulation*, Carolina Academic Press, 2018.

八、英文论文

Note, *Prevention of Commodity Futures Manipulation under the Commodity Exchange Act*, 54 Harvard Law Review 1373 (1941).

Comment, *Manipulation of Commodity Futures Prices—The Great Western Case*, 21 University of Chicago Law Review 94 (1953).

Note, *The Delivery Requirement: An Illusory Bar to Regulation of Manipulation in Commodity Exchanges*, 73 Yale Law Journal 171 (1963).

Comment, *Commodities: Futures Control: Manipulation under the Commodity Exchange Act*, 57 Minnesota Law Review 1243 (1973).

Joseph J. Bianco, *The Mechanics of Futures Trading: Speculation and Manipulation*, 6 Hofstra Law Review 27 (1977).

Thomas A. Hieronymus, *Manipulation in Commodity Futures Trading: Toward a Definition*, 6 Hofstra Law Review 41 (1977).

Edward T. McDermott, *Defining Manipulation in Commodity Futures Trading: The Futures "Squeeze"*, 74 Northwestern University Law Review 202 (1979).

Ralph T. Byrd, *No Squeezing, No Cornering: Some Rules for Commodity Exchanges*, 7 Hofstra Law Review 923 (1979).

M. Van Smith, *Preventing the Manipulation of Commodity Futures Markets: To Deliver or Not to Deliver?*, 32 Hastings Law Journal 1569 (1981).

Philip McBride Johnson, *Commodity Market Manipulation*, 38 Washington and Lee Law Review 725 (1981).

William D. Harrington, *The Manipulation of Commodity Futures Prices*, 55 St. John's Law Review 240 (1981).

Linda N. Edwards & Franklin R. Edwards, *A Legal and Economic Analysis of Manipulation in Futures Markets*, 4 Journal of Futures Markets 333 (1984).

George A. Davidson, *Squeezes and Corners: A Structural Approach*, 40 Business Lawyer 1283 (1985).

Alan Schacter, *The Availability of Antitrust Treble Damages for Commodities Market Manipulation*, 54 Fordham Law Review 853 (1986).

Frank H. Easterbrook, *Monopoly, Manipulation, and the Regulation of Futures Markets*, 59 Journal of Business S103 (1986).

John Kern, Price *Manipulation in the Commodity Futures Markets: A Reexamination of the Jurisdictions for Simultaneous Causes of Action under the CEA and the Sherman Act*, 34 UCLA Law Review 1305 (1987).

Wendy Collins Perdue, *Manipulation of Futures Markets: Redefining the Offense*, 56 Fordham Law Review 345 (1987).

Richard D. Friedman, *Stalking the Squeeze: Understanding Commodities Manipulation*, 89 Michigan Law Review 30 (1990).

Daniel R. Fischel & David J. Ross, *Should the Law Prohibit "Manipulation" in Financial Markets?*, 105 Harvard Law Review 503 (1991).

Jerry W. Markham, *Manipulation of Commodity Futures Prices—The Unprosecutable Crime*, 8 Yale Journal on Regulation 281 (1991).

Robert C. Lower, *Disruptions of the Futures Market: A Comment on Dealing with Market Manipulation*, 8 Yale Journal on Regulation 391 (1991).

Craig Pirrong, *Squeezes, Corpses, and the Anti-Manipulation Provisions of the Commodity Exchange Act*, 17 Regulation 52 (1994).

Craig Pirrong, *Commodity Market Manipulation Law: A (Very) Critical Analysis and a Proposed Alternative*, 51 Washington and Lee Law Review 945 (1994).

Craig Pirrong, *The Self-Regulation of Commodity Exchanges: The Case of Market Manipulation*, 38 Journal of Law & Economics 141 (1995).

Charles R. P. Pouncy, *The Scienter Requirement and Wash Trading in Commodity Futures: The Knowledge Lost in Knowing*, 16 Cardozo Law Review 1625 (1995).

Benjamin E. Kozinn, *The Great Copper Caper: Is Market Manipulation Really a Problem in the Wake of the Sumitomo Debacle?*, 69 Fordham Law Review 243 (2000).

Allan Horwich, *Warnings to the Unwary: Multi-Jurisdictional Federal Enforcement of Manipulation and Deception in the Energy Markets after the Energy Policy Act of 2005*, 27 Energy Law Journal 363 (2006).

Benjamin D. Pearce, *Broadening Actual Damages in the Context of the Commodities Exchange Act*, 16 Journal of Law and Policy 449 (2007).

Albert S. Kyle & S. Viswanathan, *How to Define Illegal Price Manipulation*, 98 The American Economic Review 274 (2008).

Robert Feinschreiber & Margaret Kent, *Wholesale versus Retail Delineation and the Petroleum Market Manipulation Rules*, 10 Corporate Business Taxation Monthly 31 (2009).

Craig Pirrong, *Energy Market Manipulation: Definition, Diagnosis, and Deterrence*, 31 Energy Law Journal 1 (2010).

Theodore A. Gebhard & James F. Mongoven, *Prohibiting Fraud and Deception in Wholesale Petroleum Markets: The New Federal Trade Commission Market Manipulation Rule*, 31 Energy Law Journal 125 (2010).

Shaun D. Ledgerwood & Dan Harris, *A Comparison of Anti-Manipulation Rules in U. S. and EU Electricity and Natural Gas Markets: A Proposal for a*

Common Standard，33 Energy Law Journal 1（2012）.

Shaun D. Ledgerwood & Paul R. Carpenter，*A Framework for the Analysis of Market Manipulation*，8 Review of Law and Economics 253（2012）.

Rosa M. Abrantes-Metz，Gabriel Rauterberg & Andrew Verstein，*Revolution in Manipulation Law: The New CFTC Rules and the Urgent Need for Economic and Empirical Analyses*，15 University of Pennsylvania Journal of Business Law 357（2013）.

Matthew Evans，*Regulating Electricity-Market Manipulation: A Proposal for a New Regulatory Regime to Proscribe All Forms of Manipulation*，113 Michigan Law Review 585（2015）.

Gina-Gail S. Fletcher，*Legitimate Yet Manipulative: The Conundrum of Open-Market Manipulation*，68 Duke Law Journal 479（2018）.

Shaun D. Ledgerwood，James A. Keyte，Jeremy A. Verlinda & Guy Ben-Ishai，*The Intersection of Market Manipulation Law and Monopolization under the Sherman Act: Does It Make Economic Sense*，40 Energy Law Journal 47（2019）.

Gina-Gail S. Fletcher，*Macroeconomic Consequences of Market Manipulation*，83 Law and Contemporary Problems 123（2020）.

Joseph Zabel，*Rethinking Open- and Cross-Market Manipulation Enforcement*，15 Virginia Law & Business Review 417（2021）.

九、英文公报

Cotton Prices: Hearings Before a Subcommittee of the Committee on Agriculture and Forestry，Pursuant to S. Re. 142，70th Cong.，1st Sess.，1928.

United States Department of Agriculture，*Report of the Secretary of Agriculture*，U. S. Government Printing Office，1937.

Presidential Task Force on Market Mechanisms，*Report of the Presidential Task Force on Market Mechanisms*，U. S. Government Printing Office，1988.

Technical Committee of the International Organization of Securities Commissions，*Investigating and Prosecuting Market Manipulation*（2000），https://www. iosco. org/library/pubdocs/pdf/IOSCOPD103. pdf，最后访问时间：2022 年 9 月 1 日。

Bart Chilton，*Remarks of Commissioner Bart Chilton to Metals Market Investors*，Washington，D. C.（2010），https://www. cftc. gov/PressRoom/SpeechesTestimony/opachilton-30，最后访问时间：2022 年 9 月 1 日。

Commodity Futures Trading Commission，*Prohibition of Market Manipulation*，75

Federal Register 67657 (2010).

Commodity Futures Trading Commission，*Prohibition on the Employment*，*or Attempted Employment*，*of Manipulative and Deceptive Devices and Prohibition on Price Manipulation*，76 Federal Register 41398 (2011).

CFTC Office of Public Affairs，*Q & A—Anti-Manipulation and Anti-Fraud Final Rules* (2011)，https://www. cftc. gov/sites/default/files/idc/groups/public/@newsroom/documents/file/amaf_qa_final. pdf,最后访问时间:2022 年 9 月 1 日。

Steve Quinlivan，*CFTC：If Rule 10b-5 Works For the SEC，It Should Work For Us Too（And Maybe We'll Win More Than One Case Every 35 Years）*(2011)，http://dodd-frank. com/2011/07/07/cftc-if-rule-10b-5-works-for-the-sec-it-should-work-for-us-too-and-maybe-well-win-more-than-one-case-every-35-years,最后访问时间:2022 年 9 月 1 日。

Scott D. O'Malia，*Statement of Commissioner Scott D. O'Malia Regarding JPMorgan's Use of Manipulative Device*，*U. S. Commodity Futures Trading Commission*（2013），https://www. cftc. gov/PressRoom/SpeechesTestimony/omaliastatement101613,最后访问时间:2022 年 9 月 1 日。

Technical Committee of the International Organization of Securities Commissions，*Addendum to Investigating and Prosecuting Market Manipulation* (2013)，https://www. iosco. org/library/pubdocs/pdf/IOSCOPD411. pdf,最后访问时间:2022 年 9 月 1 日。

十、英文案例

Peto v. Howell，101 F. 2d 353 (1938).

In the Matter of Thompson Ross Securities Co. ，6 S. E. C. 397 (1943).

In re Reuben Earl McGuigan，5 Agric. Dec. 249 (1946).

In re Zenith-Goodley Co. ，6 Agric. Dec. 900 (1947).

General Foods Corp. v. Brannan，170 F. 2d 220 (7th Cir. 1948).

In re Ralph W. Moore，9 Agric. Dec. 1299 (1950)，aff'd，191 F. 2d 775 (D. C. Cir.)，cert. denied，342 U. S. 860 (1951).

Great Western Food Distributors v. Brannan，201 F. 2d 476 (7th Cir.)，cert denied，345 U. S. 997 (1953).

In re Landon V. Butler，14 Agric. Dec. 429 (1955).

In re G. H. Miller & Co. ，15 Agric. Dec. 1015 (1956).

G. H. Miller & Co. v. United States，260 F. 2d 286 (7th Cir. 1958)，cert.

denied，359 U. S. 907（1959）.

In re Vincent W. Kosuga，19 Agric. Dec. 603（1960）.

In re Volkart Bros. , Inc. , 20 Agric. Dec. 306（1961）.

Volkart Bros. , Inc. v. Freeman，311 F. 2d 52（5th Cir. 1962）.

Berko v. SEC，316 F. 2d 137（2d Cir. 1963）.

In re Sydney Maduff，24 Agric. Dec. 1456（1965）.

Dennis v. United States，384 U. S. 855（1966）.

In re David G. Henner，30 Agric. Dec. 1151（1971）.

Superintendent of Ins. of N. Y. v. Bankers Life & Casualty Co. , 404 U. S. 6（1971）.

Cargill，Inc. v. Hardin，452 F. 2d 1154（8th Cir. 1971），cert. denied，406 U. S. 932（1972）.

United States v. Stein，456 F. 2d 844（2d Cir. 1972），cert. denied，408 U. S. 922（1973）.

SEC v. Resch-Cassin & Co. , 362 F. Supp. 964（S. D. N. Y. 1973）.

SEC v. D'Onofrio，1975 U. S. Dist. LEXIS 12081（S. D. N. Y. 1975）.

SEC v. Rega，1975 U. S. Dist. LEXIS 11581（S. D. N. Y. 1975）.

Ernst & Ernst v. Hochfelder，425 U. S. 185（1976）.

In re Hohenberg Bros. , [1975-1977 Transfer Binder] Comm. Fut. L. Rep. (CCH) ¶ 20, 271（CFTC Feb. 18，1977）.

SEC v. General Host Corp. , 483 F. Supp. 105（S. D. N. Y. 1977）.

SEC v. Lummis，1977 U. S. Dist. LEXIS 12783（N. D. Cal. 1977）.

Sundstrand Corp. v. Sun Chem. Corp. , 553 F. 2d 1033（7th Cir. 1977），cert. denied，434 U. S. 875（1977）.

Hoffman v. Estabrook & Co. , 587 F. 2d 509，（1st Cir. 1978）.

CFTC v. Hunt，591 F. 2d 1211（7th Cir. 1979）.

In the Matter of J. A. B. Securities Co. Inc. , 47 S. E. C. 86（1979）.

In the Matter of Podesta，47 S. E. C. 136，140（1979）.

Aaron v. SEC，446 U. S. 680（1980）.

Chiarella v. United States，445 U. S. 222（1980）.

Schaefer v. First National Bank，509 F. 2d 1287（7th. Cir. 1979），cert. denied，446 U. S. 946（1980）.

SEC v. Manus，1981 U. S. Dist. LEXIS 15317（S. D. N. Y. 1981）.

SEC v. Pattiz，1981 U. S. Dist. LEXIS 11626（S. D. N. Y. 1981）.

Leist v. Simplot, 638 F. 2d 283 (2d Cir. 1980), aff'd sub nom. Merrill Lynch, Pierce, Fenner & Smith, Inc. v. Curran, 456 U. S. 353 (1982).

Chemetron Corp. v. Business Funds Inc. , 682 F. 2d 1149 (5th Cir. 1982).

Merrill Lynch, Pierce, Fenner & Smith, Inc. v. Curran, 456 U. S. 353 (1982).

In re Indiana Farm Bureau Coop. Ass'n Inc. , [1982-1984 Transfer Binder] Comm. Fut. L. Rep. (CCH) ¶ 21, 796 (CFTC Dec. 17, 1982).

Chemetron Corp. v. Business Funds Inc. , 460 U. S. 1007 (1983).

Chemetron Corp. v. Business Funds Inc. , 718 F. 2d 725 (5th Cir. 1983).

In re Compania Salvadorena De Cafe, [1982-1984 Transfer Binder] Comm. Fut. L. Rep. (CCH) ¶ 21, 886, (CFTC Oct. 26, 1983).

Santa Fe v. Green, 430 U. S. 462 (1977); Dirks v. SEC, 463 U. S. 646 (1983).

United States v. Richter, 610 F. Supp. 480 (N. D. Ill. 1985), affirmed, United States v. Mangovski, 785 F. 2d 312 (7th Cir. 1986), affirmed, United States v. Konstantinov, 793 F. 2d 1296 (7th Cir. 1986).

CFTC v. Schor, 478 U. S. 833 (1986).

Pagel Inc. v. SEC, 803 F. 2d 942 (8th Cir. 1986).

In re Cox, [1986-1987 Transfer Binder] Comm. Fut. L. Rep. (CCH) ¶ 23, 786 (CFTC Jul. 15, 1987).

Stoller v. CFTC, 834 F. 2d 262 (2d Cir. 1987).

Basic Inc. v. Levinson, 485 U. S. 224 (1988).

Cf. Basic Inc. v. Levinson, 485 U. S. 224 (1988).

Drexel Burnham Lambert, Inc. v. CFTC, 850 F. 2d 742 (DC Cir. 1988).

SEC v. Drexel Burnham Lambert Inc. , 1989 U. S. Dist. LEXIS 10414 (S. D. N. Y. 1989).

In re Frey, Comm. Fut. L. Rep. (CCH) ¶ 24, 578 (C. F. T. C. 1990).

Frey v. CFTC, 931 F. 2d 1171 (7th Cir. 1991).

Hollinger, v. Titan Capital Corp. , 914 F. 2d 1564 (9th Cir. 1990) (en banc), cert. denied, 111 S. Ct. 1621 (1991).

SEC v. Kimmes, 799 F. Supp. 852 (N. D. Ill. 1992), aff'd sub nom. on other grounds, SEC v. Quinn, 997 F. 2d 287 (7th Cir. 1993).

Three Crown Ltd. Partnership v. Caxton Corp. , 817 F. Supp. 1033 (S. D. N. Y. 1993).

In re Soybean Futures Litig. , 892 F. Supp. 1025 (N. D. Ill. 1995).

In the Matter of Fenchurch Capital Management, Ltd. , CFTC No. 96-7 (July 10, 1996).

United States v. Haddy, 134 F. 3d 542 (3d Cir. 1998).

Bryant v. Avardo Brands, Inc. , 187 F. 3d 1271 (11th Cir. 1999).

Grebel v. FTP Software, Inc. , 194 F. 3d 185 (1st Cir. 1999).

In re Advanta, 180 F. 3d 525 (3d Cir. 1999).

In re Comshare, Inc. Securities Litig. , 183 F. 3d 543 (6th Cir. 1999).

In re Silicon Graphics Sec. Litig. , 183 F. 3d 970 (9th Cir. 1999).

In the Matter of Global Minerals & Metals Corp. , Comm. Fut. L. Rep. (CCH) ¶ 27, 914 (C. F. T. C. 1999).

Reddy v. CFTC, 191 F. 3d 109 (2d Cir. 1999).

Howard v. Everux, 228 F. 3d 1057 (9th Cir. 2000).

Novakv. Kasaks, 216 F. 3d 300 (2d Cir. 2000).

R & W Tech. Servs. Ltd. , v. CFTC, 205 F. 3d 165 (5th Cir. 2000), cert. denied, 531 U. S. 817 (2000).

Slusser v. CFTC, 210 F. 3d 783 (7th Cir. 2000).

United States v. Davis, 226 F. 3d 346 (5th Cir. 2000).

City of Philadelphia v. Fleming Cos. , 264 F. 3d 1245 (10th Cir. 2001).

Fla. State Bd. of Admin. v. Green Tree Fin. Corp. , 270 F. 3d 645 (8th Cir. 2001).

Nathenson v. Zonagen Inc. , 267 F. 3d 400 (5th Cir. 2001).

SEC v. Zandford, 535 U. S. 813 (2002).

Ottman v. Hangar, 353 F. 3d 338 (4th Cir. 2003).

In re Norman Eisler and First West Trading, Inc. , [2003-2004 Transfer Binder] Comm. Fut. L. Rep. (CCH) ¶ 29, 664 (CFTC Jan. 20, 2004).

In re Tyson Foods, Inc. , Not Reported in F. Supp. 2d (2004).

CFTC v. Bradley, 408 F. Supp. 2d 1214, 1220 (N. D. Okla. 2005).

Rockies Fund v. SEC, 428 F. 3d 1088 (DC Cir. 2005).

Merrill Lynch, Pierce, Fenner & Smith, Inc. v. Dabit, 547 U. S. 71 (2006).

United States v. Reliant Energy Services, Inc. , 420 F. Supp. 2d 1043 (N. D. Cal. 2006).

ATSI Communications Inc. v. The Shaar Fund Ltd. , 493 F. 3d 87 (2d Cir. 2007).

Stoneridge Inv. Partners, LLC v. Sci-Atlanta, Inc. , 128 S. Ct 761 (2008).

In re DiPlacido, 2008 WL 4831204 (CFTC 2008), aff'd in pertinent part, DiPlacido v. Commodity Futures Trading Comm'n, 364 Fed. Appx. 657, 2009 WL 3326624 (2d Cir. 2009), Comm. Fut. L. Rep. ¶ 31, 434, cert. denied, 130 S. Ct. 1883 (2010).

DiPlacido v. Commodity Futures Trading Com'n, 364 Fed. Appx. 657 (2d Cir. 2009).

In the Matter of Moore Capital Management, LP, CFTC Docket No. 10-09 (April 29, 2010).

SEC v. Platforms Wireless Int'l Corp. , 617 F. 3d 1072 (9th Cir. 2010).

In the Matter of Ecoval Dairy Trade, Inc. , 2011 CFTC LEXIS 44 (C. F. T. C. 2011).

United States v. Radly, 659 F. Supp. 2d 803 (S. D. Tex. 2009), aff'd, 632 F. 3d 177 (5th Cir. 2011).

Dodona I LLC v. Goldman Sachs & Co. , 2012 WL 935815 (S. D. N. Y.).

International Swaps and Derivatives Ass'n v. CFTC, 887 F. Supp. 2d 259 (D. D. C. 2012)

In the Matter of Panther Energy Trading LLC and Michael J. Coscia, CFTC Docket No. 13-26 (July 22, 2013).

In the Matter of JPMorgan Chase Bank, N. A. , CFTC Docket No. 14-01 (Oct. 16, 2013).

In re Amaranth Natural Gas Commodities Litigation, 730 F. 3d 170 (2d Cir. 2013).

DRW Invs. , LLC v. U. S. CFTC, 2013 U. S. Dist. LEXIS 166262 (N. D. Ill. , Nov. 22, 2013).

CFTC v. Wilson, 27 F. Supp. 3d 517, 2014 U. S. Dist. LEXIS 88111 (S. D. N. Y. , June 26, 2014).

CFTC v. Kraft Foods Group, Inc. and Mondelēz Global LLC, 153 F. Supp. 3d 996 (N. D. Ill. 2015).

CFTC v. Donald R. Wilson & Drw Invs. , 2018 U. S. Dist. LEXIS 207376 (S. D. N. Y. , Nov. 30, 2018).

后记　我的"三体"研究

　　我还记得第一次读刘慈欣《三体》三部曲时受到的震撼。有时我会想，那些研究"三体"问题的科学家，若事先知道这个问题如此之难，甚至于无解，当初是否还会投身于这项研究？在写作本书过程中，类似的问题也经常被我想起。

　　如果一定要说从这本书的写作中学到了什么，那就是自己的能力是有限的，与本书主题的难度并不匹配。为了完成这项研究，我从相关金融市场知识学起，收集并阅读了大量晦涩难懂的中英文文献和案例原文。虽然经历了近十年的努力，但呈现出来的东西仍然不能让人满意。在这个过程中我付出了大量时间和心血，同时也放弃了对许多热点问题的追逐，为的就是给那个曾经不顾一切追逐学术理想的自己一个交代。回想自己的经历，无数的人和事在脑海中浮现。正是无数的支持、鼓励与帮助，让我能走到今天。看着这一叠沉甸甸的文稿，我的心中无法不起波澜。

　　首先要感谢我博士阶段的授业恩师叶林老师。感激叶老师收我为徒，不仅毫无保留地与我分享专业上的思考，引领我学术事业的发展，更教我做人的道理，给我精神与生活上的支持与鼓励。如果我能在商法领域学有所成，很大程度上归功于有一位好导师的指引。

　　还要感谢我博士后阶段的合作导师陈洁老师。陈老师为我毕业后的第一份学术工作就提供了非常高的平台，真心诚意帮助我规划和实现最适合我的职业路径。陈老师对资本市场法制专精深入的研究风格，以及优雅、乐观、豁达的处事风范，永远都是我学习的榜样。

　　感谢我本科、硕士、博士阶段求学以及现在供职的中国人民大学法学院,以及曾经供职的中国社会科学院法学研究所的各位老师、同事和同学。感谢全国人大常委会法工委、中国证监会、中国期货业协会、中国证券投资基金业协会、中国金融期货交易所、郑州商品交易所、上海期货交易所、大连商品交易所、广州期货交易所、北京金融法院、中证金融研究院等单位,以及各大高校、研究机构、金融机构、律师事务所常年与我讨论的各位伙伴。感谢许许多多帮助过我的朋友们。

感谢《法学研究》《法学家》《清华法学》《经贸法律评论》等期刊为本书阶段性成果提供发表平台。感谢教育部人文社会科学重点研究基地中国人民大学民商事法律科学研究中心对本书出版的支持。

最重要的是,要感谢我的家人,没有你们的支持,我无法走到今天。

非常汗颜,多年的研究直到现在才付梓出版,还好星光不负赶路人。

钟维

2023 年 12 月 10 日

于中国人民大学法学院